Heidelore Kluge

Optimisten leben länger

Dieses Buch widme ich
meiner Mutter – der stärksten,
bewundernswertesten und
liebenswürdigsten Frau,
mit der ich mich je herum-
schlagen durfte.

Heidelore Kluge

Optimisten leben länger

Die große Macht des kleinen Lächelns

mvg

Die Deutsche Bibliothek – CIP-Einheitsaufnahme

Kluge, Heidelore:
Optimisten leben länger : die grosse Macht
des kleinen Lächelns / Heidelore Kluge. –
Taschenbuchausg. – Landsberg am Lech :
mvg, 2001
(mvg-Paperpacks ; 08668)
ISBN 3-478-08668-X

Umschlaggestaltung: Felix Weinold, Schwabmünchen
Satz: Fotosatz H. Buck, Kumhausen
Druck- und Bindearbeiten: Presse-Druck, Augsburg
Printed in Germany 08668/2014602
ISBN 3-478-08668-X

Inhalt

Vorwort: Wer ist ein Optimist?

Sind Sie ein Optimist? Sie sind es – denn sonst würden Sie jetzt nicht dieses Buch aufgeschlagen haben. Sie suchen – und finden – darin Argumente, die für eine optimistische Lebenseinstellung sprechen. Darüber hinaus gibt es eine Fülle von praktischen Tipps und Übungsanleitungen, die dabei helfen können, den Alltag nicht nur zu überleben, sondern ganz bewusst nach eigenen Wünschen und Vorstellungen zu gestalten. Optimismus ist in vielen Fällen auch eine Frage der Tagesform. Ein gutes emotionales Konditionstraining ist also auch wichtig für Ihr seelisches Wohlbefinden, wenn eines der Stimmungstiefs naht, die keinem von uns erspart bleiben. Wellness und Fitness sind inzwischen zu Modebegriffen geworden. Dabei bezeichnen sie nichts anderes als dass man sich in seiner Haut (körperlich und seelisch) wohl fühlt. Insofern können Sie dieses Buch als Wellness- und Fitness-Ratgeber betrachten.

Wenn ich an einem neuen Buch arbeite, schaue ich gerne in meinem Zitatenschatz nach, der sich über lange Jahre angesammelt hat. Es ist ja immer interessant zu sehen, was andere Autoren zu einem bestimmten Thema schon gesagt haben. Dabei machte ich in diesem Fall eine überaus interessante Entdeckung: Es gibt zwar viele Fundstellen, die etwas über den Pessimismus aussagen – aber kaum Zitate über den Optimismus. Das gilt nicht nur für die belletristische, sondern gleichermaßen für die wissenschaftliche Literatur. Die Erklärung dafür scheint mir auf der Hand zu liegen: Über Gesundheit werden nicht halb so viele Bücher geschrieben wie über Krankheit. Vielleicht liegt das daran, dass wir – solange wir gesund sind – uns darüber keine Gedanken machen, eine Krankheit uns aber zum Nachdenken bringt.

Ähnlich ist es bei der Literatur über Pessimismus und Optimismus. Beim Pessimismus handelt es sich der wissenschaftlichen Definition nach um eine Lebensanschauung, nach der im Leben des Menschen und in der ganzen Welt das Übel überwiegt, der Sinn des Lebens grundsätzlich in Frage gestellt wird und alles sich nur zum Schlechteren entwickelt. Jeder Fortschritt – sei es nun im allgemeinen Sinne oder auch in der selbstbestimmten Entwicklungsmöglichkeit des einzelnen Menschen – gilt als fragwürdig und von vornherein zum Scheitern verurteilt. Im philosophischen Sinne ist alles, was ist, etwas an sich Schlechtes und Negatives. Diese Anschauung wurde als metaphysische Lehre vor allem von dem deutschen Philosophen Arthur Schopenhauer vertreten. In der psychologischen Literatur finden sich zahlreiche Belege, dass seelische Erkrankungen durch eine pessimistische Lebenseinstellung hervorgerufen oder zumindest verstärkt werden. Aber vielleicht sagen einige literarische Zitate darüber in prägnanter Form viel mehr aus. Hier eine kleine Auswahl der Sätze, die ich beim Durchblättern meiner Sammlung fand:

- »Pessimist: ein Mensch, der sich freut, wenn er beweisen kann, dass es keine Freude gibt.« (Verfasser unbekannt)
- »Pessimist: ein Mensch, der, wenn er zwischen zwei Übeln wählen soll, beide wählt.« (Verfasser unbekannt)
- »Pessimisten sind erst dann zufrieden, wenn sie einen Grund gefunden haben, unzufrieden zu sein.« (Gustav Knuth)
- »Der Pessimist ist ein Mensch, der nicht glücklich ist, außer, wenn er sich unglücklich fühlt, und selbst dann ist er noch nicht zufrieden.« (Verfasser unbekannt)
- »Ein echter Pessimist kommt dem Pech immer ein wenig entgegen.« (Robert Lembke)
- »Die glücklichen Pessimisten! Welche Freude empfinden sie, wenn sie bewiesen haben, dass es keine Freude gibt!« (Marie von Ebner-Eschenbach)

Vielleicht haben auch Sie sich in dem einen oder anderen dieser wirklich herzerfrischenden Zitate wieder gefunden? Dann haben Sie auch die Probleme entdeckt, die einer optimistischen Lebenseinstellung im Wege stehen: Es sind die Probleme, die wir uns selbst machen! Unter Optimismus versteht man die Grundanschauung, die durch eine positive, bejahende Beurteilung von Welt, Leben und Möglichkeiten des Menschen bestimmt ist. Wer »Ja« sagt zu sich selbst, zur Welt und zum Leben, wie diese nun einmal sind, nimmt sein Leben selbst in die Hand, macht das Beste aus dem, was er vorfindet, wird aktiv. Solche Menschen, die Optimisten eben, werden immer wieder erleben, dass sie mit ihrer Einstellung mehr Erfolg haben, glücklicher sind und auch andere Menschen glücklicher machen können als es Pessimisten möglich ist, die das Leben ausschließlich durch einen permanenten Grauschleier betrachten. Optimist sein heißt: im Leben optimal handeln und dabei das Optimum (lat., das Beste) herauszuholen. Dabei möchte Ihnen dieses Buch helfen. »Ein Optimist ist ein Mensch, der die Dinge nicht so tragisch nimmt, wie sie sind.« Das sagte der große Humorist Karl Valentin – und es ist das schönste der wenigen Zitate, die ich zum Thema Optimismus finden konnte.

Kann man Optimismus lernen? Die Terman Life Cycle Studie

Mitte 1998 ging eine Meldung durch sämtliche Presseagenturen und damit durch die meisten Medien: Amerikanische Studie bringt den Beweis – Optimisten leben länger. Worum handelte es sich dabei? Angefangen hatte alles in den 20er Jahren unseres Jahrhunderts mit dem amerikanischen Professor Lewis Terman. Dieser initiierte 1921 unter Beteiligung der verschiedensten wissenschaftlichen Disziplinen ein großangelegtes Forschungsprojekt über die seelischen und gesellschaftlichen Faktoren, die Gesundheit und ein langes Leben bedingen können. Dabei befragte er etwa 1500 Schüler und Schülerinnen in Kalifornien, die einen Intelligenzquotienten von 135 und höher aufwiesen, also nach seiner Vorgabe »bright« (aufgeweckt) waren. Die meisten dieser Kinder waren um 1910 herum geboren, die heute noch lebenden Probanden sind also jetzt in ihren Achtzigern. Termans Ziel war es, den Lebensstil und die Sterblichkeitsrate der Befragten zu verfolgen. 1936 und 1940 füllten die Teilnehmer der Untersuchung weitere Fragebögen aus, in denen sie über einschneidende Erlebnisse in ihrem Leben berichteten. So wurde 1936 beispielsweise die folgende wesentliche Frage gestellt: »Gab es in Ihrem Leben bisher Enttäuschungen, Fehlschläge, schmerzliche Verluste oder schwierige menschliche Beziehungen, die einen länger währenden Einfluss auf Sie hatten?« 1940 war eine der zentralen Fragen an die Teilnehmer der Studie, welches ihrer Einschätzung nach ihr schwerwiegendster Charakterfehler sei. Die meisten der Probanden waren als junge Erwachsene erfolgreich und körperlich gesund. Im mittleren Alter waren sie keine Genies, aber durchaus das, was man als »productive citizens« – Stützen der Gesellschaft – bezeichnen könnte.

Die Studie wurde von verschiedenen Forschergruppen bis

1991 fortgeführt. Die Auswertung liegt nun vor: in der Märzausgabe 1998 der amerikanischen Fachzeitschrift »Psychological Science« unter dem Titel »Catastrophizing and Untimely Death« (Pessimistische Lebenseinstellung und vorzeitiger Tod). Der Ausgangspunkt der Forscher, die daran beteiligt waren, war, herauszufinden, ob körperlich und geistig gesunde Menschen früher sterben, wenn sie ihr eigenes Schicksal mit einer Art globalem Katastrophendenken (»catastrophizing«) verbinden, d. h. grundsätzlich annehmen, dass das Schlimmste eintritt. Für alles, was uns geschieht, suchen wir nach einer Erklärung (»explanatory style«). Professor Lewis Terman ging bei seiner Studie davon aus, dass möglicherweise Menschen, die Schlimmes befürchten (Kriege, Krankheiten, Katastrophen), aus diesem Grunde auch vorzeitig sterben – weil sie es nicht anders erwarten. Die Wissenschaftler, die Termans Daten auswerteten, gaben dieser Thematik im Sinne des Erklärungsversuches (»explanatory style«) weitere Dimensionen, nämlich durch folgende Fragestellungen:

- Was bewirkt die Konfrontation von Innen- und Außenwelt? Wie wirkt sich eine bewusste oder unbewusste Selbstbeschuldigung (»So bin ich nun einmal, ich kann mich nicht ändern«) auf Lebensgefühl und Lebenserwartung aus?
- Was bewirkt die Konfrontation von Stabilität und Instabilität? Dabei wird Stabilität mit Fatalismus gleichgesetzt, in dem Sinne, dass sich nichts zum Besseren ändern wird.
- Was bewirkt die Konfrontation von globalem und individuellem Denken? (»Die äußeren Ereignisse sind so katastrophal, dass ich ohnehin nichts daran ändern kann, ich bin einfach hilflos«).

In der Auswertung der Untersuchungsergebnisse ging es darum, herauszufinden, warum Menschen, die sich hilflos fühlen, auch hilflos *sind* und oft nicht nur psychisch, sondern auch physisch ihr Leben nicht meistern können. Die drei genannten »Erklärungsversuche« für die Dinge, mit denen im Grunde jeder Mensch täglich konfrontiert wird, führen letztlich zu depressiven Symptomen, die sich auch in körperlichen

Erkrankungen niederschlagen können. Die veröffentlichte Studie stellt viele Fragen, die auch andere Forscher untersucht haben:

1. Kann man aus den Ergebnissen dieser Studie ersehen, dass die genannten »Erklärungsversuche« für die Wechselfälle des Lebens Risikofaktoren sind, die aus psychischen Gründen vorzeitige Todesfälle verursachen?
2. Gibt es dabei einen Unterschied im Verhalten von Männern und Frauen (bekanntlich haben Frauen im Durchschnitt eine um sieben Jahre höhere Lebenserwartung als Männer)?
3. Wie kommt es zu dieser Verbindung zwischen dem »Erklärungsverhalten« bei negativen Ereignissen und schlechter Gesundheit? Welche Erkrankungen werden dadurch hervorgerufen?

Wissenschaftliche Untersuchungen anderer Forscher haben bereits feststellen können, dass bei diesen, auch im Rahmen der Terman Life Cycle Studie behandelten Fragen, vermutet werden kann:

– Eine pessimistische Lebenseinstellung schwächt das Immunsystem und begünstigt dadurch Krebserkrankungen.
– Eine pessimistische Lebenseinstellung ruft emotionalen Stress hervor und kann dadurch zu Herzerkrankungen führen.
– Eine pessimistische Lebenseinstellung kann zu unaufmerksamem Verhalten im Alltag und dadurch zu Unfällen führen – beispielsweise im Haushalt, im Straßenverkehr und im Berufsleben.

Die Ergebnisse aus der Terman Life Cycle Studie ergaben, dass bis zur Beendigung der Studie 1991 etwa 400 Teilnehmer verstorben waren. Von etwa 20 Prozent dieser Menschen konnten die Totenscheine nicht ermittelt und deshalb auch nicht ausgewertet werden. Die Statistik der untersuchten Totenscheine sieht folgendermaßen aus:

– 148 Personen starben an Krebs (85 Männer, 63 Frauen).
– 159 Personen starben an Herz- und Kreislauferkrankungen (109 Männer, 50 Frauen).

– 57 Personen starben durch Unfälle oder Gewalttaten (40 Männer, 17 Frauen).

Bei der wissenschaftlichen Auswertung der Fragebögen der verstorbenen Teilnehmer ergab sich, dass vor allem die »Globalität« mit einer erhöhten Sterblichkeitsrate in Verbindung gebracht werden konnte. Die Statistik verdeutlicht, dass aus der Probandengruppe Männer mit einem »globalen Erklärungsmodell« frühzeitig starben. In einer zusätzlichen Analyse dieser Ergebnisse kommt die Forschergruppe zu folgenden Ergebnissen bezüglich einer Verbindung zwischen Pessimismus und vorzeitigem Tod: »Einfache Korrelationen unserer Ergebnisse zeigen, dass männliche Teilnehmer der Studie, die in den Fragebögen »global attributions« (also eine allgemein pessimistische Weltanschauung) angaben, mehr mental verursachte Gesundheitsprobleme hatten als die anderen Testpersonen. Sie konnten mit ihrer Lebenssituation nicht zurechtkommen und tranken auch mehr Alkohol als Teilnehmer, die ihre Probleme spezifischer definieren, also »auf den Punkt« bringen konnten.

Die Verallgemeinerung negativer Erwartungen kann (lebens-) bedrohend sein, denn sie ist mit einer mangelnden Fähigkeit zur Problemlösung verbunden. Eine solche Haltung bedeutet, dass die betreffenden Menschen geradezu darauf warten, dass ein schlimmes Ereignis eintritt. Die Ergebnisse der Studie zeigen, dass allein aufgrund dieser Tatsache ein frühzeitiger Tod beispielsweise durch Unfall (verursacht durch Unaufmerksamkeit in Alltagssituationen) oder Gewalteinwirkung (verursacht durch eine Gewalt provozierende Opferhaltung) eintreten kann. Dies ist kein Zufall, denn den Autoren der Studie zufolge kann es durchaus auch ein Ergebnis einer pessimistischen Lebenseinstellung sein, wenn man »zur falschen Zeit am falschen Ort« ist. Frühere Auswertungen der Terman Life Cycle Studie (veröffentlicht von Howard S. Friedman 1993) zeigten, dass besonders eine Eigenschaft großen Einfluss auf die Aussicht auf ein langes Leben hat: »cheerfulness«, das bedeutet Fröhlichkeit oder einfach: Optimismus.

Auf meine Frage an Professor Friedman, ob Optimisten länger leben, antwortete er mir: »Nein, Optimisten leben nicht länger.« Seine hier zitierte Studie beweist allerdings wirklich nur eines: Pessimisten haben eine geringere Lebenserwartung!

Optimisten

leben

länger ...

… denn sie erwarten nur das Beste

Wie kann man das Beste erwarten, wenn doch immer wieder alles schief geht? Natürlich – Sie können auch von vornherein das Schlimmste annehmen. In den meisten Fällen werden Sie sogar recht behalten. Sie werden sich in Ihrer Meinung bestätigt sehen und ausrufen können: »Ich hab's doch gleich gesagt!« Es ist nun einmal so, dass jemand Pessimist oder Optimist ist, je nachdem ob er in seinen Erwartungen eher Katastrophen oder Verheißungen erblickt.

Beantworten Sie sich selbst einmal die folgenden beiden Fragen:
1. Warum haben Sie recht behalten mit Ihren negativen Voraussagen? (Häufigste Antwort: »Irgendetwas geht doch immer daneben.«)
2. Warum geht »immer etwas daneben«? (Häufigste Antworten: »Das ist halt so.« »Das Leben ist ungerecht.« »Ich bin eben ein Pechvogel.«)

Beginnen wir mit den Antworten zu Punkt 2.
»Das ist halt so.«
Diese Antwort ist meistens von einem resignierten Achselzucken begleitet. Solche Menschen haben es aufgegeben, daran zu glauben, dass ihnen jemals etwas Gutes begegnen könnte. Und geschieht das dennoch, wissen sie nichts damit anzufangen und spähen misstrauisch umher, um zu entdecken, wo denn wohl der Pferdefuß verborgen ist – denn den muss es ja irgendwo geben, dessen sind sie sich ganz sicher. Dabei gibt es kaum ein unzutreffenderes Pauschalurteil als dieses »So ist es nun einmal«! Nichts ist, wie es ist. Alles ist in ständiger Veränderung begriffen – die Welt, das Leben, wir selbst. Und vieles davon können wir selbst ver-

ändern! Dieses Buch will Ihnen Wege und Ideen dazu vermitteln.

»Das Leben ist ungerecht.«
Würden Sie das auch in Augenblicken sagen, in denen Sie rundum glücklich sind? Wahrscheinlich nicht. Vielleicht stellen Sie sich aber gerade dann verwundert die Frage, womit Sie das alles eigentlich verdient haben. Dies ist eine Frage, die man sich allerdings vor allem im Unglück stellt. In beiden Fällen gibt es nur eine Antwort: Sie haben es gar nicht verdient. Denn womit »verdient« man zum Beispiel, geliebt zu werden und lieben zu dürfen? Wie oft rätseln wir herum, warum gerade diese – in unseren Augen – unscheinbare und nichts sagende Frau den bestaussehenden und zärtlichsten Mann hat, und jene Schönheit, die jeden »haben« könnte, ihr Herz ausgerechnet einem mickrigen Brillenträger zuwendet. Ist das »verdient«? Oder ist es nicht vielmehr ein Geschenk, das man eben nicht verdienen kann? Haben wir es verdient, wenn wir gesund und unsere Kinder einigermaßen wohlgeraten sind? Ist das nun gerecht oder ungerecht? Das Leben ist weder gerecht noch ungerecht. Es teilt einfach aus – und zwar blindlings. Was wir dabei tun können, ist: bereit und empfänglich zu sein für das Glück und den Ärgernissen und Beschwerden des Lebens so wenig Chancen wie möglich zu geben.

»Ich bin eben ein Pechvogel.«
Wenn Sie beschließen, ein Pechvogel zu sein, werden Sie sich auch kaum davon abbringen lassen – und zwangsläufig einer sein. Warum beschließen Sie nicht lieber, ein Glückspilz zu sein? Erinnern Sie sich noch an das Grimm'sche Märchen vom »Hans im Glück«? Da erhält Hans für jahrelange Arbeit einen schweren Klumpen Gold von seinem Herrn. Eine mehr als angemessene Entlohnung, sollte man denken. Aber ist Hans glücklich und zufrieden damit? Durchaus nicht, denn der Klumpen ist schwer und der Weg beschwerlich. Also ist er nur zu froh, als er den lästigen Klumpen gegen ein Pferd tauschen

kann. So tauscht er immer weiter das ein, was ihm gerade am erstrebenswertesten zu sein scheint (dass er dabei ständig übervorteilt wird, steht auf einem anderen Blatt), bis er sich schließlich im Besitz eines Mühlsteins befindet, der noch viel schwerer ist als sein Goldklumpen es war. Als dieser ihm dann in einen Brunnen fällt, atmet Hans befreit auf und kehrt frohen Mutes zu seiner Mutter zurück. »So glücklich wie ich gibt es keinen Menschen unter der Sonne!« Ist er nun ein Pechvogel oder wirklich ein »Hans im Glück«?

Die Frage ist nicht leicht zu beantworten. Hans hat sich sein Gold ja ehrlich erarbeitet, es ist sein »verdienter« Lohn (in diesem Fall ist das Wort durchaus zutreffend). Im Folgenden stellt er sich in den Augen wohl der meisten Menschen ziemlich dumm an, denn er verschlechtert seine materielle Situation zusehends und steht schließlich statt mit einem Klumpen Gold mit leeren Händen da. Aber: Er fühlt sich befreit und glücklich. Zwangsläufig drängt sich dabei die Frage auf: Muss man dumm sein, um glücklich zu werden? Sind Menschen deshalb glücklich, weil sie es nicht besser wissen oder können? Oder sind sie vielmehr Lebenskünstler, die sich immer im Leben einzurichten wissen? Hans hat ja durchaus die Dinge verändert: Als ihm sein Goldklumpen zu schwer wird, tauscht er ihn gegen ein Pferd; als das Pferd ihm nicht gehorcht, tauscht er es gegen eine Kuh usw. Und ist es nicht bezeichnend, dass es in der tiefen Weisheit unserer Volksmärchen immer der »Dummling« ist, der schließlich die Prinzessin bekommt?

Kommen wir nun zu Punkt 1 unserer Fragestellung:
»Irgendetwas geht doch immer daneben.«

Ich versuche seit langem vergeblich zu ergründen, warum es offensichtlich so viel einfacher – und deshalb auch so weit verbreitet – ist, Schlechtes eher zu erwarten als Gutes. Warum hegen wir eher Misstrauen als Vertrauen? Denn ein »gesundes« Misstrauen gibt es nicht – das schließt schon die negativ besetzte Vorsilbe »miss-« aus, die immer das Verkehrte und

Verfehlte eines Tuns bezeichnet. Sind es also unsere Erfahrungen, die diese pessimistische Grundhaltung hervorrufen?
Dazu eine neue Frage: Wenn Sie sich einmal an einem heißen Ofen verbrannt haben – werden Sie ihm dann in Zukunft mit Misstrauen begegnen? Werden Sie ihn nicht mehr anrühren, auch wenn er kalt ist? Und: Werden Sie sich dann nicht mehr über die wohlige Wärme freuen, die er verbreitet, oder über die Möglichkeit, auf seiner Platte Ihr Teewasser zu bereiten?
Sicherlich nicht. Sie werden vielmehr beachten, dass ein heißer Ofen sich nun einmal nicht mit bloßer Haut verträgt, und nicht weiter darüber nachdenken. Und wenn Sie sich doch einmal wieder aus Unachtsamkeit die Finger verbrennen sollten, werden Sie sich kaum über den Ofen, sondern eher über sich selbst ärgern.
Genauso ist es mit sehr vielen anderen Dingen im Leben (und das gilt im Großen genauso wie bei unserem trivialen kleinen Ofen-Beispiel): Wenn wir deren ihnen innewohnenden Gesetzmäßigkeiten – die sich ja gar nicht gegen uns richten! – nicht beachten, »verbrennen« wir uns zwangsläufig die Finger.

»Irgendetwas geht immer schief?«
Ja – aber meistens liegt es dann an uns selbst. Und das lässt sich ändern. Es ist also durchaus kein Optimismus, eine heiße Herdplatte zu berühren im Vertrauen darauf, dass schon nichts passieren wird. Das ist Dummheit, und die Folgen haben wir einzig und allein uns selbst zuzuschreiben. Also können wir nicht das Leben, das Schicksal oder sonst irgendetwas anderes dafür verantwortlich machen, sondern einzig und allein uns selbst. Und uns selbst können wir ändern!
Nehmen wir ein anderes Beispiel. Ein Weitspringer schafft die Sieben-Meter-Marke. Um sich für einen bestimmten Wettkampf zu qualifizieren, muss er aber mindestens zehn Zentimeter weiter springen. Wird er nun sagen: »Es wird sowieso nicht klappen – irgendetwas geht immer schief?« Oder

wird er nicht vielmehr weiter trainieren, um zu sehen, ob er sich nicht doch noch verbessern kann? Er wird überlegen, was er an seiner Kondition, seiner Technik, seiner Ernährung usw. verändern kann, um eine bessere Leistung zu erzielen. Und er wird sich ständig positiv motivieren anstatt sich zu demoralisieren. Er gibt sich und dem Leben eine sportliche Chance anstatt gleich aufzugeben. Geben auch Sie sich diese Chance – was immer Sie gerade vorhaben!

Erinnern Sie sich einmal an all jene Dinge, die in Ihrem Leben »gut gegangen« sind. War das immer selbstverständlich? War das immer »verdient«? Und nun erinnern Sie sich an die anderen Dinge. Haben Sie dabei nicht oft schon vorher innere Vorbehalte gehabt? Sich gesagt: Das schaffe ich nie, das klappt nicht, das geht nicht gut? Und genauso ist es dann gekommen. Es ist ein noch wenig erforschtes Phänomen des menschlichen Lebens, dass man Dinge geradezu »herbeidenken« kann. »Self fulfilling prophecies« nennt man dies im Englischen, etwas unzureichend übersetzt etwa mit: eine sich bestätigende Erwartungshaltung. Wenn wir von vornherein davon ausgehen, erfolglos zu sein, sammeln wir – bewusst oder unbewusst – ständig Punkte, die uns in dieser Haltung bestätigen. Auf diese Weise entsteht ein negatives Potential, das immer stärker wird und uns immer mehr in einer entsprechenden negativen Richtung beeinflusst. Unsere innere Haltung wirkt sich unbewusst auch auf unsere äußere Haltung aus, auf die Körpersprache, auf die gesamte Ausstrahlung. So umgeben wir uns selbst mit einem negativen Kräftefeld, das auch auf unsere Umwelt wirkt – die dann natürlich entsprechend reagiert, häufig ebenfalls unbewusst. Genau das Gegenteil passiert, wenn wir uns mit einem positiven Kräftefeld umgeben: Die eigene Zuversicht überträgt sich auf unsere Mitmenschen. Ihnen und uns erleichtern wir es dadurch, an der Erreichung unserer Ziele zu arbeiten – sei dies nun im beruflichen Bereich (etwa bei einem Vorstellungsgespräch) oder im privaten Kreis (beispielsweise bei einer familiären Auseinandersetzung).

Natürlich: Irgendetwas *kann* immer schief gehen. Aber ist es nötig, dies auch noch selbst herbeizuführen? Als ich das letzte Mal in St. Petersburg war, erzählte mir ein Freund eine alte russische Legende, die das Herbeidenken von Ereignissen sehr drastisch illustriert (und damit letztlich eine Vorwegnahme der wissenschaftlichen Erkenntnisse aus der im vorhergehenden Kapitel zitierten Terman Life Cycle Studie ist): Ein Mönch begegnete während der großen Pestepidemie dem Schwarzen Tod. Voller Anteilnahme für seine Mitmenschen fragte er: »Wie viele Menschen wirst du diesmal töten?« Der Schwarze Tod antwortete: »Fünftausend.« Nach einem Jahr begegneten die beiden sich wiederum. Anklagend sagte der Mönch: »Aber es sind fünfzigtausend Menschen gestorben!« Der Schwarze Tod nickte. »Das ist richtig. Aber nur fünftausend starben an der Pest. Die restlichen Menschen starben an der Angst davor.«

Von Napoleon berichtet man, dass er immer wieder seine typhus- oder cholerakranken Soldaten besucht – und sich nie angesteckt hat. Seine Begründung: »Ich glaube einfach nicht an Ansteckung.« Zusätzlich hat er wahrscheinlich die einfachsten Regeln der Hygiene und Desinfektion befolgt – genau wie meine Mutter, die während der schweren Grippe-Epidemie Ende der fünfziger Jahre mehrere Nachbarfamilien pflegte und versorgte, ohne jemals selbst die Grippe zu bekommen. »Ansteckung gibt es nicht«, sagte sie. »Außerdem habe ich Sagrotan.«

Übungen

1. Sagen Sie sich zur Abwechslung einmal, dass etwas ja nicht zwangsläufig schief gehen *muss*, sondern dass es durchaus auch gut gehen *kann*. (Denken Sie dabei an das blindlings austeilende Schicksal.)
2. Was wünschen Sie sich im Moment am meisten?

____

Was können Sie an Vorbereitungen leisten, um diesen Wunsch Wirklichkeit werden zu lassen?

____

3. Wünschen Sie sich mit aller Kraft einen erfolgreichen Ausgang Ihres jeweiligen Unternehmens – etwa eines Vorstellungsgespräches oder einer Verbesserung Ihrer sportlichen Leistung. Bei entsprechender Vorbereitung, dem richtigen Training und einem festen Vertrauen in sich selbst stehen alle Chancen auf Ihrer Seite.

Aber – was ist denn nun eigentlich Glück? Darüber haben sich die Philosophen seit Jahrtausenden ebenso ihre Köpfe zerbrochen wie wir ganz »normalen« Menschen. Denn so wenig Gesundheit nur die Abwesenheit von Krankheit ist, ist Glück auch nicht nur die Abwesenheit von Unglück. Glück ist sehr viel mehr, sehr viel umfassender – so umfassend, dass es einfach nicht zufriedenstellend definiert werden kann.

Die deutsche Sprache kennt nur das Wort Glück und differenziert nicht – wie beispielsweise die englische Sprache mit »luck« und »happiness« – zwischen Glück haben (etwa im Glücksspiel) und glücklich sein. In unserem Zusammenhang ist dabei interessant, dass ein Mensch, der Glück *hat*, nicht unbedingt auch glücklich *ist*. Andererseits kann ein Mensch, der kein Glück hat, durchaus ein glücklicher Mensch sein.

Erinnern Sie sich einmal an einen der Momente, in denen Sie wirklich glücklich waren. War es die Geburt Ihres Kindes? Ein Augenblick des Liebesglücks? Der Anblick einer Landschaft? Jedem wird hierzu wahrscheinlich etwas anderes einfallen. Was haben Sie in jenem Moment empfunden, was haben Sie gefühlt? Auch hier werden wohl jedem Menschen andere Worte einfallen. Aber eines haben alle noch so subjektiven Glückserlebnisse (und sie sind zwangsläufig *immer* subjektiv) gemeinsam: das Gefühl, mit sich selbst und der Umwelt in Einklang zu sein.

Heute weiß man, dass Glück – wie immer man es auch definieren mag – ein wesentlicher Gesundheitsfaktor ist. Zahlreiche wissenschaftliche Forschungen haben nachgewiesen, dass glückliche Menschen allgemein gesünder sind und eine längere Lebenserwartung haben als Menschen, die mit sich und der Welt in Disharmonie leben. Warum profitieren wir also nicht von diesem Wissen und sind einfach glücklich? »Ja – wenn das so einfach wäre ...«, mögen Sie jetzt einwenden. Aber ist es denn wirklich einfacher, unglücklich zu sein? Und selbst wenn es so wäre – würde sich nicht ein bisschen Anstrengung lohnen, um das Leben schöner und lebenswerter zu machen?

An jedem einzelnen Tag können Sie selbst darüber entscheiden, ob Sie diesen Tag nun positiv oder negativ betrachten wollen. Nun meinen Sie vielleicht, wenn Sie einen hektischen Tag voller unangenehmer Aufgaben vor sich haben, wird sich daran nichts ändern – ganz gleich, wie Sie ihn betrachten. Natürlich: Die Aufgaben bleiben die gleichen. Aber es liegt an Ihnen, ob Ihnen deren Erledigung schwer oder leicht fällt! Und wenn Sie schon vor dem Aufstehen unter der Bürde von Dingen schier zusammenbrechen, die Sie noch nicht einmal in Angriff genommen haben – wie wollen Sie dann durch den Rest des Tages kommen? Also denken Sie zunächst einmal gar nicht an das, was vor Ihnen liegt und Ihnen nun wie ein fast unüberwindlicher Berg erscheinen mag, sondern genießen Sie den Augenblick – ein schönes Frühstück vielleicht, eine angenehm temperierte Dusche, ein paar tiefe Atemzüge am offenen Fenster. Und *freuen* Sie sich einfach über diesen neuen Tag. Denn neben allen Pflichten hält er ja auch vieles Angenehme für Sie bereit. Das kann die Freude über die Erledigung einer Aufgabe sein (vor allem, wenn diese unangenehm ist), ein gutes oder auch scherzhaftes Gespräch im Kollegenkreis, ein Spaziergang oder Cafébesuch nach der Arbeit, ein spannendes Buch oder ein Film am Abend. Die Methode klingt fast zu simpel, um wirksam zu sein – und trotzdem ist sie es! Es sind ja ohnehin die einfachsten Mittel, mit denen sich die größte Wirkung erzielen lässt!

Ein sehr wirksamer Weg, sich das Leben schwer zu machen – oder vielmehr: sich davor zu drücken, eine Anstrengung zu unternehmen, es sich leichter zu machen – sind die »Ja, wenn ...«-Sätze. »Ja, wenn ich dies oder jenes hätte, wenn dies oder jenes anders wäre ...« Sind Sie sicher, dass Sie dann glücklicher wären? Das erinnert mich an einen alten Kindervers über einen kleinen Jungen, der ständig unzufrieden war: »Unser kleiner Hansemann, will alles das, was er nicht kann. Sagt Mutter dies, dann will er das. Spielen macht ihm keinen Spaß. Was er will, das hat er nicht, und was er hat, das will er nicht.« Warum gehen Sie nicht einfach von der gegebenen Situation aus und machen das Beste *daraus*? Um die Erfüllung Ihrer »Ja, wenn ...«-Sätze können Sie sich ja nebenher auch noch kümmern. Ob Sie dann wirklich glücklicher sind, wird sich zeigen. Letztlich ist das Glück immer in uns selbst – oder nirgends. Friedrich Martin von Bodenstedt, ein im vergangenen Jahrhundert viel gelesener Schriftsteller, schrieb dazu folgenden kleinen Vers:

»Das Glück, sagt man, sei nur Schein,
und so ist es!
Bilde dir ein, glücklich zu sein,
und du bist es!«

Übungen

1. Durchqueren Sie Ihr Morgentief! Dies ist besonders wichtig für Menschen, die zu Depressionen neigen und sich nur mit großer Mühe dazu aufraffen können, den neuen Tag zu beginnen. Tun Sie nur ein Ding zur Zeit und denken Sie dabei an nichts anderes – schon gar nicht an den nächsten Schritt oder gar an den ganzen Tag, der vor Ihnen liegt. Konzentrieren Sie sich auf jeden Handgriff – Aufstehen, Zähneputzen, Waschen usw.
2. Entscheiden Sie selbst, wie Sie sich fühlen wollen! Kaffee verschüttet, Bus verpasst, Bleistift abgebrochen? Wollen Sie sich wirklich über etwas ärgern, das nicht mehr zu ändern ist? Damit verschwenden Sie nur Energien, die Sie besser positiv nützen können.
3. Trainieren Sie Ihre Ausdauer! So einfach und banal die beiden ersten Übungen auch aussehen mögen – sie sind schwerer durchzuführen als man glaubt. Sie müssen deshalb möglichst oft wiederholt werden! So wird auch jemand, der mit

dem Jogging erst beginnt, nicht schon beim ersten Mal 30 Minuten laufen können. Nur durch ein langsam aufgebautes Ausdauertraining wird er diese Zeit schaffen – und mehr. Aber ganz genauso können Sie sich auch eine positive Grundeinstellung antrainieren!

… denn sie sind bereit, sich zu ändern

Es gibt viele Dinge im Leben und in der Welt, die wir ändern würden, wenn … ja, wenn wir es nur könnten. Krieg, Hunger, all das Elend in der Welt, die politische und wirtschaftliche Situation – was kann da ein einzelner schon bewirken? Man mag gar nicht daran denken, sonst würde man gleich in den finstersten Pessimismus verfallen. Selbst beruflich oder familiär sieht man oft keine Möglichkeiten, etwas zum Besseren zu wenden. Es ist eben nicht zu ändern … Doch! Sie *selbst* können sich ändern! Wenn es etwas auf der Welt gibt, wo Sie wirklich etwas Einschneidendes und Entscheidendes bewirken können, dann ist es Ihre eigene Person.

Möglicherweise haben Sie jetzt verschiedene Einwände: »Was hilft es, wenn ich mich selbst ändere – das ändert doch nichts an der Situation.«
Ihre eigene Erfahrung zeigt Ihnen im Gegenteil, dass dies sehr wohl der Fall ist. Haben Sie es nicht auch schon bemerkt, dass Ihre Mitmenschen anders reagieren – auch auf Sie –, je nachdem, ob Sie hektisch und ärgerlich oder freundlich und gelassen sind? Hat nicht schon oft ein unbedachtes Wort von Ihnen die Situation verschärft, eine freundliche Geste dagegen die Lage entschärft? Alles, was Sie tun und wie Sie es tun, kommt in irgendeiner Form auch wieder zu Ihnen zurück! Es liegt also an Ihnen, Ihr Verhalten entsprechend zu ändern, um zur Änderung der Gesamtsituation beizutragen. Natürlich werden Sie dadurch nicht im Handstreich die ganze Welt verbessern, aber Sie können dazu beitragen, dass sie für Sie und für andere ein Stückchen schöner und friedlicher wird. Und vergessen Sie nicht, dass Sie dabei auch für andere ein Beispiel sein können, wodurch sich diese Wir-

kung noch multipliziert. Übrigens sagte schon der Apostel Paulus: »Willst du die Welt verändern, dann ändere zuerst dich selbst.«
Vielleicht sagen Sie auch: »Wenn ich mich ändere, bin ich nicht mehr ich selbst.« Warum sollten Sie nicht mehr Sie selbst sein, wenn Sie *besser* werden? Kommen Sie dadurch nicht viel mehr dem Idealbild, das in Ihnen angelegt ist und teilweise noch schlummert, immer näher? So falsch es ist, einen anderen Menschen verändern zu wollen (wir würden ihn ja immer nur nach *unserem* Bilde ändern und nicht nach seinem – und damit wäre er tatsächlich nicht mehr er selbst), so richtig ist es für uns selbst, nicht einfach stehen zu bleiben bei dem, was wir sind. Wie alles in der Welt ist auch der Mensch – jeder einzelne Mensch! – in einem ständigen Werden begriffen, das zu einer Weiterentwicklung und zu einem reicheren und erfüllteren Leben führt. Bertolt Brecht erzählt in seinen Geschichten von Herrn Keuner die folgende, nachdenklich stimmende Anekdote: »Ein Mann, der Herrn K. lange nicht gesehen hatte, begrüßte ihn mit den Worten: ›Sie haben sich gar nicht verändert.‹ ›Oh!‹, sagte Herr K. und erbleichte.«

Ein sehr häufiger Einwand ist auch: »Ich kann mich nicht mehr ändern.«
Natürlich ist es nicht ganz einfach, Meinungen und Gewohnheiten abzulegen, die über ein ganzes Leben gewachsen sind. Aber wenn diese Meinungen und Gewohnheiten einem glücklicheren Leben im Wege stehen, sollte eine Veränderung doch der Mühe wert sein! Sie haben keine Zeit? Wenn Sie Zeit haben, etwas Falsches zu tun, haben Sie doch sicherlich die Zeit, etwas zu tun, das Sie als richtig erkannt haben! Das wirklich Aufwendige bei einer Veränderung ist der Prozess, der sich zuvor in Ihrem Innern abspielt – das Umsetzen einer Erkenntnis erfordert keine Zeit, sondern eher eine geistige Kraftanstrengung. Es gilt nämlich das Trägheitsmoment zu überwinden, das den einmal eingefahrenen Gewohnheiten des Denkens und des Handelns innewohnt. Deshalb ist auch hier

ein Ausdauertraining nötig, wie es in der 3. Übung des vorigen Kapitels beschrieben wurde. Nehmen Sie also immer nur eine Sache zur Zeit in Angriff und überfordern Sie sich nicht dabei.

Sie sind zu alt, um sich zu ändern? Gerade beim Älterwerden ist es wichtig, das Training aufzunehmen – um flexibel und damit jung zu bleiben! Zugegeben: Das Trägheitsmoment wird immer gewichtiger, je mehr Jahre man in den alten, ausgefahrenen Gleisen steckt. Aber auch hier ist Ausdauer ein wesentlicher Faktor, der sich bald bezahlt macht! Außerdem: Kein Mensch ist irgendwann einmal »fertig«! Die wegen ihrer in der Nazizeit entstandenen Filme umstrittene Regisseurin Leni Riefenstahl war über siebzig, als sie tauchen lernte, um dann einige wunderschöne Unterwasserfilme zu drehen. Der Astronaut John Glenn umkreiste 1962 als erster Amerikaner in einer Raumkapsel die Erde. 1998 machte er in einer Raumfähre einen weiteren Weltraumausflug – mit 77 Jahren! Solche Leistungen sind nicht ohne das entsprechende Training möglich.

Möglicherweise sagen Sie aber auch: »Ich möchte mich ja gerne ändern, aber ich weiß gar nicht, wo ich damit anfangen soll und wie!«

Fangen Sie einfach irgendwo an. Nehmen Sie sich nur eine Sache vor und verfolgen Sie diese in kleinen Schritten. Es hat keinen Sinn, dass Sie sich selbst im Handumdrehen total umkrempeln wollen. Damit überfordern Sie sich und sind am Ende frustrierter als vorher. Sie brauchen Erfolgserlebnisse, die Sie von der Richtigkeit Ihrer Methode überzeugen und Sie weiter bestärken. Wenn Sie *eine* Sache gemeistert haben, werden Ihnen die nächsten Schritte sehr viel leichter fallen.

Deshalb also: Fangen Sie irgendwo an – aber fangen Sie an. Vielleicht fühlen Sie sich von Ihren Kollegen abgelehnt. Versuchen Sie den Grund herauszufinden! Möglicherweise ist Ihnen gar nicht bewusst, dass Sie oft besserwisserisch oder rechthaberisch auftreten. Oder dass Sie sich ständig in den Vordergrund spielen wollen. Oder dass Sie Ihre Kollegen mit immer denselben Geschichten langweilen. Oder dass Sie einfach nur Mundgeruch haben. Wenn Sie mit Ihrer eigenen Analyse nicht weiterkommen, fragen Sie einen Freund (oder auch einen der Kollegen) nach seiner ehrlichen Meinung über Sie. Und machen Sie sich keine Gedanken darüber, welche Gedanken *er* sich über Sie machen könnte. Es werden auf jeden Fall positivere Gedanken sein, als wenn Sie nicht versuchen würden, eine Änderung herbeizuführen!

Übungen

1. Notieren Sie einige Dinge, die Sie gerne an sich verändern würden (z. B. Ungeduld, Hektik, zu lautes Reden, Nervosität).

---

2. Nehmen Sie sich eines dieser Dinge vor und üben Sie täglich ganz bewusst daran. Versuchen Sie, geduldiger oder ruhiger zu sein, Ihre Lautstärke zu dämpfen usw.
3. Beobachten Sie die Reaktionen Ihrer Umwelt auf Ihr verändertes Verhalten.

… denn sie haben gute Gewohnheiten

War nicht gerade die Rede davon, wie wichtig es ist, sich zu ändern? Was sollen dann Gewohnheiten – festgefahrene, eingeschliffene Verhaltensweisen? Auch Gewohnheiten lassen sich ändern! Darum geht es in diesem Kapitel: schlechte Gewohnheiten abzulegen und gute Gewohnheiten einzuüben.

Gewohnheiten geben dem Leben Struktur und Sicherheit. Beides sind wichtige Faktoren für ein gesundes und glückliches Leben. Überlegen Sie einmal, wie viele Dinge Sie täglich rein gewohnheitsmäßig tun, ohne darüber nachdenken zu müssen. Zähneputzen, die Reihenfolge der Kleidungsstücke beim Anziehen, der letzte Blick in den Spiegel vor dem Weggehen, das Abschließen der Tür, der Griff zur Zeitung gehört dazu, aber auch die Zigarette beim Telefonieren oder nach dem Essen oder der Schokoriegel zwischendurch. Alles dies erfolgt mehr oder weniger automatisch. Oft merken wir diese »Automatik« erst, wenn aufgrund eines veränderten Tagesablaufes – etwa im Urlaub oder bei einer Krankheit – eine spürbare Leere entsteht, beispielsweise wenn in den Ferien keine Zeitung auf dem Frühstückstisch liegt oder wegen einer Erkrankung Rauchverbot verordnet wurde.

Gewohnheiten sparen aber auch sehr viel Zeit und Kraft. Stellen Sie sich einmal vor, Sie müssten jeden Morgen erst einmal darüber nachdenken, in welcher Reihenfolge Sie sich auf den Tag vorbereiten! Oder in welchem Ablauf sich die Büroroutine abwickeln soll. Oder womit Sie bei der Hausarbeit anfangen. Bei den meisten Routinearbeiten halten wir mehr oder weniger strikt eine feste Reihenfolge ein, die sich bewährt hat und Zeit und Wege spart. So behalten wir den Kopf frei für wichtige Aufgaben, die nicht routinemäßig gelöst werden können.

Gewohnheiten können also durchaus etwas Positives sein. Trotzdem sollte man ein kritisches Auge auf sie haben. Selbst gute Gewohnheiten können abhängig und damit unfrei machen. Der Satz »Das habe ich immer so gemacht (und war zufrieden damit)« verführt nämlich nicht selten zu einer Bequemlichkeit, die Veränderungen immer schwieriger macht. Deshalb sollten Sie immer wieder einmal eine kleine Sache in anderer Weise tun als vorher – ganz einfach um herauszufinden, wie beweglich und wandlungsfähig Sie sind. Manchmal erfordern es ja die Umstände, die liebgewonnene und bewährte Routine über den Haufen zu werfen. Das bringt nicht selten Verwirrung und Unbehagen mit sich – bis hin zu einer gewissen Lähmung unserer Handlungsfähigkeit!

Überdenken Sie einmal Ihren Tagesablauf. Sicher werden Sie dabei zahlreiche Gewohnheiten entdecken, mit denen Sie nicht so recht glücklich sind. Das kann das automatische Anschalten des Fernsehgerätes sein oder der gewohnheitsmäßige Griff zum Schokoriegel. Manche Dinge würden Sie dagegen gerne zur Gewohnheit machen – etwa den täglichen Spaziergang, etwas Gymnastik, den regelmäßigen Verzehr von Obst und Gemüse. Aber auch hier wirkt wieder das Trägheitsgesetz, das uns allen Änderungen gegenüber so schwerfällig macht.

Dabei ist es ein merkwürdiges Phänomen, dass es offensichtlich wesentlich einfacher ist, sich an »schlechte« Verhaltensweisen zu gewöhnen als an »gute«. Es ist leichter, mit dem Rauchen anzufangen als damit aufzuhören, und auch der Fernseher lässt sich meistens leichter an- als abschalten. Aber wenn es möglich ist, sich schlechte Angewohnheiten zuzulegen – warum sollte das nicht auch bei guten Gewohnheiten der Fall sein? Das erfordert zwar eine wesentlich größere Willensanstrengung, aber dafür ist dann das Ergebnis auch um so befriedigender. Außerdem zeigt es uns, dass wir durchaus erreichen können, was wir uns vorgenommen haben, und dieses Erfolgserlebnis wird uns den nächsten Schritt, die Bewältigung der nächsten Herausforderung, von Mal zu Mal leichter machen.

Wichtig ist auch hier, dass Sie sich nicht zu viel auf einmal vornehmen und sich von anfänglichen Misserfolgen nicht entmutigen lassen. Fangen Sie mit einer kleinen Sache an und üben Sie daran so lange, bis sie wirklich zur festen Gewohnheit geworden ist. Das kann beispielsweise der tägliche Spaziergang sein. Suchen Sie sich dafür die für Sie am besten geeignete Tageszeit aus – etwa die Mittagspause oder die Zeit nach dem Abendessen. Anfangs werden Sie sich nicht selten dazu zwingen müssen (etwa bei Regenwetter) – tun Sie's trotzdem! Stellen Sie sich vor, wie erfrischt und entspannt Sie zurückkommen werden und wie zufrieden Sie mit sich selbst sein werden. Achten Sie auch auf Regelmäßigkeit, denn nur so schleifen Gewohnheiten sich ein, werden zu einer »automatischen« Verhaltensweise. Und wenn Sie schließlich unterwegs sind, arbeiten Sie Ihren Spaziergang nicht als lästige Pflicht ab, sondern genießen Sie jeden Augenblick – Ihre Umgebung, Ihre Bewegungen, das Gefühl von Sonne, Wind oder Regen auf Ihrer Haut.

Viele Gewohnheiten lassen sich auch durch andere ersetzen. So ist eine Möhre oder ein Apfel bestimmt genauso köstlich wie ein Schokoriegel, und der Griff zu dieser kleinen Zwischenmahlzeit kann genauso automatisch werden. Die gelegentliche Süßigkeit werden Sie außerdem viel mehr genießen können, wenn sie nicht gewohnheitsmäßig konsumiert wird.

Das Verändern von Gewohnheiten ist ein beträchtliches Stück Freiheit, denn es verhindert Abhängigkeit und macht uns zu selbstbestimmten Menschen. Wenn es oft zunächst auch nur kleine Dinge sind, die neu eingeübt werden, trainieren sie doch unsere Willenskraft. Auch ein Muskel wird nur durch ständiges Training stärker und erschlafft, wenn er nicht regelmäßig beansprucht wird. Genauso verhält es sich mit unseren geistigen und emotionalen Fähigkeiten.

Sehen Sie die Einübung guter Gewohnheiten als ein sportliches Training an. Ausdauer führt am ehesten zu Erfolgen. Und Erfolg macht erfolgreich – nicht nur im Sport, sondern auch im täglichen Leben.

Übungen

1. Notieren Sie einige tägliche Gewohnheiten, die Sie verändern möchten.

---

2. Suchen Sie sich für den Anfang eine davon aus und üben Sie regelmäßig. Lassen Sie sich dabei von Misserfolgen nicht entmutigen, sondern beginnen Sie immer wieder von neuem.
3. Erst wenn eine neue Gewohnheit fest in Ihrem Tageslauf verankert ist, suchen Sie sich eine neue Herausforderung.

… denn sie erfüllen sich ihre Wünsche

Manchmal sind wir wunschlos glücklich. Das sind die Momente, in denen wir mit uns und unserer Umwelt in vollkommener Harmonie leben. Aber es sind eben immer nur Momente, die selten für Stunden oder gar Tage anhalten. Danach erwachen unsere Wünsche – manche flüchtig und vorübergehend, andere immer dringlicher werdend. Viele Wünsche bleiben unerfüllt, und im nachhinein (oft erst sehr viel später) stellen wir fest, dass dies auch ganz gut so war. Andere Wünsche werden Wirklichkeit – und enttäuschen uns, weil wir uns ihre Erfüllung ganz anders vorgestellt haben.

Grundsätzlich sind wohl die meisten Wünsche erfüllbar. Sicher gibt es wesentliche Ausnahmen: So kann man durch noch so viel Wünschen nichts an einer unerfüllten Liebe ändern, und auch ein amputiertes Bein wird dadurch nicht wieder nachwachsen. Aber fast alles andere erfüllt sich, wenn Sie fest daran glauben und Ihre Kräfte dafür einsetzen. Allerdings birgt diese Möglichkeit auch eine große Gefahr, und wir sollten mit dem Potential, das in uns schlummert, nicht leichtfertig umgehen. Wie leicht kann man sich etwas Falsches wünschen! Diese Gefahr wird sehr plastisch geschildert im Grimm'schen Märchen »Der Arme und der Reiche«: Ein Bauer hat drei Wünsche frei und wünscht sich als erstes im Zorn, dass sein bockiges Pferd sich den Hals brechen möge. Dies geschieht – und er muss den Sattel nach Hause schleppen. Dabei denkt er daran, wie bequem es doch seine Frau jetzt zu Hause hat, und wünscht sich unbedacht, dass sie daheim in dem Sattel säße und nicht herunter könnte. Im Nu ist er den Sattel los. Den letzten Wunsch, den er noch übrig hat, muss er nun darauf verwenden, seine in den Sattel gebannte Frau aus ihrer misslichen Lage zu befreien.

Deshalb ist es wichtig, das richtige Wünschen zu lernen!

Denn jede Wunscherfüllung hat nun einmal ihren Preis, der sich aus den Konsequenzen ergibt, die daraus entstehen. Natürlich kann man diese nicht alle von vornherein bis ins Letzte übersehen. Aber ein paar Gedanken sollte man sich vorher schon darüber machen, ob man wirklich will, was man sich wünscht – mit allen Folgen. Ein Hund mag ein Gefährte sein, der die Einsamkeit vertreibt und mehr Spaß ins Leben bringt. Aber er verursacht auch zusätzliche Kosten, braucht regelmäßigen Auslauf und schränkt während des Urlaubes eventuell Ihre Bewegungsfreiheit ein. Ein Stellungswechsel kann mehr Geld, Ansehen und befriedigendere Aufgaben bedeuten. Möglicherweise bleibt dabei aber weniger Zeit für Freizeit und Familie, setzt einen Umzug und damit den Verlust des liebgewordenen sozialen Umfeldes voraus. Bevor man also an die Erfüllung von Wünschen geht, sollten auch alle Gegenargumente in Erwägung gezogen werden.
Das bedeutet aber durchaus nicht, dass man nicht auch »Unvernünftiges« wünschen und verwirklichen sollte! Manchmal spricht alles gegen die Erfüllung eines Wunsches – aber man hat nun einmal sein Herz daran gehängt. Dann sollte man nicht zögern, sollte unvernünftig sein und an der Verwirklichung seines Traumes arbeiten. Sei es nun, um einfach Ruhe zu haben; oder um zu entdecken, dass es sich wirklich nicht gelohnt hat; oder aber auch um festzustellen, dass die Erfüllung dieses ganz und gar »unvernünftigen« Wunsches genauso (oder noch besser) ist, als wir es uns vorgestellt haben. Wenn man es nicht ausprobiert, wird man es nie wissen! So einen wunderbaren Wunsch erfüllte ich selbst mir vor Jahren mit Hilfe meines Mannes. Mein größter Traum war damals ein Bauernhof. Das größte Hindernis: Wir hatten nicht einen Pfennig Geld. Mein Mann beschloss, wieder zur See zu fahren, wo er als Kapitän mehr verdienen konnte als in einem Beruf an Land. Als mein Traum dann Wirklichkeit wurde und ich Herrin eines wunderschönen Niedersachsenhofes war, war ich überglücklich – und gleichzeitig tieftraurig. Denn trotz meiner recht erfolgreichen Schweinezucht waren die laufen-

den Kosten so hoch, dass sie nur durch die weitere Seefahrtszeit meines Mannes zu decken waren. So hatte ich zwar meinen Bauernhof, aber leider nicht meinen Mann. Als wir den Hof schließlich aufgaben, weil unser Familienleben uns letztendlich wichtiger war, taten wir dies zwar schweren Herzens, aber dankbar für alle Erfahrungen und Erlebnisse, die diese Jahre uns gebracht hatten. Die wichtigste Erfahrung war: Selbst die zunächst fast unerfüllbar erscheinenden Wünsche können Wirklichkeit werden.

Es gibt verschiedene Kategorien von Wünschen.

1. Materielle Wünsche:

Dinge, die mit Geld zu bezahlen sind, sind noch am leichtesten zu erreichen. Dabei kann es sich um ein Kleidungs- oder Schmuckstück, ein Möbelstück, einen Kunstgegenstand, ein Haus usw. handeln. Bei vielen Dingen gaukelt uns die Werbung vor, dass wir durch ihren Besitz automatisch glücklicher sein würden – etwa durch eine verjüngende Creme, ein neues Waschmittel oder eine bestimmte Kaffeesorte. Solche Versprechungen sind natürlich zu hoch gegriffen. Aber es kann durchaus sein, dass ein neues Kleidungs- oder Möbelstück uns auf längere Zeit ein neues, positiveres Lebensgefühl vermitteln kann, weil wir immer wieder unsere Freude daran haben. In diesem Fall sollte man sich diese Wünsche durchaus erfüllen – auch wenn es sich »nur« um Dinge handelt. Notieren Sie Möglichkeiten, wie Sie das für die Anschaffung nötige Geld zusammenbringen könnten: durch Einsparungen, den Verzicht auf kostspielige Gewohnheiten (Zigaretten, Ausgehen usw.), eine Nebentätigkeit, den Verkauf von Dingen, die Sie nicht mehr brauchen oder die überflüssig sind – sicher fallen Ihnen noch verschiedene andere Möglichkeiten ein. Wenn Ihr Wunsch wirklich stark genug ist, werden Sie dies alles gerne auf sich nehmen. Stellen Sie sich immer wieder vor, wie schön es sein wird, wenn Sie den gewünschten Gegenstand wirklich besitzen! Vielleicht haben Sie eine Abbildung davon, die Sie immer wieder betrachten können – dann können Sie die Vorfreude doppelt genießen.

2. Erfolgswünsche:
Wer hätte nicht gerne eine bessere berufliche Qualifikation, würde nicht gerne einen sportlichen Rekord brechen, sich perfekt in einer Fremdsprache ausdrücken können, Tanzen, Klavier spielen oder Bogenschießen lernen? Sicher haben auch Sie Ihre Vorstellungen, auf welchem Gebiet Sie gerne erfolgreich(er) wären. Verzeihen Sie die Frage: Warum sind Sie es dann nicht? Was hindert Sie daran, Ihre Möglichkeiten auszuschöpfen und weiterzuentwickeln? In jedem Menschen liegt ein ungeheuer großes Potential verborgen, das es nur zu aktivieren gilt – durch entsprechend starke Wünsche. Dann findet man auch die Zeit und die Kraft dazu, ist auf einmal nicht zu müde (oder zu träge). Und den Satz »In meinem Alter soll ich noch etwas lernen?« sollte man schleunigst aus seinem Vokabular streichen. »Man wird alt wie eine Kuh und lernt immer dazu«, pflegt meine Mutter zu sagen. Sie ist inzwischen 83 Jahre alt. Auch aus eigener Erfahrung kann ich dies bestätigen. Schwimmen und Notenlesen lernte ich erst mit Mitte dreißig. Ich war Anfang vierzig, als ich wieder zu studieren begann. Damit war ich durchaus nicht die Älteste, und es waren gerade die Pensionäre, die mit dem größten Eifer (und häufig mit den besten Ergebnissen) dabei waren. Mein Mann machte, als er mit über fünfzig Jahren aus gesundheitlichen Gründen nicht mehr als Kapitän zur See fahren konnte, eine Tischlerlehre und anschließend eine Computerausbildung. Ein Freund, der mit Mitte sechzig aus dem Berufsleben ausgeschieden war, erfüllte sich einen lang gehegten Wunsch und baute eine Töpferwerkstatt auf. Seine Schalen und Vasen wurden wegen einer besonderen, von ihm entwickelten Brenntechnik bald zu begehrten Sammlerobjekten. Trotz zahlreicher schwerer Erkrankungen arbeitete er in seiner Werkstatt, bis er – fast neunzigjährig – starb. Diese Beispiele ließen sich noch weiter fortsetzen. Aber selbst die wenigen Anmerkungen zeigen, dass man zum Wünschen – und zum Erfüllen dieser Wünsche – nie zu alt ist!
Auch bei den Erfolgswünschen ist es wieder wichtig, dass sie

stark genug sind und dass wir uns immer wieder lebhaft vorstellen, wie es sein wird, wenn wir unser angestrebtes Ziel erreicht haben. Stellen Sie sich vor, wie schön es wäre, sich während einer Urlaubsreise in der Landessprache verständigen zu können. Oder sich aufgrund einer höheren beruflichen Qualifikation um eine bessere Position zu bewerben. Oder Klavier spielen, Bestzeiten laufen oder zeichnen zu können.

Gerade bei der Verwirklichung von Erfolgswünschen ist es interessant zu sehen, wie der Weg immer mehr zum Ziel wird: Das Lernen, die Aneignung neuer Fertigkeiten ist in sich selbst schon eine solche Befriedigung, dass die Anstrengungen immer weniger als Last, sondern immer mehr als Lust empfunden werden.

3. Gesundheitswünsche:

»Gesundheit ist nicht alles, aber ohne Gesundheit ist alles nichts«, schreibt der Philosoph Arthur Schopenhauer. Es gibt wohl keinen Menschen, der nicht schon einmal (oder öfter) unter den Einschränkungen gelitten hat, die eine Erkrankung für das Leben mit sich bringt. Auch Menschen, die sehr gesundheitsbewusst leben, sind davor nicht gefeit. Selbst wenn sie nicht gerade krank werden, kann beispielsweise ein Unfall ganz ähnliche Folgen haben. Aber kann man sich denn »gesundwünschen«? Ja, in gewissem Maße kann man dies. Nicht umsonst sprechen Ärzte mitunter von einem Wunder, wenn ein Patient, den sie vom medizinischen Standpunkt aus schon aufgegeben haben, dennoch durchkommt – in den meisten Fällen durch seinen starken Lebenswillen. Hier kann man also in der Tat vom »Gesundwünschen« sprechen. Betrachten wir einmal die Möglichkeiten.

– Oft sind es lediglich Unpässlichkeiten, die uns den Alltag vergällen: Kopf- oder Rückenschmerzen, Übelkeit, Bauchweh usw. Selbstverständlich werden wir nach den Ursachen suchen und verschiedene Behandlungsmethoden ausprobieren. Darüber hinaus aber ist der starke Wunsch, wieder ganz gesund zu sein, ausschlaggebend. Hier hilft beispielsweise das

Autogene Training, denn es vermittelt nicht nur Entspannungstechniken, die an sich schon lindernd wirken können. Gerade die Visualisierung (bildhafte Vorstellung) der Wunscherfüllung, die ein wesentlicher Bestandteil des Autogenen Trainings ist, stellt eine wirksame Kraft dar, die entscheidend zur Heilung beitragen kann.

– Diesen Weg sollte man auch bei schwereren Erkrankungen, seien diese nun akuter oder chronischer Art, einschlagen. Wunschdenken und Vorstellungskraft sind starke Waffen im Kampf um die Gesundheit! Ich sage bewusst »im Kampf um die Gesundheit« und nicht »im Kampf gegen die Krankheit«. Es ist immer motivierender, für etwas zu kämpfen als gegen etwas. Und der Wunsch, dass es mit Ihrer Gesundheit bergauf gehen möge, ist auf jeden Fall heilsamer als die Vorstellung, dass es nicht schlimmer werden wird. Auch wenn Sie nicht unbedingt Wunder erwarten dürfen: Eine optimistische Einstellung setzt ebenso ein heilendes Potential frei wie eine pessimistische Haltung ein krankmachendes. Deshalb ist es auch wichtig, dass Sie sich von Selbstmitleid befreien – das hilft nicht weiter, sondern verstärkt eher noch die krankmachenden Tendenzen.

– Dies gilt selbst bei unheilbaren Krankheiten, bei Amputationen usw. Wenn Ihnen kein Arzt mehr helfen kann, können nur noch Sie selbst sich helfen. Denn ganz allein an Ihnen liegt es, ob Sie Ihre Krankheit annehmen, sich gewissermaßen mit ihr arrangieren und so viel Lebensfreude wie nur möglich aus Ihrem Dasein herausholen – oder ob Sie mit dem Schicksal hadern und sich dadurch Ihr ohnehin schon schweres Los noch schwerer machen. Sehr oft stellen sich Menschen, die ein solch schweres Schicksal getroffen hat, die Frage: »Warum gerade ich?« Es ist bezeichnend, dass wir uns diese Frage kaum einmal stellen, wenn wir uns bester Gesundheit erfreuen.

4. Lebenswünsche:

Damit möchte ich solche Wünsche bezeichnen, die wohl die wesentlichsten sind und deren Erfüllung voll und ganz in unseren eigenen Händen liegt. Wertvoller als selbst die Gesundheit und vor allem als Erfolg und Besitz sind innere Zufriedenheit, Gelassenheit, Heiterkeit des Herzens, Vertrauen in das Leben. Wer diese besitzt, wird sich mit seiner optimistischen Grundhaltung auch alle anderen Wünsche, die ihm wichtig genug erscheinen, erfüllen können. Die Passage aus dem Grimm'schen Märchen, die ich zu Beginn dieses Kapitels zitierte, ist der zweite Teil des Märchens. Im ersten Teil ist nämlich von einem anderen Bauern die Rede. Dieser tat den folgenden Wunsch: »Was soll ich mir sonst wünschen als die ewige Seligkeit, und dass wir zwei – meine Frau und ich –, solange wir leben, gesund dabei bleiben und unser notdürftiges tägliches Brot haben.« Ein dritter Wunsch fiel ihm nicht ein.

Was immer Sie sich auch wünschen – wünschen Sie hoch hinaus. Dann gehen Sie Schritt für Schritt auf Ihr Ziel zu.

Was immer Sie sich auch wünschen – ausschlaggebend ist immer der »Zufriedenheitsfaktor«. Etwas nur zu besitzen oder zu erreichen ist nicht genug, es sollte auch glücklich und zufrieden machen.

Was immer Sie sich auch wünschen – lassen Sie sich nicht von dem meistens eher negativ gemeinten Ausspruch irritieren, dass erfüllte Wünsche neue Wünsche wecken. Nur durch Wünsche kommen wir weiter – materiell, beruflich, gesundheitlich und als Menschen.

Übungen:

1. Notieren Sie Ihre vorrangigsten Wünsche.

---

2. Wählen Sie einen dieser Wünsche aus und notieren Sie Möglichkeiten und Ideen zu dessen Verwirklichung.

---

3. Gehen Sie Schritt für Schritt auf Ihr Ziel zu.
4. Geben Sie nicht auf! Manchmal dauert es seine Zeit, ehe Ihr Wunsch sich erfüllt. Es liegt an Ihrer Zähigkeit und Ihrem Durchhaltevermögen, ob Sie Ihr Ziel erreichen.

… denn sie haben Vertrauen

Viele Menschen fragen sich: In wen und in was können wir heute noch Vertrauen setzen? Jeder denkt doch nur an sich selbst und an seinen eigenen Vorteil. Um Ziele zu erreichen, werden nicht mehr nur bedenkenlos die Ellenbogen eingesetzt – auch Intrigen (»Mobbing« ist zu einem Begriff geworden, der schon in der Schule aktuell ist), Verleumdungen und Erpressungen gehören inzwischen zum Repertoire vieler Menschen. Politiker leiden ohnehin unter zunehmendem Vertrauensverlust in der Bevölkerung, weil sie einfach nicht mehr glaubwürdig sind. Hinzu kommen düstere Perspektiven, was Arbeitsmarkt, Umwelt und Weltfrieden anbetrifft. Woher also soll das Vertrauen kommen, das – wie ich behaupte – einen wesentlichen Teil einer optimistischen Lebenseinstellung ausmacht?

Dazu eine Gegenfrage: Was bereichert unser Leben mehr – Vertrauen oder Misstrauen? Oft ist davon die Rede, dass ein »gesundes« Misstrauen unerlässlich sei. Im Grunde ist dies ein Widerspruch in sich, denn die Vorsilbe »miss-« bezeichnet das Verkehrte des Handelns – und das kann nun einmal nicht gesund sein. Deshalb vergiften Menschen, die dem Leben und ihrer Umwelt gegenüber Misstrauen hegen, sich selbst. Wer von jedem immer nur das Schlechteste annimmt, schafft durch seine Haltung die Voraussetzung dafür, dass dieses auch tatsächlich eintritt. Auch hier erkennen wir die »self fulfilling prophecies«! Der gleiche Mechanismus wird aber auch wirksam, wenn man den Menschen und dem Leben voller Vertrauen entgegentritt. Eine solche Einstellung ist nicht nur gesünder und aufbauender für uns selbst, sondern sie provoziert geradezu ein positiveres Verhalten auch der anderen Menschen. Und ist es nicht besser, gelegentlich einmal in seinen Erwartungen enttäuscht zu werden, als ständig voller Misstrauen zu sein? Deshalb:

– Haben Sie Vertrauen in die Menschen.

Wenn Sie von allen stets nur Gutes erwarten, wecken Sie in ihnen positive Kräfte! Diese können aus verschiedenen Gründen entstehen. Manchmal wartet ein Mensch nur darauf, dass man ihm Vertrauen schenkt, das er durch seine Handlungsweise rechtfertigen kann. Manchmal kennt er selbst nichts anderes als Misstrauen, das er selbst hegt und das ihm entgegengebracht wird. Durch Ihr Verhalten bekommt er eine Chance, seine eigene Handlungsweise zu ändern. Und oft sind es auch Beschämung und schlechtes Gewissen, die Menschen dazu veranlassen, das in sie gesetzte Vertrauen zu rechtfertigen.

Dies gilt übrigens auch für unser Vertrauen in die Fähigkeiten und Leistungen von Menschen, die uns nahe stehen. Wie oft machen wir uns Sorgen darum, was beruflich und menschlich aus unseren Kindern, Ehepartnern, Freunden wird! Wenn wir negative Gefühle über die Zukunft uns nahe stehender Menschen haben, teilen sich diese ihnen unmittelbar mit und beeinträchtigen ihr Selbstvertrauen. Durch unsere Bedenken – so sehr diese mitunter auch angebracht sein mögen – schaden wir ihnen mehr als wir ihnen nützen. Natürlich werden wir unsere Einwände vorbringen, wenn wir gefragt werden, und so zu einer möglichst objektiven Meinungsbildung der Betreffenden beitragen. Wichtiger aber ist, dass wir sie dabei unterstützen, sich selbst etwas zuzutrauen!

– Haben Sie Vertrauen in die Zukunft!

Wird die Welt überleben? Werden wir überleben? Finde ich jemals noch einen Arbeitsplatz, den richtigen Partner, mein Lebensglück? Viele offene Fragen, auf die niemand heute eine Antwort geben kann. Deshalb stehen uns auch hier zwei Optionen offen: Wir können uns Sorgen machen, alle positiven Möglichkeiten der Zukunft von vornherein als unmöglich abtun, verzweifeln. Wir können aber auch die Möglichkeit berücksichtigen, dass es vielleicht doch Chancen gibt. Ja, wir können noch mehr: in diese Chancen vertrauen und bereit sein, sie wahrzunehmen. Das bedeutet, dass wir nicht wie gelähmt die Hände in den Schoß legen, »weil ja doch alles keinen Sinn hat«. Damit bringen wir uns selbst um alle Möglichkeiten, die die Zukunft für uns bereithalten mag. Dabei möchte man fast die etwas sarkastische Frage stellen: Und was tun wir, wenn die Welt nun doch nicht untergeht und es doch ein Morgen gibt? Das Samenkorn, das wir heute voller Vertrauen in die Erde legen, kann schon morgen zu einer prächtigen Pflanze heranwachsen! Schon immer haben Menschen unter Lebensangst und Endzeitgedanken gelitten. Belege finden wir beispielsweise in der in der Edda beschriebenen Götterdämmerung, im Weltuntergangsgedanken des Jahres 1000 n. Chr. und in den immer wieder auftauchenden Verlautbarungen von Sekten und religiösen Gruppierungen, dass »das Ende nah« sei. Aber immer noch hat sich unsere alte Erde weiter gedreht – mit allen ihren Schrecken und allen ihren Schönheiten. Sollten wir da nicht Vertrauen fassen, statt uns den gegenwärtigen Augenblick durch düstere Zukunftsgedanken zu vergällen? Halten wir es statt dessen mit Martin Luther, der so viele innere und äußere Bedrohungen erlebte und trotzdem sagte: »Und sollte morgen die Welt untergehen, so will ich doch heute mein Apfelbäumchen pflanzen!«

– Haben Sie Vertrauen in das Leben!

Immer wieder beeindruckt es mich, wie Pflanzen selbst in der unwirtlichsten Umgebung noch ihren Weg ans Licht und ins Leben finden. Dabei kann es sich um die Birken auf den kahlen norwegischen Granitfelsen handeln oder um den Löwenzahn, der mitten in der Stadt eine Asphaltdecke sprengt. Diese Lebenskraft wohnt auch uns Menschen inne – sofern wir sie uns nicht durch unsere – allzu menschlichen – Sorgen und Bedenken zerstören. Haben wir nicht selbst schon oft festgestellt, dass das Leben weitergeht – trotz aller Schwierigkeiten und Unglücksfälle? Auch verheerende Kriege, Seuchen und Naturkatastrophen haben es nicht vermocht, das Leben auf der Erde und den Lebenswillen der sie bewohnenden Geschöpfe auszulöschen. Sollte uns dies nicht Mut und Vertrauen geben und die Gewissheit, dass das Leben am Ende stärker ist?

Es gibt viele Menschen, die resignierend sagen, dass alles im Leben letztlich Schicksal sei. Aber wenn man das Schicksal auch nicht gerade zwingen kann, so hat man doch die Möglichkeit, es positiv oder negativ zu beeinflussen – einfach dadurch, wie man damit umgeht. Der römische Philosoph Seneca fasste dies in die folgenden Worte: »Wer dem Schicksal folgt, den führt es. Wer sich sträubt, den schleift es.« Das bedeutet nichts anderes, als dass man aus dem, was einem das Leben beschert, das Beste machen soll. Dabei sollte nicht vergessen werden, dass wir uns unser Schicksal zu einem sehr großen Teil selbst gestalten: durch die Dinge, die wir tun oder unterlassen, durch unsere guten und bösen Gedanken, durch unsere positive oder negative Einstellung.

– Haben Sie Vertrauen in sich selbst!

Es gibt manche Dinge, die wir *nicht* können. So wird beispielsweise jemand, der vollkommen unmusikalisch ist, kaum eine Karriere als Sologeiger machen können. Aber es gibt weit mehr Dinge, die wir *können* – wenn wir sie uns nur zutrauen! Unser Leben könnte so viel bereichernder für uns selbst und andere sein, wenn wir nur mehr Vertrauen in unsere Fähigkeiten setzen würden! Dabei geht es nicht nur um Fähigkeiten, die wir ohnehin schon haben, sondern auch um solche, die wir ausbauen oder uns neu aneignen können. Wie oft kommt es vor, dass jemand im Berufsleben eine neue Position oder Aufgabe ablehnt, weil er sich ihr nicht gewachsen fühlt! Oder sich um Erfahrungen bringt, weil er glaubt, dass ein Weg ihm zu weit und zu anstrengend sei – etwa bei einer Wanderung oder einer anderen Unternehmung. Wenn uns wirklich an einer Sache liegt – beruflich oder privat –, sollten wir uns einfach trauen! Mag sein, dass wir uns damit letztlich doch überfordern – aber versucht haben wir es wenigstens. Außerdem: In den meisten Fällen werden wir feststellen, dass in uns wesentlich mehr steckt, als wir vermutet hatten. Jeder Mensch hat ein riesiges Potential an Möglichkeiten, die ungenutzt brachliegen, weil sie nie ausprobiert wurden. Und stellen Sie sich auch einmal die Frage: Warum tun andere etwas, das Sie aus

Mangel an Selbstvertrauen nicht zu tun wagen? So unterschiedlich sind die Menschen nämlich gar nicht – sie gehen nur unterschiedlich mit ihren Möglichkeiten um.

Übungen

1. Gibt es einen Menschen, dem Sie nicht vertrauen oder dem Sie nichts zutrauen? Geben Sie ihm zur Abwechslung einmal einen Vertrauensbonus! Überlassen Sie es ihm, eine neue, ungewohnte Aufgabe selbstständig zu lösen. Trauen Sie ihm in jeder Beziehung nur Gutes zu.
2. Das Gleiche gilt für Sie selbst. Lehnen Sie keine Herausforderung ab, die Sie eigentlich gerne annehmen würden, nur weil Ihnen das nötige Selbstvertrauen fehlt! Probieren Sie es wenigstens aus, ob Sie diese Aufgabe nicht doch meistern können.
3. Stellen Sie sich immer wieder das Bild des winzigen Löwenzahnkeimlings vor, der es schafft, die scheinbar unüberwindliche Asphaltdecke zu durchbrechen.

... denn sie glauben an das Gute

»Zwischen dem Leben, wie es ist, und dem Leben, wie es sein sollte, ist ein so gewaltiger Unterschied, dass derjenige, der nur darauf sieht, was geschehen sollte, und nicht darauf, was in Wirklichkeit geschieht, seine Existenz viel eher ruiniert als erhält. Ein Mensch, der immer nur das Gute möchte, wird zwangsläufig zugrunde gehen inmitten von so vielen Menschen, die nicht gut sind.«
Diese Worte schrieb der politische Schriftsteller Niccolo Machiavelli 1513 in seinem Buch »Der Fürst«. Seine Konsequenz aus dieser Erkenntnis ist, dass man sich seine Macht (vor allem in der Politik) um jeden Preis erhalten muss, auch wenn man dabei ethische Normen verletzt. Fast fünfhundert Jahre danach hat sich bei vielen Menschen an dieser Auffassung offensichtlich kaum etwas geändert. Aber hat Machiavelli wirklich Recht gehabt?
– Natürlich ist die Welt nicht so, wie sie sein sollte. Aber tragen wir nicht alle daran unseren Teil Schuld? Handeln wir denn immer so, dass diese Welt besser und nicht schlechter wird? »Es gibt nichts Gutes außer: man tut es«, hat Erich Kästner einmal gesagt. Es liegt also sehr viel an uns selbst, an dem Guten, das wir tun, wie unsere Welt sich gestaltet. Dabei muss es sich gar nicht um spektakuläre Aktionen zur »Rettung der Menschheit« handeln, von denen mancher in seiner Jugend träumt. Beginnen Sie einfach im Alltag, bei sich selbst, in Ihrer unmittelbaren Umgebung! Wichtig ist, dass Sie sich immer vor Augen halten: Das Gute ist aktiv. Das bedeutet: bei Unrecht nicht wegschauen, nicht bequem und feige sein. Und vor allem nicht denken, dass ein Einzelner ohnehin nichts verändern kann.
– Genau wie wir selbst sind auch die anderen Menschen nicht vollkommen. Aber sie sind deshalb nicht schlecht. Ge-

ben Sie den Menschen die Chance, gut zu sein – und sie sind es! Im letzten Kapitel war vom Vertrauen die Rede. Vertrauen Sie in das Gute – im Leben, in der Welt, in den anderen Menschen. Damit stärken Sie die Kräfte, die unsere Welt wirklich besser machen können.

– Ein guter Mensch wird nie ein Verlierer sein, wie Machiavelli es darstellt. Er mag sich nicht mit unrechtmäßigen, unmoralischen Mitteln Vorteile erschleichen – aber er wird sich selbst und allen anderen immer in die Augen sehen können. Er wird sich nie hassen und verachten müssen und damit sein eigenes und das Leben anderer vergiften. Darüber hinaus gibt ihm seine Integrität eine innere Stärke, die ihn befähigt, auch dann zu bestehen, wenn er ein »Einzelkämpfer auf verlorenem Posten« zu sein scheint. Ein Mensch, der nur Gutes will und tut, wird nicht untergehen – denn er wird seine eigene Kraft spüren und entdecken, dass er eben doch kein Einzelkämpfer ist!

Wenn Sie sich unvoreingenommen in Ihrem Alltag umsehen, werden Sie immer wieder feststellen, dass das Gute durchaus vorhanden ist. Oft zeigt es sich in kleinen Dingen – jemand, der Sie an der Kasse des Supermarktes vorlässt, der ehrliche Finder des verlorenen Portemonnaies, ein höflicher Autofahrer usw. Belasten Sie sich nicht mit den negativen Verhaltensweisen Ihrer Mitmenschen – schauen Sie lieber auf die guten Seiten eines Menschen und einer Situation! Damit verstärken Sie die Chancen, dass das Gute möglich wird.

Jeder Mensch hegt immer wieder ungute Gedanken, handelt auf eine Weise, die ihm selbst nicht richtig erscheint. Alles dies schlägt negativ auf unser Wohlbefinden zurück! Deshalb ist das Gute, das man tut, zulässt oder durch sein Vertrauen geradezu provoziert, durchaus auch etwas Gutes, das man sich selbst tut. Und da dies Kapitel mit einem Zitat begann, will ich es auch ebenso beschließen. Ganz pragmatisch formulierte es nämlich Ernest Hemingway: »Gut ist alles, wonach man sich gut fühlt. Schlecht ist alles, wonach man sich schlecht fühlt.«

Übungen

1. Lassen Sie am Abend den vergangenen Tag einmal Revue passieren! Was ist Ihnen heute Gutes widerfahren?

---

2. Denken Sie an einen Menschen, der Ihnen unsympathisch ist. Stellen Sie eine Liste auf, in der Sie seine positiven Seiten notieren.

… denn sie erkennen die Muster des Lebens

Haben Sie schon einmal den Vorgang des Webens oder Knüpfens eines Teppichs beobachtet? Am Anfang werden die Farben scheinbar willkürlich aneinandergesetzt, aber je länger man zuschaut (und die Herstellung eines fein geknüpften Teppichs kann sehr lange dauern!), desto mehr entdeckt man, wie sich die schönsten und sinnvollsten Muster formen. Genauso geht es uns selbst letztlich mit unserem Leben: Dinge geschehen, die uns unsinnig, ja unglückselig erscheinen. Immer wieder stellt sich die Frage: Warum muss mir – gerade mir – dies oder jenes passieren? Das Bemerkenswerteste bei dieser Frage ist allerdings, dass wir sie uns meistens nur dann stellen, wenn uns etwas Negatives begegnet (oder etwas, das uns im Moment jedenfalls so erscheint). Die unerwartet guten Dinge, die geschehen, nehmen wir nämlich nur allzuoft als selbstverständlich hin. Um so wichtiger ist es, dass wir die positiven »Muster« unseres Lebensteppichs erkennen lernen. Dazu gehört zum Beispiel immer wieder die Frage – was immer uns auch geschieht: Wer weiß, wozu es gut ist … Oft erkennen wir ja die Weisheit des Schicksals (oder, um im Bild zu bleiben: das Muster) erst sehr viel später. Jahre oder auch Jahrzehnte können vergehen, ehe wir entdecken, dass es genau richtig war für unseren Lebensweg, was einmal geschah und uns unverständlich und ungerecht erschien. Erst mit den Jahren können wir das Muster unseres Lebens erkennen. Deshalb ist es so wichtig, Vertrauen zu haben – ins Leben, in unser Schicksal, in uns selbst.

Wenn es uns gelingt, die Muster des Lebens zu erkennen, wird es uns auch leichter fallen, mit den sich wiederholenden »Schattenstickereien« fertig zu werden. Ich kann mich noch gut erinnern, wie mir zum ersten Mal klar wurde, dass ich zu heftigen Depressionen neige. Ich dachte, diese tiefschwarze

Phase würde niemals enden. Dann war sie mit einem Mal vorbei – aber das registrierte ich damals noch nicht, sondern nahm meinen positiven Zustand als selbstverständlich hin. Erst, als sich dieses Auf und Ab einige Male wiederholt hatte, entdeckte ich, dass »es« ja immer wieder irgendwann einmal zu Ende geht. Erst da lernte ich, auch positiv damit umzugehen, auf mich selbst Rücksicht zu nehmen und – einfach abzuwarten in der Gewissheit, dass Depressionen kommen, aber auch gehen. Das gab mir die Energie, diese auch positiv wahrzunehmen – als Ruhezonen gewissermaßen. Wie oft verausgaben wir uns – ganz unbewusst. Und während wir uns noch auf dem Höhepunkt unserer Leistungs- und Aufnahmefähigkeit fühlen, haben wir unser Kräftekonto schon längst überzogen. Trotz jahrzehntelanger intensiver wissenschaftlicher Forschungen weiß man heute noch immer sehr wenig über die Entstehung, den Verlauf und die Behandlung von Depressionen. Aus eigener langer Erfahrung kann ich dazu nur folgendes sagen:

- Es hilft zu wissen, dass Depressionen vorbeigehen.
- Es hilft, während dieser Zeit besonders gut und rücksichtsvoll mit sich selbst umzugehen.
- Es hilft, die Situation positiv anzunehmen und sie als eine Art »Auszeit« zu sehen, in der man regenerieren und sich auf sich selbst besinnen kann.

Häufig fragt man sich, wozu man Dinge lernen muss, die man doch im Leben gar nicht verwenden kann. Dies ist besonders häufig während der Schul- und Ausbildungszeit der Fall. Auf meiner Schule mussten wir das Große Latinum machen, also acht Jahre lang die lateinische Sprache pauken. Ich tat mich sehr schwer damit und sah auch für mich den Sinn dieser Quälerei nicht ein, da ich weder Medizin noch Theologie noch sonst irgendein Fach studieren wollte, für das ich Latein benötigt hätte. Aber schon wenige Jahre später konnte ich den ersten Nutzen daraus ziehen, als ich aus einer Notlage heraus plötzlich technische Übersetzungen aus verschiedenen Sprachen machen musste. Von technischen Zusammenhängen hatte ich keine Ahnung, und die Fachbegriffe waren mir zunächst auch fremd – aber in allen Sprachen ließen sich fast sämtliche Worte auf ihren lateinischen Ursprung zurückführen. Ich war gerettet! Heute sehe ich, wie oft mir diese Sprache während des Studiums und vor allem bei meiner Arbeit geholfen hat – oft ganz einfach dadurch, dass mir schwierige Fremdworte gar nicht fremd vorkamen. Offensichtlich beruht der alte (lateinische!) Spruch doch auf Wahrheit, dass wir nicht für die Schule, sondern fürs Leben lernen. Der schönste Beweis aber, dass man irgendwann alles gebrauchen kann, was man gelernt und erfahren hat, war ein Besuch in Polen. Als ich die Kathedrale von Pelplin besichtigte, gab man mir als Führer einen jungen Absolventen des dortigen Priesterseminars mit. Nur leider sprach ich damals weder Polnisch noch Russisch, und der junge Mann war keiner westlichen Sprache mächtig – außer der lateinischen. In diesem totgesagten Idiom parlierten wir einen ganzen vergnüglichen Nachmittag lang.

Übungen

1. Entdecken Sie die Muster in Ihrem Leben. Fragen Sie sich: »Warum bin ich hier – in dieser Situation und so, wie ich bin?« Verfolgen Sie die »Webfäden« bis in Ihre fernste Vergangenheit.
2. Was immer Ihnen geschieht an unangenehmen Dingen – sagen Sie sich immer wieder: »Wer weiß, wozu es gut ist.« Verfolgen Sie auch hier den Webfaden, der Sie zu neuen Erkenntnissen und Herausforderungen führt. Sehr hilfreich ist dabei ein Tagebuch, in dem Sie nachschlagen können, welche Dinge Ihnen geschahen und wohin diese geführt haben.
3. Diese Übung ist besonders wichtig, um Ihre positive Einstellung zu verstärken: Machen Sie sich ganz deutlich die Situationen klar, in denen Dinge geschahen, die Ihr Leben zum Guten beeinflussten, ihnen eine Wendung zum Positiven gaben. Genauso wie negative Einflüsse gibt es auch positive Einflüsse. Es kommt nur darauf an, welche man höher bewertet und dadurch in ihrer Wirkung verstärkt!

… denn sie leben bewusst

Jeder einzelne Augenblick unseres Lebens ist einzigartig und unwiederbringlich. Deshalb sollten wir ihn auch so bewusst wie möglich erleben. Leider gelingt uns dies meistens nur in glücklichen Momenten, von denen wir dann wünschen, dass sie nie vorbeigehen möchten. Viel zu oft aber fällt es uns schwer, den Augenblick auszukosten – etwa, wenn wir uns langweilen, ungeduldig oder traurig sind. Trotzdem ist jeder Augenblick ein Stückchen Lebenszeit, das wir nicht ungenutzt verschwenden sollten. »Carpe diem!«, ruft der römische Dichter Horaz uns in seinen Oden zu. Wörtlich übersetzt heißt dies: Pflücke den Tag – wie eine schöne Blume, an deren Farbe und Geruch man sich erfreut. Nutzen Sie also den Augenblick, indem Sie auch aus unangenehmen oder schmerzlichen Situationen das Beste machen!

– Langweilige Situationen gibt es immer wieder, beispielsweise Wartezeiten beim Arzt oder bei Behörden oder lange Reisen. Hier ist die Chance, endlich einmal in Ruhe ein Buch zu lesen, zu dessen Lektüre man sonst nie die Zeit findet. In England beeindruckt es mich immer wieder, wie viele Menschen Bücher lesen – im Bus, in der U-Bahn oder wenn sie an Bahn- oder Busstationen Schlange stehen. Oft ist es aber nicht möglich, sich einfach in ein Buch zu vertiefen – etwa wenn man einem langweiligen Vortrag zuhören muss. Hier hat man dafür die Gelegenheit, unauffällig andere Menschen zu beobachten, was immer wieder eine interessante Beschäftigung ist. Und natürlich kann man in Ruhe seinen eigenen Tagträumen nachhängen (auf deren Wichtigkeit in einem späteren Kapitel noch eingegangen wird).

– Wie oft warten wir ungeduldig darauf, dass die Zeit bis zu einem bestimmten Ereignis endlich vorbeigehen soll! Die Tage und Stunden bis zu den heißersehnten Ferien, bis zum

Besuch eines lieben Menschen, bis zum Ergebnis einer Prüfung scheinen sich dann ins Unendliche zu dehnen. Während dieser Wartezeit lassen wir aber auch viele Momente unbeachtet an uns vorüberziehen, die es durchaus wert sind, bewusst gelebt zu werden! Das Leben besteht ja nicht nur aus den so sehr herbeigewünschten Höhepunkten – es sind gerade die aneinandergereihten Augenblicke, die es ausmachen. Und besonders Erfahrungen der Ungeduld sind Möglichkeiten, sich ganz bewusst in Geduld zu üben. Meistens werden Sie dann feststellen, dass Geduld wesentlich leichter zu ertragen ist als Ungeduld!

– Immer wieder gilt es, unangenehme Dinge zu erledigen. Wer putzt schon gerne eine Toilette, mäht den Rasen, erledigt im Büro die Ablage? Sicher werden jedem Einzelnen zahlreiche weitere Dinge einfallen, die zwar getan werden müssen – aber eben nur unter innerem Protest abgearbeitet werden. Durch diese Abwehrhaltung verbrauchen wir meistens mehr Kräfte, als wir für die Arbeit selbst brauchen würden! Und wenn etwas schon getan werden muss, sollte man es auch so gut wie möglich machen – egal, worum es sich handelt. So merkwürdig es klingen mag: Auch ein WC, das glänzt wie in der Fernsehwerbung, oder eine gewissenhaft abgelegte Korrespondenz kann uns das Gefühl innerer Zufriedenheit vermitteln. Getan werden müssen diese Dinge ja doch – also warum sollten Sie es sich schwerer machen, indem Sie sich innerlich dagegen sperren? Übrigens gibt es neben den kontemplativen Meditationsformen auch eine Form der aktiven Meditation, wobei man sich in jede einzelne Aufgabe ganz hineinvertieft und dadurch Ruhe und Ausgeglichenheit erlangt. Es liegt ganz an Ihnen selbst, sich selbst und einer unangenehmen Pflicht einen höheren Wert zu geben.

– Freude ist wohl eines unserer tiefsten Gefühle. Mindestens genauso tief wird aber auch die Trauer empfunden. Während wir Freude genießen, wird Trauer meistens verdrängt. Dabei ist gerade die »Trauerarbeit«, das bewusste Durchleben des Gefühls von Verlust und Schmerz wichtig für ein positives und gesundes Weiterleben. Als der Mann einer Freundin starb, drängte ihre Tochter sie, sich am Abend im Fernsehen eine Serie anzusehen – »um sich abzulenken«. Ich bin mir heute noch nicht sicher, ob dies richtig war. Natürlich wäre es verkehrt, sich in seinen Schmerz zu vergraben und nur noch in seiner Trauer zu leben. Schließlich geht das Leben trotz allem weiter – auch wenn man sich im Moment oft nicht vorstellen kann, wie. Aber der Schmerz muss ein Ventil finden, man muss ihn auch herausweinen dürfen. Und ist es nicht nur natürlich, wenn man um einen geliebten Menschen trauert? Um so eher kann man dann bereit sein, sein Leben den veränderten Voraussetzungen entsprechend neu zu gestalten. Also sollten auch die Momente der Trauer bewusst durchlebt werden. Die Erfahrungen, die wir dabei machen, bringen uns trotz allem weiter – auch wenn wir das nicht gleich erkennen können.

Die Vergangenheit können wir nicht ändern. Was die Zukunft bringt, bleibt letztlich immer ungewiss. Nur, *jetzt* ist der Augenblick, in dem unser Leben stattfindet, und wir sollten ihn mit allen Fasern unseres Seins wahrnehmen. Nicht umsonst wird die Gegenwart mitunter als »sinnlich gewordenes Stück Ewigkeit« bezeichnet. Ein europäischer Schüler fragte einmal seinen indischen Meditationslehrer, woher seine Ruhe und Gelassenheit käme. Die Antwort: »Wenn ich sitze, sitze ich. Wenn ich stehe, stehe ich. Wenn ich esse, esse ich. Wenn ich trinke, trinke ich.« Diese Weisheit besitzen wir als Kinder noch von Natur aus, weil wir uns ganz einer Sache, einem Augenblick hingeben können. Durch die vielfältigen Aufgaben und Verpflichtungen, die das Erwachsenenleben mit sich bringt, werden wir immer mehr gezwungen, mehrere Dinge gleichzeitig zu tun und schon immer die nächsten, vor uns liegenden Aufgaben im Auge zu haben. Aber es ist durchaus möglich, die uns als Kindern so selbstverständliche Fähigkeit zur Selbstversenkung in das Hier und Jetzt wieder zu erlernen. Das bewusste Erleben des Augenblicks, das Empfinden der eigenen Bewegung, Geschmack, Geruch, Gefühl all der

Dinge, die wir tun, führen zu einer Vertiefung und gleichzeitig Erhöhung unseres Lebensgefühls, machen es reicher und lebenswerter.

Übungen

1. Nehmen Sie ganz bewusst den Klang, den Geruch, den Geschmack eines Augenblicks wahr.
2. Denken Sie immer wieder: »Jetzt! Jetzt findet das Leben – mein Leben – statt, und ich will es nicht versäumen. Deshalb trauere ich weder der Vergangenheit nach noch sorge ich mich um die Zukunft.«
3. Versuchen Sie immer wieder, dem, was Sie gerade tun, Ihre vollste Aufmerksamkeit zuzuwenden.

… denn sie sind voller Freude

Wenn ein Hund sich freut, ist dies deutlich sichtbar: Er wedelt mit dem Schwanz. Auch beim Menschen ist die Freude mit Bewegung oder zumindest mit Bewegungsdrang verbunden: Wir möchten Freudenschreie ausstoßen, Freudensprünge machen. Vor allem aber möchten wir unsere Freude mitteilen, weil wir nicht selten das Gefühl haben, vor lauter Glück gleich platzen zu müssen. Nicht umsonst heißt es ja, dass geteilte Freude doppelte Freude ist. Es kann uns sogar traurig machen, wenn wir unsere Freude nicht mit jemandem teilen können.

Freude hat also einen starken Einfluss auf unseren Körper. Die Haut ist stärker durchblutet (man errötet vor Freude), die Atmung wird kräftiger und tiefer, nicht selten weinen wir auch vor Freude. Übrigens kann man diese Wirkung auch durch körperliche Beanspruchung erzielen, denn auch beim Sport (beispielsweise beim Joggen) werden Endorphine, die so genannten Glückshormone, ausgeschüttet. Diese haben einen positiven Einfluss auf Blutdruck und Körpertemperatur und tragen außerdem zur Regulierung der Hormonsekretion und zur Überwachung der Körperbewegungen bei. Freude ist also ein nicht zu unterschätzender Gesundheitsfaktor, der durchaus die in diesem Buch vertretene These unterstützt, dass Optimisten länger leben.

Es ist gar nicht so einfach zu definieren, wie Freude entsteht, denn die Anlässe können sehr vielfältig sein. Der eine erlebt Augenblicke tiefster Freude bei einem mitreißenden Konzert, während ein anderer ein ganz ähnliches Gefühl beim stillen Betrachten einer schönen Landschaft hat. Auch die erste Blüte an einer Pflanze, das Schlagen einer Nachtigall, ein Lächeln oder ein sonniger Morgen können Anlass zur Freude geben. Besonders heftig ausgeprägt ist das Freudengefühl,

wenn wir beispielsweise einen Erfolg erleben, eine Liebeserklärung bekommen oder einen lieben Menschen nach langer Zeit wieder sehen. Was geschieht in uns, wenn wir Freude empfinden? Ein Gefühl der Wärme breitet sich in uns aus, unser Herz »wird weit« (dies lässt sich auch vom medizinischen Standpunkt her nachweisen), und wir sind ganz im Einklang mit uns und der Welt.
Freude hat viel mit Dankbarkeit zu tun. Was liegt also näher als das Bestreben, andere an unserer Freude teilhaben zu lassen? Insofern macht Freude uns auch zu besseren Menschen, weil wir in solchen Momenten dazu neigen, großzügiger, toleranter und liebevoller zu sein. Uns selbst wurde etwas geschenkt – also möchten auch wir etwas schenken. Freude macht nicht nur für uns die Welt heller und wärmer, sondern durch unser Weitergeben auch für andere. Insofern ist Freude wirklich, der »schöne Götterfunke«, als den Schiller sie besingt.
Was liegt also näher, als sich so oft wie möglich zu freuen? Anlässe dafür finden sich reichlich, wenn Sie nur einmal genauer hinschauen!
– Freuen Sie sich mit anderen. Ist es nicht schön, wenn jemand Glück und Erfolg hat, eine gute Nachricht bekommt oder ein schönes Geschenk?
– Machen Sie anderen eine Freude. Das ist auch ein durchaus selbstsüchtiger Gedanke, denn Sie wollen sich ja an seiner Freude mitfreuen.
– Pflegen Sie die Vorfreude. Dabei ist es ganz gleich, ob Sie sich auf eine große Reise freuen oder auf einen geruhsamen Leseabend. Und sollte vielleicht doch einmal etwas dazwischenkommen oder das so sehr Erhoffte nicht ganz Ihren Erwartungen entsprechen – die Vorfreude, die Sie ausgekostet haben, kann Ihnen niemand nehmen.
– Achten Sie auch die kleinen Freuden nicht gering. Sie sind es letztlich, die dem Leben eine positive Grundstimmung verleihen. Warmer Sonnenschein, der Ihren Rücken wärmt, die erste Tasse Kaffee am Morgen, eine Melodie, die Sie lange

nicht gehört haben, das freundliche Wort einer Verkäuferin – unendlich viele Gelegenheiten gibt es jeden Tag, an denen Sie sich erfreuen können. Lassen Sie sie nicht ungenutzt vorbeigehen!
Lebensfreude macht Lust zu leben – trotz aller Probleme, Schwierigkeiten und auch trotz aller Tragik, die unsere Situation überschatten mag. Carpe diem – pflücke den Tag und all die kleinen und großen Freuden, die er bietet.

Übungen

1. Lassen Sie am Abend Ihren Tag Revue passieren. Worüber haben Sie sich heute gefreut?

---

2. Denken Sie an den morgigen Tag. Worauf freuen Sie sich schon jetzt – vielleicht auf das Frühstück, auf Ihre Arbeit, auf ein Konzert oder einen Film?

---

3. Machen Sie sich selbst eine Freude. Sie können beispielsweise einen kleinen Spaziergang machen, ein wohliges Bad nehmen, sich ein Buch kaufen, das Sie sich schon lange wünschen.
4. Machen Sie anderen eine Freude – und sei es nur durch ein Lächeln oder durch ein freundliches Wort.

… denn sie finden Ruhe und Frieden in sich selbst

Freunde sind wichtig. Sie können uns zureden, uns trösten, uns wieder Mut machen. Aber was ist, wenn Sie einmal ganz allein auf sich gestellt, von »allen verlassen« sind? Dann ist immer noch jemand da, der bei Ihnen ist: Sie selbst. Das aber bedeutet wiederum auch, dass Sie sich selbst nicht entfliehen können, mit sich auskommen müssen. Das ist nicht immer so einfach, denn allzuoft mag man sich selbst überhaupt nicht leiden, macht sich Vorwürfe, ist voller Reue über verpasste Gelegenheiten oder falsche Handlungsweisen.
Deshalb ist es zunächst einmal wichtig, mit sich selbst in Ruhe und Einklang leben zu lernen. Davon und wie man dies erreichen kann, wird in späteren Kapiteln noch die Rede sein. Für jetzt sollten wir erst einmal Folgendes festhalten:

– Wenn sich auch die ganze Welt gegen Sie verschwören mag, wenn alles schief geht und nichts und niemand in Sicht ist, um Ihnen zu helfen: Sie selbst sind immer da.
– Schließen Sie also Freundschaft mit sich selbst, verzeihen sich und bauen sich auf.
– Sie selbst sollten Ihr bester Freund sein. Dazu gehört Vertrauen!

Als an einem sehr kritischen Wendepunkt meines Lebens tiefste Verzweiflung mich überkam – weil alles gegen mich zu sein schien und ich offensichtlich alles falsch gemacht hatte, Träume zerbrachen und menschliche Beziehungen in Schmerz und Chaos endeten –, sagte mir eine liebe, sehr viel ältere (und offensichtlich weisere!) Freundin etwas, das ich seitdem nie vergessen habe. Auch sie hatte Dinge erlebt, die ihre ganze Existenz bedrohten – die Flucht aus Ostpreußen, den Verlust nicht nur von Hab und Gut, sondern auch von Freunden und Angehörigen unter den schlimmsten denkbaren Umständen.

»Worauf du stehst, mein Freund – das ist nur Sand.
Nur tief im Herzen ist festes Land.«
Diese zwei Zeilen halfen mir über eine meiner schlimmsten Krisen hinweg. Wenn ich mich nicht mehr auf mich selbst, auf meine innere Gewissheit und Festigkeit verlassen kann – worauf dann? Diese Erkenntnis kann einen Grundstein legen für eine durch und durch positive Lebenseinstellung, die alle Enttäuschungen und Schicksalsschläge überwinden hilft.
Verlassen und verlieren Sie deshalb sich selbst nicht, sondern bauen Sie auf das »feste Land«, das in Ihnen ist. Bestärken Sie sich immer wieder – und wenn Sie sich selbst immer wieder zureden müssen wie einem kranken Pferd! Letztlich kann niemand außer Ihnen selbst sich vorstellen, was jetzt, in diesem Moment, für Sie gut und richtig ist. Bestärken Sie sich immer wieder in dieser Überzeugung. Und wenn Sie dabei einen Fehler machen, wird es *Ihr* Fehler sein, aus dem Sie nur lernen können.
Ruhe und Frieden in sich selbst findet, wer gewissermaßen aus seiner »Mitte« heraus mit sich selbst in Einklang lebt. Diese Mitte spiegelt sich – beispielsweise für das indische Yoga – auch körperlich wider: nämlich im Solarplexus. Dieses Sonnengeflecht, bei dem es sich um ein vegetatives Nervengeflecht in der Körpermitte handelt, wird als Gefühlszentrum betrachtet. Es ist entspannt und oft wohlig erwärmt, wenn Empfindungen von Glück und Liebe uns durchströmen, und verkrampft sich bei Angst oder Ärger, die uns dann buchstäblich auf den Magen schlagen. Deshalb kennt das Yoga auch Übungen, die das Sonnengeflecht entspannen und dadurch ein Gefühl von Ruhe und Frieden vermitteln. Hier zeigt sich einmal mehr, wie stark Körper und Seele einander beeinflussen.

Übungen

1. Versuchen Sie, gerade in Krisensituationen oder bei Aufregungen ruhig und gleichmäßig zu atmen. Ihr Atem ist immer bei Ihnen, um Sie zu unterstützen! Atmen Sie Kraft, Ruhe und

Frieden ein und stoßen Sie beim Ausatmen Unruhe und Unfrieden aus.

2. Sagen Sie sich immer wieder: Ich liebe mich. Ich vertraue mir. Ich bin mein bester Freund. Und verhalten Sie sich entsprechend.

3. Verdeutlichen Sie sich das Wunder, das Sie selbst sind: »Ich bin ich – mit meinen eigenen Entscheidungen, mit meiner eigenen Geschichte, mit meinen Gefühlen und meiner Liebe. Ich bin ich!«

... denn sie finden immer einen Weg

Die scheinbare Ausweglosigkeit einer Situation schlägt sich negativ auf das allgemeine Lebensgefühl eines Menschen nieder – sie kann ihn krank machen und sogar seine Lebenserwartung verkürzen. Die zu Anfang des Buches vorgestellte Terman Life Cycle Studie ist ein deutlicher Beleg der Wissenschaft für die Richtigkeit dieser Annahme. Dabei gibt es wohl kaum eine Situation, die wirklich ausweglos ist. Wie oft blockieren wir uns selbst, indem wir verzweifeln und sagen: Es geht nicht, oder: Ich weiß nicht weiter. Damit setzen wir quasi einen Schlusspunkt, noch ehe wir damit begonnen haben, überhaupt eine Lösung zu suchen.

Jeder Mensch verfügt über ein unglaubliches Kreativitätspotenzial, von dem nur ein sehr geringer Teil genutzt wird. Das hat vielerlei Gründe:

- Es ist bequemer, sich in eingefahrenen und »bewährten« Bahnen zu bewegen.
- Etwas Neues verunsichert oft. Es könnte ja auch schief gehen, wenn man es ausprobiert, und das will man lieber nicht riskieren.
- Wenn eine mögliche Problemlösung eher unkonventionell erscheint, wird allzu oft die Meinung anderer berücksichtigt – und alles bleibt beim Alten.
- Es fehlt an Selbstvertrauen.

Also bleiben die Möglichkeiten, die in allen von uns schlummern, leider nur allzu oft ungenutzt. Zapfen wir statt dessen diese schier unerschöpfliche Quelle an, setzen wir das vorhandene Potential frei und suchen wir nach neuen Wegen!

Um das kreative Chaos am besten nutzen zu können, sollten Sie systematisch vorgehen.

1. Vertrauen Sie darauf, dass Sie einen Weg finden werden.
2. Analysieren Sie systematisch und ohne Wehleidigkeit und

Schuldzuweisungen den Ist-Zustand, beispielsweise Arbeitslosigkeit, gesundheitliche Probleme, Partnerschaftskrise.
3. Notieren Sie die möglichen Gründe für das Problem. Oft ergibt sich schon aus der nüchternen Betrachtung heraus eine Lösung.
4. Notieren Sie mögliche Problemlösungen, auch wenn Ihnen diese zunächst ungewöhnlich oder undurchführbar erscheinen. Ein solches »Brainstorming« führt zu immer neuen Ideen.
5. Lassen Sie Ihr Problem ruhen, damit Ihr Unterbewusstsein aktiv werden kann. Durch Ihre Liste an möglichen Problemlösungen haben Sie ihm – wie einem Computer – eine Menge Daten eingegeben, die es nun vernetzen kann und wahrscheinlich mit einem ganz unerwarteten Ergebnis aufwarten wird.
6. Lassen Sie Ihr Problem in Ruhe – dann lässt es auch Sie in Ruhe. So aussichtslos die Situation zunächst auch aussehen mag – das Leben geht ja weiter und will möglichst gut und erfolgreich bewältigt werden. Denken Sie daran: das Problem ist nicht Ihr Leben, sondern nur ein aktueller Teil davon.
7. Vertrauen Sie darauf, dass Sie einen Weg finden werden.

Sehen Sie ein auftretendes Problem – und sei es noch so gravierend – nicht als unausweichlichen Schicksalsschlag, sondern eher als eine sportliche Herausforderung an. Aktivieren Sie alle Ihre Reserven, und das sind mehr, als Sie glauben. Legen Sie also nicht die Hände in den Schoß und lassen was immer auch geschieht resigniert über sich ergehen. Werden Sie aktiv und ergreifen Sie die Initiative. Und haben Sie Mut und Vertrauen! Gerade Menschen, denen das Wasser bis zum Halse steht, sollten den Kopf nicht hängen lassen.

In vielen Bereichen des wirtschaftlichen und politischen Lebens gibt es so genannte »troubleshooters«. Dabei handelt es sich um Personen, die Fehler in technischen, aber auch sozialen Systemen aufspüren und sie korrigieren. Wo immer ein Problem auftaucht – sie sind zur Stelle, um zunächst einmal den Schaden zu begrenzen, dann den Fehler zu entdecken und zu beseitigen. Ich erinnere mich, wie sehr mich der Einsatz einer von einer Flugchartergesellschaft eingesetzten Dame beeindruckte, die mit Charme und Kompetenz in kürzester Zeit die Lage zu entspannen verstand: Aus der Ukraine sollten nach einem Sanatoriumsaufenthalt vierzig schwerst behinderte Kinder mit ihren Begleitern nach Stuttgart ausgeflogen werden. Aus einem nie geklärten Grund wurde der Flug abgesagt. Die Kinder saßen hungrig und frierend auf dem unwirtlichen Flughafen in Lwow (Lemberg), hunderte Kilometer vom Sanatorium und vor allem von ihrer Heimat entfernt. Innerhalb weniger Stunden hatte die »Troubleshooterin« eine neue Chartergesellschaft gefunden und war mit dem Flugzeug unterwegs zu uns. Sie hatte inzwischen auch sämtliche Angehörigen über die Verspätung informiert und zur Übernachtung eine Hotelunterkunft für alle in Stuttgart organisiert. Während des Fluges verteilte sie nicht nur Süßigkeiten und Spielzeug an die Kinder, sondern nahm von sämtlichen Passagieren die gewünschten Weiterreiseverbindungen auf. Ob Flug, Bahnfahrt oder Leihwagen – am nächsten Morgen konnte sich jeder Einzelne beruhigt auf den Heimweg machen. Neben aller Sachkompetenz bewunderte ich am meisten ihren unerschütterlichen Optimismus. »Sie haben ein Problem? Okay – dann lösen wir es!« Da ich diesen Transport als Berichterstatterin begleitete, hatte ich Gelegenheit zu einem Gespräch nach ihrer erfolgreich beendigten Mission. Sie wirkte erschöpft, aber glücklich. »Klar bin ich glücklich! Wieder mal eine Herausforderung angenommen – und gemeistert! Jeder ist happy. Die Reisenden, die Fluggesellschaft – und ich am allermeisten!« Warum nehmen nicht auch Sie die Herausforderung an, ein troubleshooter zu sein?

Die vielleicht spektakulärste Mission dieser Art und ebenso auch eine der größten Herausforderungen an die menschliche Kreativität war wohl die Beinahe-Katastrophe des Apollo-13-Fluges. Ich arbeitete zu der Zeit für ein deutsches Raumfahrtunternehmen und bekam die Ereignisse zwar nicht hautnah mit, aber doch sehr viel näher und intensiver als viele andere

Menschen: Am 13. April 1970 explodierte auf dem Weg zum Mond plötzlich ein Tank des Raumfahrzeuges. Damit war nicht nur die Mondlandung unmöglich geworden, sondern es war vor allem auch fraglich, ob die drei Astronauten lebend auf die Erde würden zurückkehren können. Tausende von Experten versuchten, von der Erde aus die dadurch auftretenden Probleme zu lösen – was ihnen letztlich gelang. Am beeindruckendsten aber ist immer noch die Leistung jenes Teams, das eine Möglichkeit fand, mit Bordmitteln den drohenden Sauerstoffverlust durch ein defektes Ventil zu verhindern. Auf einem großen Tisch in Houston wurde alles ausgebreitet, was die Astronauten zur Verfügung hatten. Das Ergebnis: Aus den Schläuchen der Raumanzüge, Klebestreifen, Kanistern und dem Pappumschlag des Bordbuches wurde ein Provisorium gebastelt, dessen detaillierte Bauanleitung dann an die Astronauten weitergegeben wurde. Am originellsten wurde das Problem der Abdichtung gelöst: Man stopfte »einfach« einen Socken in den Filteransatz. Unvergesslich und zum Zitat geworden ist der Satz: »Houston, wir haben ein Problem …«

Wenn ein Problem, bei dem es auf Leben und Tod ging (man räumte den Astronauten eine Überlebenschance von höchstens zehn Prozent ein!) und wo eine hochkomplizierte Technik zusammenbrach, gelöst werden konnte – sollte es da nicht möglich sein, dass auch Sie einen Ausweg finden können, selbst wenn Ihnen Ihr eigenes Problem noch so erdrückend erscheint? Einige Beispiele:

– Sie haben Ihren Job verloren und sehen möglicherweise aus Altersgründen kaum noch eine Aussicht für ein neues Arbeitsverhältnis. Was Sie tun können:

Überlegen Sie sich Ihre finanzielle Situation. Könnten Sie eventuell auch ohne Arbeitsentgelt auskommen? Falls ja: Wie könnten Sie Ihrem Leben einen neuen Inhalt geben? Möglich wären ehrenamtliche Tätigkeiten, intensive Beschäftigung mit lange vernachlässigten Hobbys, Weiterbildung usw. Falls nein: Könnten Sie sich weiterqualifizieren, spezialisieren oder eventuell selbstständig machen? Könnten Sie eine Nebentätigkeit annehmen?

– Sie haben gesundheitliche Probleme. Was Sie tun können: Überlegen Sie, welches die Gründe sein könnten. Oft sind physische Probleme seelisch bedingt – haben Sie Kreuzschmerzen, weil Sie ein »Kreuz zu tragen« haben? Ist Ihnen etwas auf den Magen geschlagen oder über die Leber gelaufen? Vielleicht treiben Sie aber auch Raubbau mit Ihrer Gesundheit – arbeiten zu viel, rauchen, trinken, ernähren sich nicht richtig, haben zu wenig Bewegung? Bei chronischen Leiden sollten Sie sich außerdem über alle Behandlungsmöglichkeiten informieren – nicht nur die Schulmedizin entwickelt sich immer weiter, auch Naturheilkunde und andere alternative Behandlungsmethoden können neue Möglichkeiten eröffnen.

– Sie haben Beziehungsprobleme. Dabei kann es sich um eine Partnerschaftskrise handeln, aber auch um Probleme mit den Eltern oder Kindern oder um einen Bruch in der Freundschaft. Was Sie tun können:

Versuchen Sie zunächst herauszufinden, wie das Problem überhaupt entstehen konnte. Gehen Sie offen auf den anderen zu und suchen Sie das Gespräch. Äußern Sie deutlich Ihre Ansprüche und Ihre Gefühle und seien Sie bereit, die Sicht des anderen zu akzeptieren. Scheuen Sie sich nicht, eigene Fehler einzugestehen. Oft reicht es schon aus, die Hand zur Versöhnung zu reichen und gemeinsam aktiv an einem besseren Gelingen der Beziehung zu arbeiten.

Oft ist die Lösung eines Problems viel einfacher als Sie vermuten – wenn Sie nur die Kraft aufbringen, sich aktiv daran zu beteiligen. Nicht selten lösen Probleme sich auch von ganz allein. Deshalb sollten Sie nichts überstürzen, sondern in Ruhe nachdenken, bereit sein, aktiv Ihr Leben in die Hand zu nehmen, aber es auch dankbar zu akzeptieren, wenn auf einmal alles scheinbar ganz von selbst in Ordnung kommt. Dann hat nämlich Ihre innere Haltung, Ihre positive Einstellung dazu mitgeholfen!

Übungen

1. Isolieren Sie Probleme und lassen Sie sie nicht Ihr ganzes Leben überschatten. Lassen Sie nicht zu, dass ein Problem von Ihnen Besitz ergreift, sondern ergreifen Sie selbst die Initiative.
2. Kreisen Sie Ihr aktuelles Problem ein. Sagen Sie beispielsweise beim Verlust des Arbeitsplatzes nicht: Mich stellt ja doch keiner ein! Analysieren Sie vielmehr die Gründe, die dazu führten (Stellenabbau, Alter, mangelnde Flexibilität, fehlende Spezialkenntnisse usw.).

____

3. Notieren Sie immer wieder Gedanken und Ideen zur Problemlösung.

____

4. Lassen Sie Ihr Unterbewusstsein für sich arbeiten und vertrauen Sie fest darauf, dass Sie einen Ausweg finden werden.
5. Lassen Sie sich durch Fehlschläge nicht entmutigen, sondern haken Sie sie als Erfahrung nach dem Prinzip von »trial and error« ab. Das bedeutet, dass Sie Wege eliminiert haben, auf denen es *nicht* weitergeht. Dafür gibt es genug andere, die Sie ausprobieren können.

… denn sie tun, was sie wollen

Ach, wäre das nicht schön, wenn Sie tun könnten, was Sie wollten? Warum tun Sie es dann nicht? Was hindert Sie daran, das zu tun, was Sie wollen und so zu leben, wie Sie es sich vorstellen? Manchmal sind es große Dinge, die wir gerne verwirklichen würden. Oft aber sind es auch nur kleine Dinge, die wir gerne tun würden und uns trotzdem nicht imstande sehen, sie wirklich in die Tat umzusetzen. Auch hier spielt das Trägheitsmoment eine Rolle (warum etwas Neues ausprobieren, wenn ich doch mit meinen gewohnten Verhaltensweisen »auf der sicheren Seite« bin?). Außerdem haben wir nicht selten Angst vor der eigenen Courage. Aber: Wenn wir diesen Mut schon haben – warum sollen wir ihn nicht als treibenden Impuls nutzen? »Wird schon schief gehen« heißt es manchmal etwas flapsig. Trotzdem ist dies ein weises Wort: Wenn etwas schief geht – na, wenn schon: Man hat es doch wenigstens probiert. Gleichzeitig bedeutet dieser Spruch aber auch ungefähr das, was man einem Sportler mit »Hals- und Beinbruch« wünscht – nämlich, dass genau dieser Fall nicht eintritt. Wird schon schief gehen – oder vielleicht auch nicht, sondern gerade richtig. Warum nicht einmal das Risiko eingehen? Vor allem dann nicht, wenn man gut vorbereitet ist!

Was also wollen Sie? Einmal richtig faulenzen? Dem Chef die Meinung sagen? Eine Weltreise machen? Sich einen Kindheitstraum erfüllen – etwa statt als Buchhalter zu arbeiten lieber Arzt, Pilot oder Schriftsteller sein?

Was hindert Sie daran, alles dies zu verwirklichen?

Kein Geld, keine Zeit, zu alt – alle diese Gegenargumente wurden schon im Kapitel über Wunscherfüllung entkräftet. Und auch hier kann nur noch einmal wiederholt werden: Alles hat seinen Preis. Wenn Sie tun möchten, was Sie wollen, werden Sie vielleicht zunächst einmal härter arbeiten, sich auf

manchen Gebieten einschränken oder auf etwas verzichten müssen. Aber Sie werden es gerne tun für etwas, das Sie wirklich und von Herzen wollen!
Aber da gibt es noch ein anderes Problem, das vor allem Frauen besonders stark blockiert und sie daran hindert, das zu tun, was sie wollen: ein schlechtes Gewissen. Darf ich das denn wirklich tun? Ist es nicht selbstsüchtig? Meine Antwort darauf: Warum soll man nicht selbstsüchtig sein? Solange wir niemandem damit schaden – und das wird in den meisten Fällen nicht so sein –, dürfen wir nicht nur unsere Träume verwirklichen, sondern haben geradezu die Verpflichtung dazu! Schließlich sind es Träume, die uns weiterbringen – menschlich, für unser eigenes Wohlbefinden und für andere. Jesus Christus hat dazu etwas sehr Wesentliches gesagt, das leider viel zu oft unbeachtet bleibt: »Liebe deinen Nächsten – wie dich selbst.« Wie können wir jemanden wirklich lieben, wenn wir uns selbst nicht lieben? Wie können wir jemandem Gutes tun, wenn wir nicht gut zu uns selbst sind? Wir werden uns immer nur mit verkniffenen Lippen und Groll im Herzen für andere aufopfern, statt dies freudigen und liebenden Herzens zu tun – und das ist bestimmt nicht das, was dieser erstaunliche Mensch aus Nazareth von uns wollte und uns vorlebte.
Wenn wir wissen, was wir wollen und dies auch durchsetzen und danach leben, machen wir nicht nur für uns, sondern auch für unsere Mitmenschen das Leben leichter, indem wir klare Verhältnisse schaffen. Wie oft gehen wir von der Erwartungshaltung aus, dass »die anderen« (dabei handelt es sich meistens um die uns am nächsten stehenden Menschen) unsere Träume und Wünsche nicht nur erraten, sondern auch erfüllen müssten! Aber wer kann schon hellsehen? Wie viel leichter ist es da zu sagen, was wir uns wünschen – beispielsweise bei so scheinbar trivialen Dingen, welches Fernsehprogramm man am Abend sehen möchte oder ob man lieber ausgehen oder gemütlich zu Hause bleiben würde. Rücksicht auf die Wünsche anderer ist eine sehr positive Einstellung. Aber dabei dürfen Sie die Rücksicht auf eigene Wünsche und Be-

dürfnisse nicht vergessen. Am schlimmsten wird es dann, wenn jeder auf jeden Rücksicht nimmt und keiner das bekommt, was er wirklich möchte! Wohl gemeint ist nicht immer die beste Verhaltensweise! Machen Sie also deutlich, was Sie selbst möchten. Sie möchten lieber einen gemütlichen Leseabend auf der Couch verbringen statt auszugehen? Warum nicht? Das muss man nicht unbedingt gemeinsam tun. Also sollten Sie Ihren Partner ruhig ziehen lassen und ihm einen schönen Abend wünschen. Der Partner möchte aber lieber gemeinsam mit Ihnen ausgehen? Aber gerne – nur bitte nicht heute! Tun Sie das, was Sie für sich selbst gerne möchten – ohne ein schlechtes Gewissen und immer mit der Option, zu einem anderen Zeitpunkt auch auf die Wünsche des Partners einzugehen. Haben Sie Respekt vor sich selbst und vor Ihren Wünschen und Bedürfnissen – dann werden andere diese auch respektieren, ohne dass es lange (und oft fruchtlose) Diskussionen darum geben muss.

Wenn wir das tun, was wir wirklich wollen, fühlen wir uns glücklicher. Diese innere Grundstimmung strahlt wiederum auf unsere Umwelt aus. Gerade Frauen fühlen offensichtlich noch immer die Verpflichtung, glücklich, gelassen und ausgeglichen zu sein, damit auch ihre Familie die entsprechende Stimmung erleben kann. Wenn es uns selbst innerlich so richtig gut geht, wird es auch allen anderen gut gehen – weil wir Sicherheit und Lebensfreude vermitteln können. Also besteht – um es überspitzt auszudrücken – geradezu die Verpflichtung, das zu tun, was wir wollen, damit auf diese Weise ein besseres Miteinander zustande kommt.

Tun Sie, was Sie wollen! Was immer Sie tun – oder nicht tun: Die Verantwortung liegt immer bei Ihnen selbst. Und wenn Sie willens und bereit sind, diese Verantwortung zu übernehmen, steht einem selbstbestimmten Handeln nichts im Wege. Das ist gar nicht so leicht, denn Sie können diese Verantwortung auf niemanden abschieben. Wie oft reden wir uns im Alltag damit heraus, dass wir Dinge notgedrungen, für andere, unter dem Einfluss von anderen oder aus einer Notlage heraus taten – obwohl wir es eigentlich nicht wollten. Haben Sie den Mut, Ihr Leben und die Verantwortung dafür selbst in die Hand zu nehmen – und dazu zu stehen. Tun Sie, was Sie wollen!

Übungen

1. Stellen Sie sich die folgenden Fragen:

– Was will ich?

– Warum will ich es?

– Will ich es wirklich – aus tiefstem Herzen, weil es mir wichtig und ein wirkliches Bedürfnis ist? Oder will ich es nur, um andere zu beeindrucken oder mit ihnen zu konkurrieren?

– Könnte ich jemandem dadurch Schaden zufügen – anderen oder eventuell auch mir selbst?

– Bin ich bereit, eventuelle Konsequenzen auf mich zu nehmen (beispielsweise finanzielle oder zeitliche Einschränkungen, das Unverständnis meiner Mitmenschen usw.)?

---

2. Haben Sie alle Fragen zu Ihrer Zufriedenheit beantwortet? Dann handeln Sie! Tun Sie, was Sie wollen – für sich selbst, für andere und ganz ohne schlechtes Gewissen!

… denn für sie gibt es keine unüberwindlichen Hindernisse

Zu den sportlichen Disziplinen, die mich am meisten beeindrucken, gehört der Hürdenlauf. Nicht genug damit, dass die Sportlerinnen und Sportler ihr Letztes geben, um Bestzeiten zu laufen – sie müssen dabei immer wieder auch noch Hürden überspringen, um ihr Ziel zu erreichen. Ihre Technik ist dabei von geradezu artistischer Perfektion. Interessant ist dabei, dass das Reglement das Berühren der Hürden mit Händen und Füßen und sogar das Umwerfen erlaubt.

Im Alltagsleben gibt es sogar noch mehr Möglichkeiten, mit Hindernissen umzugehen.

– Sie können wie im Sport die Hürden »nehmen«, sie also überspringen. Das ist ein sehr dynamischer und sportlicher Weg.

– Sie können unter den Hindernissen hindurchkrabbeln. Diese Technik wird gerne von Phlegmatikern angewendet. Das sieht mitunter zwar etwas merkwürdig aus, aber führt auch zum Ziel.

– Sie können um das Hindernis herumgehen. Anders als im Sport ist Ihnen ja im Leben keine bestimmte Strecke vorgeschrieben.

– Sie können die Hürden beiseite räumen, sie einfach abbauen. Dann haben Sie freie Bahn bis zum Ziel.

– Sie können sie einfach umwerfen. Diese Taktik entspricht meistens ungeduldigen, cholerischen Menschen.

– Sie können einen neuen Anlauf nehmen, indem Sie ein paar Schritte zurückgehen. Am besten geeignet ist diese Technik für sehr gewissenhafte Menschen.

– Sie können einen ganz anderen Weg gehen. Niemand schreibt Ihnen ja Ihre Rennstrecke vor. Gerade kreative Menschen suchen gerne eigene, neue Wege.

Welchen Ansatz Sie auch wählen, um die Hindernisstrecken

des Lebens zu bewältigen – wichtig ist, dass Sie Ihr Ziel erreichen. Und dafür gibt es eben nicht nur *einen* Weg, nicht nur *eine* Technik. Suchen Sie sich deshalb die Möglichkeiten aus, die Ihnen am besten entsprechen. Sie gehen Hindernissen lieber aus dem Weg? Dann dauert es möglicherweise länger, bis Sie am Ziel sind, und Sie haben vielleicht auch die eine oder andere Chance vertan, Ihre Grenzen auszutesten und zu entdecken, was wirklich in Ihnen steckt. Andererseits können Sie durch Ihre Taktik Kraft und Nerven sparen. Oder ziehen Sie es vor, mit dem Kopf durch die Wand zu gehen? Zugegeben: Manche Wände fordern geradezu dazu heraus, dass man sie einrennt. Aber man kann sich dabei auch schmerzhafte Beulen holen und auch anderen unnötige Blessuren zufügen. Hier würde ein bisschen Geduld und Diplomatie durchaus zur Schadensbegrenzung beitragen können. Andererseits kommt man durch ein solches Vorgehen oft schneller ans Ziel, weil man Hindernisse einfach ignoriert.

Als Entscheidungshilfe für Ihr ganz individuelles Angehen der Hürdenstrecke sollten Sie zwei wichtige Punkte beachten, bevor Sie in Startposition gehen. Auch sportliche Leistungen werden – neben dem notwendigen körperlichen Training – vor allem im Kopf vorbereitet!

Erstens: Analysieren Sie das vor Ihnen liegende Hindernis und versuchen Sie, es so realistisch wie möglich einzuschätzen. Oft ist es ja so, dass wir uns selbst Hürden in den Weg stellen, sie gewissermaßen mental aufbauen. Angst vor dem Unbekannten, mangelndes Vertrauen in die eigenen Fähigkeiten, Bequemlichkeit – alles dies kann dazu beitragen, Hindernisse zu sehen, wo eigentlich gar keine sind. Außerdem werden Sie immer wieder feststellen können, dass die scheinbar unüberwindlichen Felswände im Grunde nur kleine Stolpersteine waren, die nur in Ihrer Vorstellung bedrohlich aussahen. Deshalb ist es so wichtig, vor einem Problem nicht die Augen zu verschließen, sich von ihm nicht überwältigen zu lassen, sondern es in seiner wirklichen Größe und Bedeutung zu sehen. Fragen Sie sich beispielsweise: Ist dies Hindernis real vorhan-

den? Ist es wirklich so groß, wie ich es mir vorstelle? Warum scheue ich davor zurück, diese Hürde zu nehmen – auf welchem der vorgeschlagenen Wege auch immer?
Zweitens: Überlegen Sie, welche Möglichkeiten Sie haben, das Hindernis zu überwinden. Welche Ihrer Fähigkeiten können Sie einsetzen? Eher Beharrlichkeit und Geduld? Oder besser Risikofreudigkeit und persönliches Durchsetzungsvermögen? Welche Strategie ist die beste unter den entsprechenden Umständen? Welche Fertigkeiten und Eigenschaften müssten Sie besonders trainieren, um Ihr Ziel zu erreichen? Welche vorhandenen Stärken können Sie nutzen? Welche Schwächen sind zu berücksichtigen? Die Beantwortung dieser Fragen wird Ihnen dabei helfen, Ihren optimalen Erfolgskurs abzustecken. Bleiben Sie dabei flexibel und modifizieren Sie Ihr Vorgehen entsprechend der jeweiligen Situation.

Übungen

1. Sehen Sie Hindernisse, die sich Ihnen in den Weg stellen, nicht als Schicksalsschläge an, sondern als sportliche Herausforderung.
2. Trainieren Sie für Ihren persönlichen Hindernislauf wie ein Sportler. Zum Aufwärmen beginnen Sie mit kleinen Hürden. Fällt es Ihnen schwer, morgens aufzustehen oder auf den Nachtisch zu verzichten? Üben Sie sich zunächst an solchen und ähnlichen Problemen, ehe Sie größere anpacken. Erfolgserlebnisse machen erfolgreich.
3. Haben Sie Vertrauen in sich selbst! Sie können alle Hürden nehmen – wie auch immer.
4. Blockieren Sie sich nicht selbst durch eine »negative Programmierung«. Monty Roberts, nach dessen Geschichte der Roman und der Film »Der Pferdeflüsterer« entstanden, begründet das Gelingen seiner Behandlung schwieriger Pferde folgendermaßen: »Wenn man nicht an seinen Erfolg glaubt, sorgt man dafür, dass der Erfolg nicht eintritt.«

… denn sie sind frei

1846 wurde der amerikanische Philosoph Henry David Thoreau verhaftet und ins Gefängnis gesteckt, weil er eine Steuerzahlung verweigerte, deren Sinn er nicht einsah. Er bezahlte seine Freiheit – nämlich die des Staatsbürgers zu »zivilem Ungehorsam« (so ist auch einer seiner noch heute aktuellen und brisanten Essays betitelt) – mit der Unfreiheit der Gefangenschaft. Thoreau notiert dazu, dass er sich im Vergleich mit seinen Gefängniswärtern eher frei fühlte. Denn diese mussten ihn beköstigen und bewachen, während er sich einfach entspannen und in Ruhe seinen Gedanken nachhängen konnte.
In dem erwähnten Essay schreibt Thoreau:
»Sicher, ich hätte mich – mit mehr oder weniger Erfolg – gewaltsam widersetzen können, ich hätte ›Amok‹ gegen die Gesellschaft laufen können; aber lieber sollte die Gesellschaft gegen *mich* ›Amok‹ laufen, sie war doch die verzweifelte Partei!« Und dann folgt der für mich schönste Satz: »Ich wurde am nächsten Tag entlassen und (…) kehrte noch rechtzeitig in die Wälder zurück, um meine Heidelbeermahlzeit auf dem Fair Haven Hill einzunehmen.«
Ist es nicht viel wichtiger, die Heidelbeeren zu genießen, die nur einmal im Jahr reifen, als sich um Dinge zu kümmern, die sich ohnehin ständig aufzudrängen versuchen?
Thoreau macht hier gleich mehrere Erfahrungen mit der Freiheit:

– Er kann selbstbestimmt entscheiden, ob er dem Gesetz folgen will. Aus Gewissensgründen entscheidet er sich dagegen und übt sich in zivilem Ungehorsam.
– Er muss seine innere Freiheit – nämlich zu seiner Überzeugung zu stehen – mit äußerer Unfreiheit (Inhaftierung) bezahlen. Dies war ihm vorher bekannt, und ihm ist dieser Preis nicht zu hoch.

– Er stellt fest, dass seine Bewacher – die sich ja außerhalb der Gitterstäbe befinden – unfreier sind, als er selbst es ist. Während Thoreau aus eigenem Entschluss im Gefängnis sitzt, sind sie lediglich Befehlsempfänger, die ihren Dienst zum Teil entgegen ihrer Überzeugung und ihrem inneren Gefühl tun.
– Er kann genießen, was das Leben ihm in diesem Augenblick nach seiner Entlassung bietet und was ihm viel wichtiger ist als die Irrungen und Wirrungen der Justiz: eine »Heidelbeermahlzeit« an einem seiner Lieblingsplätze.

Dieser kleinen Episode können wir entnehmen, dass Freiheit durchaus eine Gratwanderung sein kann. Man braucht eine Menge Mut und innere Festigkeit, um in dieser dünnen Luft überleben zu können. Lohnt es sich dann überhaupt, frei sein zu wollen? Freiheit ist ja nicht etwas, das wir »haben« – sie muss ständig neu erarbeitet, erkämpft und gewonnen werden. Denn immer wieder besteht die Gefahr, in die Unfreiheit zurückzufallen. Wenn wir ehrlich sind, ist diese Unfreiheit nicht selten unsere eigene Wahl. Es ist nun einmal bequemer und »gemütlicher«, Anweisungen zu befolgen, andere »machen« zu lassen und deshalb keine Verantwortung übernehmen zu müssen.

Die Kriegsverbrecherprozesse, die nach dem Zweiten Weltkrieg in Deutschland stattfanden, haben dies in drastischer Weise deutlich gemacht: Die meisten Angeklagten plädierten auf »Nicht schuldig« – sie hatten ja »nur« Befehle befolgt. Dabei stellt sich die Frage: Spricht uns ein Befehl oder ein Gesetz von jeder Verantwortung frei? Wer frei handelt, muss auch die Verantwortung übernehmen wollen und können. Oder anders: Nur wer frei handelt, kann auch verantwortlich handeln. Goethe hat dies in seinen »Zahmen Xenien« folgendermaßen formuliert: »Wer sich nicht selbst befiehlt, bleibt immer Knecht.« Nur wenn wir unserem eigenen inneren Gesetz folgen, dessen Konsequenzen wir einzig verantworten können – und sei es um den Preis einer Befehlsverweigerung –, sind wir wirklich frei.

Aber wenn die Konsequenzen aus der Freiheit und der daraus

resultierenden Verantwortung so viele »Unannehmlichkeiten« bereiten können, ist es da nicht viel bequemer, auf ein Stück Freiheit zu verzichten und dafür nicht viel nachdenken zu müssen und die Verantwortung immer auf andere abschieben zu können? Lohnt es sich denn dann überhaupt, frei zu sein?
Immer wieder wird uns in der Werbung das Gefühl suggeriert, frei zu sein, wenn wir beispielsweise diesen Urlaub buchen, jene Zigarettenmarke kaufen oder eine bestimmte Slipeinlage verwenden. Wenn Freiheit einen so hohen Werbewert hat, muss sie also doch erstrebenswert sein! Nur kann man sie leider doch nicht im Supermarkt kaufen, wie es in den Werbespots versprochen wird. Freiheit ist aber – weil sie eben auch mit Verantwortung verbunden ist – nur durch Selbsterziehung (also durch Arbeit und Anstrengung) möglich. Also kann auch nur jeder für sich selbst das größte Hindernis zur Freiheit sein! Und trotzdem hat wohl jeder Mensch die Sehnsucht, frei und selbstbestimmt handeln und leben zu können!
Dies hat viele Gründe, denn Freiheit bedeutet unter anderem, dass wir nichts tun müssen, das wir nicht wollen. Das belegt das Beispiel von Thoreau, außerdem das vieler anderer Menschen, die den Weg des »zivilen Ungehorsams« gegangen sind. Aber oft sind die Situationen gar nicht so spektakulär und dramatisch. Warum sollten wir beispielsweise zu einer Vereinssitzung, zu einem Treffen, zu einem Essen gehen, wenn wir es nicht wollen, weil wir weder für uns noch für andere einen Gewinn darin sehen? Was sind letztlich die Konsequenzen?

– Haben Sie Sorge, etwas zu verpassen? Es ist oft nicht leicht, sich für das Richtige, für sich selbst zu entscheiden. Manchmal möchte man eben gerne »auf allen Hochzeiten tanzen«. Da hilft eigentlich nur ein Blatt Papier, auf dem Sie Punkte verteilen für die einzelnen Dinge, an denen Sie wirklich teilnehmen möchten.
– Haben Sie Sorge, jemanden durch eine Absage zu verletzen? Natürlich kann man zwei- oder dreimal zu Notlügen greifen (Kopfschmerzen, andere Verpflichtungen, Arbeitsüber-

lastung) –, aber irgendwann ist das nicht mehr glaubwürdig. Also ist es dann schon besser, zur eigenen Meinung zu stehen und diese so diplomatisch wie möglich zu übermitteln. Aus eigener Erfahrung weiß ich, dass gerade bei den so genannten gesellschaftlichen Verpflichtungen sehr oft alle anderen froh sind, dass endlich jemand einmal den Anfang gemacht hat, um den ungeliebten Terminen ein Ende zu bereiten. Wichtige Dinge kann man ohnehin viel kürzer und effektiver am Telefon oder bei einer kurzen Besprechung bereden. Und wenn es um zwischenmenschliche Beziehungen geht, muss man sich nicht unbedingt zu einem Treffen zwingen!

– Tun Sie etwas, nur weil Sie denken, es wird von Ihnen erwartet? Oder weil – wie Sie glauben – Sie jemandem damit etwas »Gutes« tun? Wenn Sie unter dieser Voraussetzung handeln, wird der andere es immer merken (die Ausstrahlung dabei verrät uns nämlich immer wieder!), und damit wird Ihr »guter Wille« entwertet. Entweder Sie tun »das Gute« aus vollem Herzen – oder Sie lassen es lieber.

– Sie müssen also darauf verzichten lernen, dass Ihnen jemand sagt und vorschreibt, was Sie tun sollen, sondern selbst entscheiden!

Neben der Freiheit, Dinge nicht zu tun, die wir nicht tun wollen, haben wir also noch eine weitere Freiheit: das zu tun, was wir wirklich wollen! Jean Paul Sartre meinte einmal, dass Freiheit das ist, »was der Mensch aus dem macht, was aus ihm gemacht worden ist«. Bei vielen Strafprozessen werden mildernde Umstände bei der Strafbemessung wirksam, wenn der Angeklagte eine schwierige Kindheit hatte, sein soziales Umfeld nicht optimal war usw. Dies ist sicherlich richtig in dem Sinne, dass Wiedergutmachung und Re-Integration wichtiger sind als Vergeltung. Aber das, »was aus uns gemacht wurde«, muss nicht unbedingt bedeuten, dass wir nicht auch eine andere Wahl hätten! Bedenken wir dabei immer wieder, wie viele Menschen aus einem denkbar ungünstigen sozialen Umfeld keine Verbrecher werden, weil sie sich dafür entscheiden, ihrem Leben eine andere Wendung zu ge-

ben – denn auch dies ist möglich! Weder Vererbung noch soziale Prägung bedeuten, dass jemand dazu verurteilt ist, ein unfreies, im schlechtesten Sinne vorbestimmtes (und dadurch unentrinnbares) Schicksal zu durchleben!
Aber trotz aller Schwierigkeiten, trotz aller Arbeit an uns selbst, die verwirklichte Freiheit mit sich bringt, hat die Werbung doch recht: Freiheit ist etwas durchaus Erstrebenswertes:
– Wer frei ist, dem steht die ganze Welt offen – unbeschränkt und grenzenlos.
– Wer frei ist, kann der Mensch sein, der in ihm selbst angelegt ist und dessen Verwirklichung er anstrebt.
– Wer frei ist, kann tief durchatmen. Dies ist durchaus wörtlich gemeint, denn das Gefühl von Freiheit und Selbstbestimmung ist trotz aller damit verbundenen Arbeit gesünder als die ständige Gewissheit, unterdrückt und bevormundet zu werden!
Wenn Sie selbst frei sind, können Sie auch andere eher freilassen – vor allem Partner, Kinder usw. Sie werden sich weniger Sorgen um sie machen, sie ihre eigenen Erfahrungen machen lassen. Dies kann jede Beziehung – gleich welcher Art sie sei – entlasten und entspannen.
Machen Sie sich also frei von Konventionen und althergebrachten Traditionen. Hinterfragen Sie Sätze wie »Das habe ich immer so gemacht« und »So machen es alle«. Wie viele Fortschritte in Wissenschaft und Forschung wurden erst ermöglicht, weil das Althergebrachte infrage gestellt wurde! Das ist auch in Ihrem Alltag möglich. Machen Sie sich frei von Vorurteilen – gegenüber Menschen, Verhaltensweisen, Meinungen. Durch Vorurteile verbauen Sie sich den Weg zu neuen Erfahrungen! Und machen Sie sich frei von Ängsten und Befürchtungen (wie man zu dieser Freiheit gelangt, wird in späteren Kapiteln noch ausführlich erörtert werden). Indem Sie frei werden *von* allen diesen Dingen, werden Sie frei *für* andere Möglichkeiten: für neue Ideen und eigene Entscheidungen. Freiheit ist etwas für Optimisten, denn sie wissen, dass Veränderung möglich ist!

Übungen

1. Beantworten Sie die folgenden Fragen:

– Was würden Sie tun, wenn Sie ohne alle Einschränkungen ganz frei handeln könnten?

____

– Warum?

____

– Was hindert Sie daran, frei zu handeln?

____

2. Beantworten Sie nun die beiden folgenden Fragen:

– Ist Freiheit für Sie eher etwas Ermutigendes oder etwas Beängstigendes?

– Wie gehen Sie mit der Freiheit der anderen um?

3. Wann fühlen Sie sich wirklich frei? Draußen in der Natur? Im Urlaub? Bei selbstbestimmtem Tun – etwa bei der Ausübung eines Hobbys? Verschaffen Sie sich diese Erlebnisse so oft wie möglich. Verstärken Sie Ihre Gefühle und versuchen Sie, sie in den Alltag zu übertragen.

4. Weichen Sie immer wieder einmal von der gewohnten Ordnung ab – etwa im Tageslauf, beim Essen usw. Probieren Sie aus, wie es ist, etwas ganz anders zu machen. Das übt für größere Aufgaben.

5. Befreien Sie sich von Zwängen. Dazu gehören gewohnheitsmäßiges Rauchen und Trinken genauso wie so genannte »Verpflichtungen«.

... denn sie gehen neue Wege

Als 1856 endlich die Bauarbeiten für den Suez-Kanal begannen, hatte Ferdinand von Lesseps – der ja kein Ingenieur, sondern Diplomat war – viel Überzeugungsarbeit geleistet. Aber er hatte nie aufgegeben: Seit seiner Jugend war es sein Traum, einen Kanal durch die Wüste zu bauen. Er hatte einen neuen Handelsweg geschaffen, der den langen und gefährlichen Weg um das Kap der Guten Hoffnung unnötig machte. Als die Gebrüder Wright mit ihren Flugmaschinen experimentierten, wurden sie zunächst verlacht. Aber 1903 schafften sie mit einem Motorflugzeug in 59 Sekunden eine Strecke von 255 Metern. Ihr Traum vom Fliegen war wahr geworden. Ob sie wussten, dass schon Jahrhunderte vorher Leonardo da Vinci die genaue Konstruktionszeichnung für einen Hubschrauber angefertigt hatte? 1913 ertrank auf der Überfahrt von Antwerpen nach England Rudolf Diesel. Heute nimmt man an, dass es sich um Selbstmord handelte, weil niemand seine bahnbrechende Erfindung des Hochdruckverbrennungsmotors anerkennen wollte und Patentprozesse und andere Schwierigkeiten zu einem Nervenzusammenbruch geführt hatten.
Dies sind nur wenige Beispiele von Menschen, die neue Wege gingen, ihren Erfolg erlebten oder – wie Rudolf Diesel – vorzeitig resignierten. Gerade Diesels Schicksal ist bezeichnend – denn irgendwann gab er den Glauben an seinen Traum auf. Und zwar nicht, weil er nicht von der Richtigkeit seiner Erfindung überzeugt war, sondern weil er den Unglauben und den Widerstand seiner Umwelt nicht länger ertragen konnte! Deshalb ist es nicht nur für Menschen, die »große Dinge« entdecken und erfinden, wichtig, sich unabhängig zu machen von der Meinung der anderen und ihren Traum weiterzuführen! »Große Dinge« – sie können zu bahnbrechenden Erfindungen für die ganze Menschheit führen, aber auch zu Ent-

deckungen und Erfahrungen, die jeder Einzelne für sich selbst macht und die sein Leben verändern. Auch Sie sind Forscher und Entdecker in einem Leben und in einer Welt, die noch jede Menge »weiße Flecken« (= der geographische Fachausdruck für unerforschte Gebiete) bereit hält. Entdecken Sie Neues und entwickeln Sie Neues! Jeden Tag und jeden Augenblick!

Wie reagiert ein Kind auf die Welt? Mit unendlich vielen Fragen! Irgendwann haben wir aufgehört, Fragen zu stellen, Dinge in Frage zu stellen. Aber die Welt ist nicht einfach fertig. Genauso wenig wie unser Leben irgendwann fertig ist. Werden Sie wieder zum Kind! Stellen Sie Fragen! So wenig ist noch beantwortet! Und noch ein Bild drängt sich mir auf, wenn ich daran denke, was es bedeutet, neue Wege zu erforschen: das Bild eines jungen Hundes. Er nimmt eine Spur auf – da ist etwas Neues, Unbekanntes! –, schnüffelt ihr nach, folgt ihr – was werde ich am Ende der Spur entdecken? Diese Begeisterung, diese Neugier ist etwas, das auch den Optimisten eigen ist. Für sie sind Leben und Welt unendlich reich und groß, jeden Tag gibt es Neues zu entdecken – auch in der eigenen Innenwelt. Überall tun sich neue Möglichkeiten auf. Jeden Tag kann man etwas von neuem versuchen, ein neues Kapitel aufschlagen, ein neues Leben beginnen. Jeder Moment des Lebens kann wie ein Frühling sein, der alles wieder neu macht, neues Leben bringt – mitunter fremd, eigenartig und ungewohnt – aber auch unbenutzt, gewissermaßen jungfräulich, darauf wartend, dass wir selbst unserem Leben den eigenen Stempel aufdrücken.

Das Neue lockt und reizt – aber es kann auch Angst machen. Schließlich wissen wir ja nicht, was uns erwartet. Sollten wir uns nicht doch lieber an das halten, was wir kennen und das uns dadurch eine gewisse Sicherheit bietet? Bei dieser Frage zeigt sich einmal mehr, wie wichtig Optimismus ist. Im schlimmsten Fall können Sie mit Ihren Träumen und Ideen scheitern. Aber: Sie haben es wenigstens versucht und neue Erfahrungen gemacht. Und: Meistens kommt es ohnehin besser als Sie denken. Dann haben Sie wirklich Ihre Kräfte eingesetzt, Ihre Chancen genutzt, um selbstbestimmt und frei den ureigensten Weg zu gehen. Dabei fällt mir mein Lieblings-Song von Frank Sinatra ein. »Old Blue Eyes« hat sich nie den leichtesten Weg gesucht, war immer umstritten. Und so heißt es in diesem Lied denn auch:

»I wandered each and every highway,
but more, much more than this –
I did it my way.«

Wenn Sie neue, eigene Wege gehen, müssen Sie damit rechnen, angefeindet zu werden – denn Sie tun ja etwas Ungewöhnliches. Und oft werden Sie auch bewusst missverstanden werden, obwohl Sie die Dinge zum Besseren verändern wollen und können. In der Stadt, in der ich aufgewachsen bin – in Bremen –, gibt es die Sage von den »Sieben Faulen«, die genau dies sehr gut illustriert: Ein Bremer Ackerbürger hatte zwar große Ländereien, war aber trotzdem arm, weil diese nur aus Sumpf und Sand bestanden. Dafür hatte er sieben kräftige Söhne, die sich langweilten, weil es für sie nichts zu tun gab. Deshalb, aber auch weil sie von allen Nachbarn grundlos als die sieben Faulen verspottet wurden, zogen sie schließlich in die Welt hinaus. Nach Jahr und Tag kehrten sie zurück und wendeten sofort die Kenntnisse an, die sie erworben hatten: Das Sumpfland wurde entwässert, ein neues Haus wurde errichtet, Hecken gegen das eindringende Wild gebaut, das sonst die Felder verwüstete. Die Nachbarn allerdings blieben bei ihrem Vorurteil: Wer nicht bis zu den Knien im Sumpf stehen und sein kümmerliches Gras schneiden wollte, wem ein kleines Haus nicht Raum genug gab und wer im Winter nicht auf die Jagd gehen wollte, um das Wild zu vertreiben – der war nun einmal faul. Der Wohlstand der Brüder wuchs von Tag zu Tag, den Namen der »Sieben Faulen« behielten sie. Ihren Nachbarn war es unmöglich, zu verzeihen, dass sie neue Wege gesucht, gefunden – und damit auch noch Erfolg gehabt hatten. Sie waren nämlich durchaus nicht faul, sondern innovativ! Sie fanden Möglichkeiten, um die schwere

körperliche Arbeit, die umständlichen Wege des Alltags zu erleichtern – und damit Raum zu schaffen für ihre eigenen Vorstellungen vom Leben. Und was ist dagegen einzuwenden, wenn man sich lieber zu einer Siesta in den Schatten legt, anstatt eine mühsame Arbeit zu erledigen, für die man inzwischen eine viel bessere Lösung gefunden hat?
Neue Wege zu suchen – und zu gehen! – erfordert Mut, Selbstvertrauen und Optimismus. Was haben Sie letztlich zu verlieren? Nichts – denn auch wenn sich Ihre Erwartungen nicht erfüllen, können Sie nur gewinnen an Erfahrung, Reife und Kraft. So viele Möglichkeiten stehen Ihnen offen, den Weg ins Neuland zu gehen – in der Partnerschaft, im Zusammenleben mit Menschen, in einer Qualifizierung für den Beruf, in einer anderen, positiveren Einstellung zum Leben. Selbst die Übungen in diesem Buch können zur Erforschung und Erkundung der »weißen Flecken« auf der Landkarte des Lebens beitragen! Jeder einzelne Schritt, den Sie tun – im wörtlichen wie im übertragenen Sinne –, kann ein Schritt in eine neue Dimension Ihrer Lebensqualität sein!
Deshalb ist es auch nie zu spät zu beginnen. Sie haben schlechte Erfahrungen gemacht? Analysieren Sie einmal, warum dies so war. Vielleicht haben Sie die Dinge einfach falsch angefasst? Dann können Sie es jetzt besser machen. Oder haben Sie zu früh aufgegeben? Dann halten Sie eben diesmal länger durch. Oder hatten Sie einfach nicht genug Vertrauen in sich selbst? Dann werden Sie diesmal stärker sein und einen festeren Glauben an sich selbst haben. Sie sind nicht mehr der oder die Jüngste? Es gibt den Spruch, dass Alter nicht vor Torheit schützt. Dabei ist der Begriff Torheit sehr negativ definiert. Aber er bedeutet doch nichts anderes, als dass man unschuldig und unbefangen Dinge erprobt – eben wie ein Kind, voller Neugier und Wissbegierde. In jedem Alter kann man Dinge erkunden und erforschen. Mit zunehmendem Alter können wir auch viel besser die Zusammenhänge erkennen (siehe Kapitel »... denn sie erkennen die Muster des Lebens«). Und wir können uns unabhängiger machen von der

Meinung der anderen. Alter muss weder ein Handicap sein noch eine Entschuldigung dafür, etwas zu versäumen oder zu unterlassen. Da ist die alte Dame, die mit achtzig Jahren noch das Reiten erlernt. Da ist mein siebzigjähriger Kommilitone von der Universität, der bei allen russischen Klausuren besser abschneidet als die jungen Leute, die frisch von der Schule kommen. Da ist der Ingenieur, der nach seiner Pensionierung neue Herausforderungen sucht, indem er weltweit ehrenamtlich an humanitären Projekten mitarbeitet. Alle diese Menschen haben neue Wege beschritten – obwohl sie oft zunächst belächelt wurden. Sie haben etwas getan, das ihnen wichtig war – und werden dafür beneidet und bewundert. Sie gehen ihren Weg.

Übungen

1. Probieren Sie folgende kleine Denkübung immer wieder aus: Wie können Sie etwas anders und effektiver gestalten? Dabei kann es um die Verbesserung und Erleichterung im Haushalt oder im Beruf gehen, aber auch um ein Problem in der Partnerschaft oder bei der eigenen Lebensbewältigung. Scheuen Sie dabei nicht vor ungewöhnlichen Problemlösungen zurück. Sie brauchen ja keine bahnbrechende Erfindung zu machen – aber sicher fällt Ihnen das eine oder andere ein, das Sie einmal auf neue Art ausprobieren könnten.
2. Machen Sie sich unabhängig von der Meinung anderer – und auch von Ihren eigenen Vorurteilen (zu alt, zu ungebildet, zu ungeschickt usw.). Sie müssen ja niemandem etwas beweisen – genießen Sie einfach das Neue, so ungewiss auch der Ausgang sein mag.
3. Probieren Sie immer wieder neue Dinge aus – ein neues Essen, die Reise an einen Ort, an dem Sie noch nie waren, das Gespräch mit einem unbekannten Menschen.

… denn sie kennen ihren Wert

Manche Menschen bezeichnet man als »wertvoll«, anderen sagt man eine »billige« Handlungsweise (im Sinne von schäbig) nach. In Geschäftskreisen (und auch bei manchen Heiratsvermittlern) heißt es, dass jemand zwei oder drei Millionen »wert« sei. Wie misst man den Wert eines Menschen? Ein vermögender Mensch kann durchaus schäbig handeln, während jemand, der arm ist wie eine Kirchenmaus, ein überaus wertvoller Mensch sein kann. Gemeint sind also die so genannten inneren Werte, die so häufig beschworen werden und die niemand so recht definieren kann.

Deshalb ist es so wichtig, den eigenen Wert einzuschätzen. Denn wenn Sie diesen kennen, gelangen Sie auch zu einem neuen, positiveren Umgang mit sich selbst – wodurch wiederum auch Ihre Mitmenschen anders mit Ihnen umgehen. Wie schätzen Sie selbst sich ein? Sind sie ein wertvoller Mitarbeiter, ein wertvolles Glied der Gemeinschaft oder am Ende ein »wertloses Subjekt«, weil Sie sich eben nicht der allgemeinen Wertschätzung erfreuen? Wenn Sie die Frage auf diese Weise beantworten, haben Sie gewissermaßen »das Thema verfehlt«. Denn nicht der Wert, den Sie für andere haben, ist gemeint! Natürlich ist es schön und auch befriedigend, von anderen geschätzt zu werden. Aber viel wichtiger ist es, dass Sie selbst sich schätzen!

Jeder Mensch trägt seinen Wert an sich selbst dadurch, dass er lebt, dass er ein Mensch ist. Nicht umsonst heißt es in Artikel 1 unseres Grundgesetzes: »Die Würde des Menschen ist unantastbar.« Werden Sie sich dieser Würde bewusst, indem Sie sich selbst achten und respektieren. Nur dann können Sie auch Achtung und Respekt von anderen erwarten! Wichtige Beobachtungen zu diesem Thema lassen sich vor allem im Arbeitsleben machen.

Dazu einige Beispiele aus eigenen Erfahrungen, die ich während meiner Zeit in der Raumfahrtindustrie machte:

– Einer unserer Sachbearbeiter – durchaus qualifiziert, daneben auch noch handwerklich geschickt, aber innerlich zutiefst unsicher – wurde von den Kollegen geradezu schamlos ausgenutzt, indem sie ihm alle unangenehmen Arbeiten zuschoben, daneben aber immer wieder, auch im privaten Bereich, auf seine handwerklichen Fähigkeiten zurückgriffen. Er ging auf alles ein in der Hoffnung, auf diese Weise von seinen Kollegen anerkannt und höher geschätzt zu werden. Aber genau das Gegenteil war der Fall: Man machte sich über ihn lustig, weil er so dumm war, sich ausnutzen zu lassen!

Jemand, der sich selbst klein macht, muss erwarten, dementsprechend behandelt zu werden. Dabei steckt oft sehr viel mehr in ihm, als seine Mitmenschen ahnen. Aber wie können sie ihn anerkennen, wenn er seinen eigenen Wert nicht kennt?

– Unser Abteilungsleiter war nach außen hin das genaue Gegenteil. Im Grunde war er ein herzensguter und großzügiger Mensch, hatte aber ständig das Gefühl, sich seiner Autorität versichern zu müssen. Dabei konnte er ziemlich laut lospoltern, andere bewusst ins Unrecht setzen und konstruktive Vorschläge der Mitarbeiter ohne weitere Prüfung abschmettern. Der Erfolg war, dass ihn niemand so recht ernst nahm, ihn aber wegen seiner Machtposition fürchtete.

Wer sich aufplustert, muss damit rechnen, dass seine Mitmenschen bald entdecken, dass es sich dabei oft nur um »heiße Luft« handelt. Außerdem gibt er ihnen nicht die Chance, seine inneren Werte zu entdecken – weil er sie selbst nicht einzuschätzen weiß. Durch sein Autoritätsgebaren leugnet er letztlich auch den Wert der Menschen, mit denen er es zu tun hat.

– Der Leiter einer anderen Abteilung war durch sein verbindliches Wesen und durch seine Erfolge bei allen beliebt und angesehen. Für Vorschläge hatte er immer ein offenes Ohr, war immer gesprächsbereit. Leider stellte sich heraus, dass er alle Informationen, die er erhielt, für sich (wogegen ja nichts einzuwenden wäre) und gegen andere nutzte. Die Erfolge der Verbesserungsvorschläge seiner Mitarbeiter schrieb er sich selbst zugute, Informationen über Mitarbeiter nutzte er zu geschickten Intrigen, die ihm eine Beförderung nach der anderen einbrachten.

Nach außen hin ist ein solcher Mensch also durchaus ein »wertvoller Mitarbeiter«. Aber er missachtet in gröbster Weise die Menschenwürde und den Wert der anderen. Und obwohl er auf der Erfolgsleiter stetig nach oben klettert, kann er sich bei ehrlicher Einschätzung für seine Handlungsweise nur selbst verachten.

Sicherlich kennt jeder Leser selbst Menschen wie die in den Beispielen beschriebenen. Vielleicht findet er auch in dem einen oder anderen Beispiel ein Stück von sich selbst wieder. In jedem Fall sehen Sie deutlich, was den Wert eines Menschen ausmacht:

1. Wenn Sie Ihren Wert kennen, achten und respektieren Sie sich selbst und handeln so, dass Sie diesen Selbstrespekt nicht verlieren und sich selbst immer in die Augen sehen können. Dies ist also durchaus eine Verpflichtung, die Sie gegen sich selbst haben!
2. Wenn Sie Ihren Wert kennen, lassen Sie nicht zu, dass andere diese Achtung verletzen. Das wird in den meisten Fällen schon die durch Ihre innere Einstellung auch nach außen sichtbare Haltung verhindern. Andernfalls ist ein deutliches Wort angebracht: So nicht! Bis hierher und nicht weiter! Oder einfach: Nein.
3. Wenn Sie Ihren eigenen Wert kennen, werden Sie auch anderen Menschen ganz natürlich mit Achtung und Respekt begegnen. Dies führt zu einer besseren Qualität des Zusammenlebens und -arbeitens.

Es ist wohl uns allen wichtig, von anderen geachtet und in unserem Wert anerkannt werden. Darauf verwenden wir viel Zeit und Mühe – wesentlich mehr als darauf, Selbstachtung zu gewinnen. Ob wir unser bester Freund oder unser schlimmster Feind sind, hängt aber in hohem Maße davon ab, wie viel wir uns selbst wert sind. Es ist zwar nicht gerade gleichgültig, welche Meinung andere von uns haben – wesentlich wichtiger aber ist, was wir selbst von uns halten. Dies gilt vor allem in Zeiten, wo unser eigenes Selbstwertgefühl angegriffen wird, etwa bei Arbeitslosigkeit, in einer finanziellen Misere oder bei einer Ablehnung durch andere. Gerade dann ist es von (über)lebenswichtiger Bedeutung, das Gefühl für den eigenen Wert nicht zu verlieren.

Übungen

1. Stellen Sie sich vor einen Spiegel und lassen Sie den Tageslauf noch einmal an sich vorüberziehen. Haben Sie immer so gehandelt, dass Sie sich jetzt noch in die Augen sehen können? Und sind Sie so behandelt worden, wie es einem Menschen, der sich seines Wertes bewusst ist, zusteht?
2. Auch für diese Übung brauchen Sie zunächst einen Spiegel. Schauen Sie sich in die Augen und sagen Sie sich: He, ich bin einmalig! Tun Sie das jedes Mal, wenn Sie an einem Spiegel vorbeikommen. Das mag Ihnen zunächst vielleicht albern vorkommen, aber es bestärkt Sie auf jeden Fall in Ihrem Selbstwertgefühl. Sagen Sie sich diesen Satz auch sonst immer wieder, besonders in Situationen, in denen Sie möglicherweise ohne Achtung oder Respekt behandelt werden könnten.

… denn sie akzeptieren sich selbst

Im vorigen Kapitel war die Rede davon, wie wichtig Selbstachtung und Selbstrespekt für das Erkennen des eigenen Wertes sind. Kommen wir nun zu einer wichtigen Vorbedingung, die dies erst möglich macht: Akzeptieren Sie sich – und zwar so, wie Sie sind, mit allen Stärken und mit allen Schwächen. Vor allem mit den Schwächen!

Wer wäre nicht gerne schlanker, fitter, selbstsicherer, geduldiger usw.? Dies alles können Sie erreichen, und es werden in diesem Buch auch immer wieder Wege dazu aufgezeigt. Aber Sie sollten nicht dem Trugschluss erliegen, dass Sie sich dann mehr akzeptieren könnten als vorher! Sicher, Sie haben etwas erreicht, das Sie sich vorgenommen haben. Das ist schon in sich selbst eine Bestätigung, auf die Sie mit Recht stolz sein dürfen. Und natürlich ist es ein gutes Erlebnis, beim Tennis mithalten oder endlich die schicken Kleider, die es in Ihrer alten Größe nicht gab, tragen zu können. Aber nehmen Sie sich dadurch innerlich mehr an als vorher? Und selbst wenn es so sein könnte – warum akzeptieren Sie sich nicht gleich als der Mensch, der Sie nun einmal sind? Es wird Ihnen dann auf jeden Fall leichter fallen, Ihre Ziele zu verwirklichen. Sie kämpfen nämlich nicht länger gegen sich, sondern für sich! Und gerade in sich selbst haben Sie Ihren mächtigsten Verbündeten.

Verdeutlichen Sie sich die Wichtigkeit dieses vorbehaltlosen Annehmens Ihrer selbst, indem Sie sich die folgenden Fragen beantworten:

– Lehnen Sie einen anderen Menschen – etwa Ihr Kind oder Ihren Partner – nur wegen der einen oder anderen Schwäche ab? Warum sollten Sie dann sich selbst ablehnen?

– Sind es oft nicht gerade die kleinen Schwächen, die jemanden liebenswert und menschlich machen? Warum sollten Sie sich selbst nicht genauso sehen?

– Wecken nicht schwerwiegendere Schwächen bei anderen eher Ihr Mitgefühl als Ihre Ablehnung? Warum haben Sie nicht Mitgefühl mit sich selbst?

Häufig entsteht erst aus der Ablehnung der eigenen Person eine Schwäche, die sich zu einer schwerwiegenden Erkrankung auswachsen kann. Der Grund ist oft, dass wir Dinge zu kompensieren versuchen, die uns »das Leben« versagt. »Das Leben« aber sind meistens wir selbst! Beispiele dafür sind unter vielen anderen:

– Unbezähmbare Esslust: Damit füttern wir das innere Kind, das zu sein wir uns nicht zugestehen und das die ihm versagten Streicheleinheiten durch Süßigkeiten zu ersetzen versucht. Das Ergebnis ist Übergewicht, das für Körper und Seele gleichermaßen ungesund ist und oft durch zwanghaftes Erbrechen rückgängig gemacht werden soll.

– Gewohnheitsmäßiges Trinken: Damit sollen Situationen und negative Gefühle verdrängt werden, man »trinkt sich das Leben schön«. Für kurze Zeit gelingt dies sogar am Anfang: die Stimmung hellt sich auf, man fühlt sich selbstbewusster. Aber an der Situation, in uns selbst hat sich dadurch letztlich nichts geändert – eine Einsicht, die zu immer stärkerem Katzenjammer führt, der natürlich auch wieder durch Alkohol bekämpft wird.

– Arbeitssucht: Es gibt unbestreitbar »Workaholics«, denen die Arbeit ihr ganzes Leben bedeutet. Viele Erfindungen und Entdeckungen wären ohne solche Menschen sicherlich nicht gemacht worden. Aber diese Menschen bezahlen einen hohen Preis dafür: Sie klammern alle anderen Bereiche des Lebens – und dazu gehören nicht selten die für Gesundheit und Wohlbefinden wichtigen Beziehungen – aus. Die meisten Arbeitssüchtigen aber versuchen sich ausschließlich über ihre Arbeit zu definieren und so ihren Wert für sich und andere zu bestimmen. Und nicht selten laufen sie auf diese Weise vor Problemen davon, die in ihrer eigenen Persönlichkeit begründet sind – auch sie können sich nicht akzeptieren als die Menschen, die sie sind.

Wenn es uns gelingt, uns selbst anzunehmen ohne Wenn und Aber, verschwinden solche Schwächen oft ganz von selbst. Wir müssen nicht andere Erfahrungsmöglichkeiten durch Essen, Trinken oder Arbeit ersetzen. Zumindest öffnet das Akzeptieren der eigenen Schwächen Wege zu einer wirksamen Behandlung. Glauben Sie an sich und an die Stärken, die Sie neben allen Schwächen in sich tragen. Ähnliches gilt auch für die mannigfaltigen Gebrechen, mit denen Menschen geschlagen sein können: Sprach- und Sehfehler, eine zu große Nase, eine Behinderung. Diese sind lediglich ein kleiner Teil Ihrer selbst! Lassen Sie nicht zu, dass sie von Ihrer ganzen Persönlichkeit Besitz ergreifen. Das Lispeln, die abstehenden Ohren, selbst das amputierte Bein kann nichts daran ändern, dass Sie der Mensch sind, der Sie nun einmal sind! Dagegen können Sie selbst sehr viel an Ihrer Situation ändern – für sich und für alle, die mit Ihnen leben – wenn Sie lernen, »Ja« zu sich selbst zu sagen.

Übungen

1. Haben Sie heute einen Fehler gemacht? Haben Sie eine peinliche Situation erlebt? Verdrängen Sie diese Momente nicht und vor allem: Hassen und verachten Sie sich nicht dafür. Geschehen ist geschehen (auch wenn es »dumm gelaufen« ist) – beim nächsten Mal machen Sie es besser.
2. Lächeln Sie sich selbst zu, immer wieder, innerlich und möglichst auch nach außen hin sichtbar. Lächeln Sie verschmitzt, zufrieden, verschwörerisch, zärtlich, vielleicht auch einmal ein bisschen spöttisch – aber immer liebevoll. Schenken Sie sich selbst immer wieder ein Lächeln.

... denn sie mögen sich

Mögen Sie sich eigentlich? Das heißt: Sind sie gerne mit sich zusammen? Natürlich: Sie können ja nicht anders! Sie können sich nicht entgehen, denn Sie sind unwiderruflich Ihr ständiger Gefährte. Sich mögen ist noch mehr als sich akzeptieren. Es kann unter Umständen wichtiger sein als sich zu lieben.

– Wenn Sie sich selbst (oder jemanden anderen) akzeptieren, heißt das nicht unbedingt, dass Sie sich (ihn) mögen. Sie haben Achtung und Respekt – aber dieses »Mögen« ist etwas anderes.

– Selbst wenn Sie jemanden lieben, bedeutet dies noch nicht, dass Sie die geliebte Person unbedingt mögen. Die geliebte Person kann Sie sogar zur schieren Verzweiflung treiben!

Wenn man jemanden mag, ist man gerne mit ihm zusammen. Man ist entspannt, offen und vertrauensvoll. Man kann Spaß haben, muss nicht ständig einen guten Eindruck machen, schon gar nicht beeindruckend sein. Wenn man jemanden mag, kann man einfach so sein, wie man ist. Man kann sich wohl fühlen und den Augenblick genießen, ohne sich viele Gedanken zu machen oder gar aus irgendeinem Grund ein schlechtes Gewissen zu haben. Man kann sich einfach entspannen ... Dieses Wohlgefühl regeneriert neue Kräfte in uns und verleiht uns ein Gefühl der Sicherheit, es macht uns selbstsicher und lebenssicher. Es ist schön, dieses Gefühl zu haben, wenn man mit jemand anderem zusammen ist. Aber – mit wem sind Sie die meiste Zeit – ja, immer – zusammen? Mit sich selbst. Deshalb ist es so wichtig, dass Sie sich selbst mögen, sich entspannen, loslassen können!

Auch hier findet wieder eine Wechselwirkung statt: Wer sich selbst mag, mag auch andere Menschen – ganz einfach, weil er seine eigenen Schwächen, seine eigene Menschlichkeit akzeptiert und auch die guten Seiten sehen kann. Wer mit sich allein entspannt sein kann, ist auch eher entspannt mit anderen. Und das führt zu einer Potenzierung dieser Wechselwirkung: Wenn Sie sich selbst mögen, machen Sie es den anderen leichter, Sie zu mögen! Selbstvorwürfe oder gar Selbsthass können keine liebenswerte Persönlichkeit entstehen lassen. Das Ergebnis ist, dass die Mitmenschen sich zurückziehen, weil sie sich in der Umgebung eines solchen Menschen nicht wohl fühlen.

Auch wenn mich niemand anderes mag (oder wenn es mir vielleicht auch nur so vorkommt): Die Hauptsache ist, dass ich mich mag! Dieser Satz kann Ihnen immer wieder von neuem helfen. Aber manchmal wachen Sie morgens auf und können sich einfach nicht ausstehen. Am liebsten würden Sie wieder unter die Decke kriechen und so tun, als seien Sie gar nicht da. Dabei gibt es eigentlich gar keinen Grund für Ihr Missbefinden – die Sonne scheint, ein erfreulicher Tag liegt vor Ihnen, und trotzdem … Sie sind einfach mit dem linken Fuß aufgestanden, was immer das auch heißen mag. Manchmal gibt es eine Erklärung dafür:

- Sie haben schlecht geschlafen (die Nacht war zu kurz, Sie haben zu viel gegessen, es war zu warm, zu kalt, zu laut).
- Sie haben schlecht geträumt.
- Eine Erkältung oder eine andere Erkrankung bahnt sich an.
- Sie leiden unter Depressionen und müssen erst einmal das Morgentief durchqueren.
- Sie sind ohnehin ein Morgenmuffel.

Wenn keine dieser Erklärungen greift, heißt das: Sie haben schlicht und einfach schlechte Laune. Damit müssen Sie leben – und leider auch die anderen. In den meisten Fällen ist diese merkwürdige, lästige und unerklärliche Erscheinung schnell überwunden – oft schon nach relativ kurzer Zeit, spätestens am Abend oder am nächsten Tag. Die beste Strategie, damit umzugehen, ist die der »Schadensbegrenzung«. Machen Sie deutlich, dass es im Moment besser ist, Sie nicht anzusprechen. Jeder hat gelegentlich das Recht auf schlechte Laune ohne jeden Erklärungsbedarf. Machen Sie aber auf jeden Fall deutlich, dass dies eine Sache ist, die Sie mit sich selbst ausmachen müssen und die aus diesem Grunde niemand persönlich nehmen sollte. Da wohl jeder Mensch gelegentlich diese Attacken schlechter Laune erlebt, wird man Sie in den meisten Fällen verstehen und Ihnen während dieser Zeit möglichst aus dem Wege gehen.

Übungen

1. Listen Sie alles auf, was Sie an sich selbst mögen – Aussehen, Eigenschaften, Können usw.

___

2. Listen Sie alles auf, was andere an Ihnen mögen.

___

… denn sie sind unverletzbar

Der starke nordische Siegfried aus der germanischen Sage hatte eine verletzliche Stelle: an seiner Schulter, wohin das Blatt einer Linde gefallen war, als er in dem »immunisierenden« Drachenblut badete. Genauso ging es Achilles, dem Helden der griechischen Mythologie: Seine Mutter, die Meeresgöttin Thetis, wollte ihm Unsterblichkeit verleihen, indem sie ihn mit Ambrosia salbte und ihn übers Feuer hielt – an seiner Ferse. Hier war es die Ferse, die sein verletzlicher Punkt war und sein Verhängnis wurde – daher auch der sprichwörtliche Ausdruck von der »Achillesferse«. Ob an der Schulter, an der Ferse oder tief im Herzen – jeder Mensch hat seinen »wunden Punkt«. Und wer immer diesen Punkt berührt, verletzt uns, tut uns weh. Dies führt zu einer Lebensverunsicherung, verdunkelt unsere Freude am Leben.

Wie und warum entsteht eine solche Verletzung? In den meisten Fällen sind es andere Menschen, die uns weh tun. Wir fühlen uns zurückgewiesen, sogar feindselig behandelt, enttäuscht. Goethe sagte einmal, dass die Menschen im Allgemeinen viel ungefährlicher seien, als wir annehmen. Das stimmt insofern, als dass die wenigsten Menschen andere aus Bösartigkeit verletzen. In den meisten Fällen spielen ganz andere Gründe eine Rolle:

– Beispielsweise Gedankenlosigkeit. So oft sagt man etwas dahin, das eigentlich gar nicht »so gemeint« ist. Wie wenig denkt man darüber nach, in welcher Situation der andere sich augenblicklich befindet und wie er unsere Worte oder Handlungen auffassen könnte.

– Oder Unbeholfenheit. Manche Menschen möchten im Grunde immer nur das Beste für andere – und tappen doch von einem Fettnäpfchen ins andere.

– Manchmal handelt es sich auch um pure Selbstverteidigung. Eine Biene, die uns sticht, tut dies nicht aus Boshaftigkeit, sondern aus schierem Überlebenswillen. Und auch der liebenswerteste Hund wird zumindest nach Ihnen schnappen, wenn Sie ihn – beispielsweise beim Krallenschneiden – verletzen. Das sind Reflexe, die unkontrollierbar sind. Auch im menschlichen Zusammenleben ist es mitunter so. Wenn wir unseren Partner oder unser Kind oder einen anderen Menschen auf irgendeine Weise in die Enge getrieben haben, wird er als Reflexreaktion zunächst einmal versuchen, sich in irgendeiner Weise zu wehren. Und was wäre dazu besser geeignet als uns an unserer schwächsten Stelle anzugreifen?

Ist es Ihnen nicht schon selbst passiert, dass Sie jemanden aus den genannten Gründen ungewollt verletzten? Und hat es Ihnen nicht hinterher leid getan? Sagen Sie also dem Betreffenden ruhig offen, dass und warum Sie sich verletzt fühlen – so helfen Sie ihm und sich. Und schenken Sie ihm darüber hinaus ein verstehendes und verzeihendes Lächeln – so heilen Sie die Wunden auf beiden Seiten.

Aber können wir uns letztlich nicht selbst aussuchen, von wem wir uns verletzen lassen?

– In den bereits genannten Fällen handelt es sich um die ungewollte Ungeschicklichkeit der anderen. Wir müssen sie also nicht ernst nehmen und uns damit herumquälen.

– Verletzt uns jemand bewusst – fällt sein Verhalten dann nicht eher auf ihn zurück?

– Wenn Menschen uns gleichgültig sind, können auch ihre Worte uns gleichgültig sein.

Halten Sie sich an den folgenden Grundsatz: Jemand, der Sie bewusst verletzen will, *kann* Sie nicht verletzen, denn Sie erkennen seine Motive, die sich letztlich nur gegen ihn selbst richten. Und jemand, der Sie unbewusst und ungewollt verletzt hat, hat Sie im Grunde gar nicht verletzt.

Jeder von uns hat seine eigene »Achillesferse«, einen wunden Punkt, gegen den er durch das sprichwörtlich gewordene Lindenblatt nicht gefeit ist. An dieser Stelle können uns andere – bewusst oder unbewusst – am leichtesten treffen. Haben Sie

Angst vor Spinnen? Neigen Sie zu Lippenbläschen? Ist ein Mitglied Ihrer Familie im Gefängnis oder in einer Heilanstalt? Gibt es einen dunklen Punkt in Ihrer eigenen Vergangenheit? Was immer auch Ihre ganz persönliche Achillesferse sein mag – gestehen Sie diese vor allem sich selbst gegenüber ein. Und verheimlichen Sie sie nicht anderen gegenüber. So nehmen Sie nämlich übel wollenden Mitmenschen von vornherein den Wind aus den Segeln – vor allem bei schwerwiegenderen Problemen. Bei kleinen Schwächen bewährt sich die Umkehrung eines alten Spruches: Wer zuerst lacht, lacht am besten. Seien Sie der erste, der darüber lachen kann!
Wie steht es aber mit den Verletzungen, die wir uns selbst zufügen? Wie oft beschimpfen und verspotten wir uns, machen uns selbst klein, wühlen in Fehlern und Versäumnissen, haben kein Vertrauen in uns selbst? Es wurde bereits erwähnt: Wir können unser bester Freund – aber auch unser schlimmster Feind sein! Also: Verzeihen Sie sich, vertrauen Sie sich – und lächeln Sie auch einmal über sich selbst! Durch Selbstzweifel und Selbstvorwürfe werden Sie nichts zum Besseren ändern, weder Dinge, die in der Vergangenheit, noch solche, die in der Zukunft liegen. Baden Sie immer wieder im »Drachenblut« des Selbstvertrauens und der Liebe und Zuneigung zu sich selbst. Dadurch stärken Sie Ihr seelisches Immunsystem und werden wirklich unverletzlich.

Übungen

1. Haben Sie heute – gewollt oder ungewollt – jemanden verletzt?

---

2. Fragen Sie sich, warum Sie sich durch jemanden verletzt fühlten. Hat er einen »wunden Punkt« berührt?

---

3. Wenn Sie sich durch jemanden verletzt fühlen, sprechen Sie dies deutlich aus. Wenn Sie das Gefühl haben, dass eine Absicht dahintersteckt, fragen Sie direkt, warum jemand dies oder jenes gesagt oder getan hat.

... denn ihnen wird jede Erfahrung zum Gewinn

Viel, viel mehr als im gesamten späteren Leben lernt der Mensch in den ersten Jahren, ja Monaten seines Lebens. Unmengen an Erfahrungen müssen innerhalb kürzester Zeit aufgenommen und verarbeitet werden: Stimmen und Gesichter erkennen und zuordnen, die Bedeutung von Gestik, Mimik und Tonfall erkennen und deuten, Worte und Gegenstände in Übereinstimmung bringen, Laute zu Worten und schließlich zu Sätzen formen, sitzen, stehen, gehen. Schon in frühester Kindheit haben wir also ein gewaltiges Lernpensum zu bewältigen – und tun dies gewissermaßen spielend! Dabei sind es immer Erfahrungen, die uns zum Gewinn werden – auch (oder gerade) wenn diese Erfahrungen schmerzhaft sind. Ein Kind, das sich einmal am heißen Herd verbrannt hat, wird eher vorsichtig sein als ein anderes Kind, dem ständig nur gesagt wird: Geh nicht an den Herd – er ist heiß. Wie soll ein Kind wissen, was das Wort »heiß« bedeutet, wenn es den Begriff nie mit der sinnlichen Erfahrung verbunden hat?
Deshalb ist es auch so wichtig, dass jeder Mensch seine eigenen Erfahrungen machen darf. Wie gerne würden wir beispielsweise unseren Kindern gerade schmerzliche Erfahrungen ersparen, vor allem dann, wenn wir diese selbst schon gemacht haben. Aber es ist wie bei dem Beispiel mit dem heißen Herd: Jeder muss sich selbst die Finger verbrennen – im wörtlichen wie im übertragenen Sinne –, um daraus lernen zu können. Nicht umsonst sind viele Ausbildungsgänge als »learning by doing« angelegt. Und das System »trial and error« – also Versuch und Irrtum – ist selbst in hochentwickelten Industrien ein wichtiges Prinzip innovativer Technologien. Deshalb spricht man ja von einem Erfahrungs»schatz«.
Überlegen Sie einmal selbst: Sind nicht die für Ihr Leben wichtigsten Erfahrungen diejenigen, die am schmerzhaftesten wa-

ren? Gewinn bringen können sie allerdings nur, wenn wir daraus lernen. Erfahrung heißt letztlich reich werden durch – verlieren. Das bedeutet, dass wir auch den Mut haben sollten, einmal Fehler zu machen. Wer nie etwas Neues ausprobiert, macht keine neuen Erfahrungen, kann sich also auch nicht weiterentwickeln. Das gilt nicht nur in beruflicher, sondern auch in persönlicher Hinsicht. Erfahrung sei eine strenge Lehrmeisterin, sagt ein Sprichwort – weil sie nämlich zuerst die Prüfungsaufgabe stellt und erst dann mit dem Unterricht beginnt. Aber das ist auch gut so! Denn was nützt uns – beispielsweise beim Autofahren – alle Theorie, wenn wir noch nie hinter dem Steuer gesessen und zunächst einmal alles Mögliche falsch gemacht haben? Erst die sinnlich gemachte Erfahrung kann durch die Theorie ergänzt, erklärt und unterstützt werden und dadurch schließlich zu neuen Erkenntnissen führen.

Genauso wie wir in der Erziehung versuchen, Kindern immer neue Erfahrungen und damit mehr Welt- und Lebenswissen zu vermitteln, ihnen immer neue Türen zu öffnen, sollten auch wir Erwachsenen uns alle diese Möglichkeiten offen halten. Es gibt noch so viele aufregende Dinge zu entdecken – schöne und schmerzliche, aber immer Dinge, die uns weiterbringen. Die Fähigkeit und Bereitschaft, sich immer wieder auf neue Erfahrungen einzulassen, bereichert uns nicht nur – sie hält uns auch geistig und körperlich jung. Und: Sie macht uns weise. »Die Weisheit eines Menschen misst man nicht nach seiner Erfahrung, sondern nach seiner Fähigkeit, Erfahrungen zu machen.« (George Bernard Shaw)

Möglicherweise stellen Sie nun die Frage, was diese Weisheit uns nützt – vor allem, wenn sie durch schmerzliche Erfahrungen erlangt wird. Nun, neben allen Vorteilen für Sie selbst, die bereits erwähnt wurden, werden Sie dadurch auch mehr Verständnis und Gelassenheit im Umgang mit anderen Menschen entwickeln. Sie werden also eher über die »Dummheiten« anderer lächeln und diese liebevoller akzeptieren können. Das wiederum führt zu einem wesentlich stressfreieren Miteinander – was ja für alle Beteiligten angenehm ist. Am wesentlichsten aber sind ja nicht die Ereignisse, die uns begegnen, sondern das, was wir selbst daraus machen! Selbst wenn wir uns darüber ärgern oder sogar darunter leiden – es liegt nur an uns, ob wir einen Gewinn daraus ziehen und den Schatz unserer Erfahrungen vermehren. Und da Erfahrungen zwar unsere Weisheit vergrößern, aber uns nicht an neuen Fehlern und Torheiten hindern, sind unseren Entwicklungsmöglichkeiten keine Grenzen gesetzt – wenn wir uns nur darauf einlassen.

Übungen

1. Überlegen Sie am Ende des Tages, welche neuen Erfahrungen Sie gemacht haben (große, kleine, gute, schlechte) und welchen Gewinn Sie daraus für die Zukunft ziehen können.

---

2. »Die klugen Menschen suchen sich selbst die Erfahrungen aus, die sie zu machen wünschen«, sagte der englische Schriftsteller Aldous Huxley einmal. Zwar kann man sich nicht alle Erfahrungen aussuchen, aber die Auswahl ist trotzdem groß genug. Greifen Sie zu!
3. Lassen Sie sich nicht von der Befürchtung lähmen, einen Fehler zu machen.

... denn sie sind lebendig

Ja – aber selbstverständlich sind wir lebendig! Wir atmen, wir essen, unser Herz schlägt, wir arbeiten, wir treiben Sport und tun viele andere Dinge. Also sind wir doch lebendig – oder? Trotzdem haben viele Menschen das Gefühl, dass eine Erstarrung von ihnen Besitz ergreift, dass das Leben an ihnen vorübergeht – dieses kostbare, kurze Leben. Der Psychologe Philipp Lersch (gest. 1972) prägte den Begriff des »Lebensgefühls«. Darunter verstand er eine Gefühlsgruppe, die das Daseinserleben des Menschen bestimmt. Dazu gehören charakteristische Grundstimmungen wie

- Hunger
- Durst
- Müdigkeit
- Angst
- Wut
- Traurigkeit
- Heiterkeit.

Bei Hunger, Durst und Müdigkeit handelt es sich um Empfindungen, die wir in Stresssituationen zwar eine Zeit lang ignorieren können, die aber letztlich befriedigt werden müssen, um das Überleben zu garantieren. Bei Pflanzen müssen zumindest Hunger und Durst gestillt werden. Tiere können an Erschöpfung sterben, wenn sie etwa nach einer ermüdenden Jagd nicht die Möglichkeit zum Ausruhen finden. Ob Pflanzen Angst empfinden können, ist heute wissenschaftlich noch ungeklärt – für Tiere jedenfalls ist dieses Gefühl ein wesentlicher Überlebensfaktor. Menschen dagegen können durch Angst in ihrem Lebensgefühl beeinträchtigt werden und müssen lernen, sie richtig einzuschätzen. Es ist klar, dass auch Tiere trauern können – man kennt dies beispielsweise von den monogamen Störchen und Schwänen, die lange um ihre verstorbenen Lebensgefährten trauern. Aber die Traurigkeit des Menschen, die aus den Fragen nach dem Sinn alles dessen, was uns widerfährt, entsteht, ist den Tieren fremd. Auch Wut können sie nicht empfinden (auch wenn man jemanden mit einem wütenden Hund vergleicht, ist hier immer das Krankheitsbild der Tollwut gemeint und nicht ein Gefühl, wie Menschen es entwickeln können – obwohl dieses letztlich genauso krankhaft sein kann). Ebenso ist es mit dem Gefühl der Heiterkeit: Ein Tier kann sich zwar wohl fühlen – aber die Heiterkeit des Herzens ist ihm fremd.

Aus der Definition von Philipp Lersch ergibt sich, dass Menschen ein differenzierteres Lebensgefühl haben als alle anderen Geschöpfe, mit einem Wort: lebendiger sind. Selbst der modernen Naturwissenschaft ist es allerdings bis heute nicht gelungen, für das Leben eine eindeutige physikalisch-chemische Definition zu geben. Möglich ist lediglich die Beschreibung der folgenden Merkmale:

- Metabolismus (Notwendigkeit des Stoffwechsels)
- Reproduktion (Fähigkeit zur Vermehrung)
- Mutation (Möglichkeit der Veränderung des Erbgutes).

Wir vereinigen zwar – mit allen anderen Lebewesen, Einzellern wie Primaten – diese Eigenschaften in uns. Wir leben. Aber *fühlen* wir uns deshalb lebendig?

Die klassische Philosophie weist auf drei Entwicklungsstufen des Lebens hin: die vegetative, die sensitive und die rationale Form, also auf die Welt der Pflanzen, der Tiere und des Menschen. Eine Pflanze »vegetiert«, ein Tier kann fühlen und auch Gefühle ausdrücken, der Mensch erst kann seine Vernunft (die »ratio«) anwenden. Ein indischer Spruch fasst dies zusammen: »Gott schläft im Stein, atmet in der Pflanze, träumt im Tier, erwacht im Menschen.« Diesen verschiedenen Daseinsformen entsprechen auch die Grade der Freiheit der Verhaltensformen. An uns liegt es, unsere Freiheit zu nutzen, alle diese Möglichkeiten des Lebens, des Lebendigseins voll auszuschöpfen. Deshalb betonte schon Aristoteles die beiden Grundmaximen des Lebens: Wahrnehmen und Wachsen.

So viel zu unserem kleinen wissenschaftlichen Exkurs. Er soll aufzeigen, dass das Leben – unser eigenes, persönliches, individuelles Leben – nicht einfach nur die Wirkung von Vererbung und Umgebung ist, sondern vielmehr das, was wir selbst aus dieser Einwirkung – die ja Hypothek und Kapital gleichermaßen sein kann – machen. Nicht umsonst spricht man davon, dass jemand vor sich hin vegetiert, wenn er sein Leben nicht selbstbestimmend in die Hand nimmt und im Grunde nichts damit anzufangen weiß. Lebendig sein bedeutet:

- alles um sich herum mit wachen Sinnen aufnehmen,
- ständig im Wandel, im Werden, im Wachsen begriffen sein.

Ein lebendiger Mensch ist wie ein Baum – mit Wurzeln, Stamm und Krone, mit Blüten, Blättern und Früchten. Seine Nahrung nimmt er sowohl aus dem Boden wie aus der Luft auf. Er wächst, wird stark im Stamm, entwickelt eine Schatten spendende Krone. Er blüht und grünt – und er entwickelt Früchte. Aber zusätzlich zu den Fähigkeiten des Baumes hat er noch weitere Möglichkeiten:

- Er ist beweglich.
- Seine Früchte kommen ihm vor allem selbst zugute.
- Vor allem aber kann er selbst über sein Wachstum entscheiden.

Der französische Schriftsteller Jean-Baptiste Rousseau (nicht zu verwechseln mit dem Philosophen, ihm aber in seiner Denkungsart gar nicht so unähnlich) brachte diesen Gedankengang auf den Punkt: »Leben heißt nicht atmen, sondern handeln; es heißt, sich unserer Organe, unserer Sinne, Fähigkeiten, kurz, sich aller Teile von uns zu bedienen, welche uns die Empfindung unseres Daseins verleihen. Nicht der Mensch hat am meisten gelebt, der die höchsten Jahre zählt, sondern der, der sein Leben am meisten empfunden hat.«

Hier finden wir die Aufforderung zum bewussten Leben wieder, von der schon in einem vorhergehenden Kapitel die Rede war, das »Carpe diem« = Pflücke den Tag!

Ein Baum ist nie »fertig« – jedenfalls nicht bis zu dem Tag, an dem er gefällt wird oder stirbt. Wenn Sie einen Baum in Ihrer

Umgebung beobachten, werden Sie dessen Veränderungen bemerken können – in seinen Wachstumsphasen, in den verschiedenen Jahreszeiten. An keinem Tag ist er der gleiche wie am Tag zuvor – und er ist doch immer derselbe Baum. Um wie viel mehr ist ein Mensch nicht einfach »fertig«, selbst dann nicht, wenn er biologisch ausgewachsen ist. Die eigene Lebendigkeit erfahren Sie nur durch Ihre eigene Wandlungs- und Entwicklungsfähigkeit, durch Ihre Neugier auf die Möglichkeiten des Lebens und auf die Möglichkeiten, die in Ihnen angelegt sind. In Goethes »Faust« ist ein unerschöpflicher Schatz an Lebensweisheit enthalten (womit man übrigens immer wieder gerade junge Leute verblüffen und begeistern kann!), beispielsweise dieser Satz der Lustigen Person aus dem Vorspiel:

»Wer fertig ist, dem ist nichts recht zu machen.
Ein Werdender wird immer dankbar sein.«

Auf seine eigene Art mag auch ein Baum für sein Werden dankbar sein – wir Menschen aber können unsere Entwicklung bewusst empfinden und steuern. Ist das nicht wirklich ein Grund zu Dankbarkeit?

Übungen

1. Wann fühlen Sie sich wirklich lebendig? In Situationen der Anspannung oder Entspannung? Allein oder mit anderen? In der Bewegung oder in der Ruhe?

____

Versuchen Sie dieses Gefühl im Alltag zu verstärken.

2. Stellen Sie sich bildlich vor, Sie seien ein Baum – mit Wurzeln, Stamm, Krone, Blättern, Früchten.
3. Übertragen Sie dieses Bild in Ihren Alltag. Wo sind Ihre Wurzeln? Woher beziehen Sie Ihre »Nahrung«? Welche »Früchte« tragen Sie?

____

4. Vergegenwärtigen Sie sich das Gefühl das Wachstums – wie Ihre Zweige und Wurzeln sich ausbreiten, in der Luft, in der Erde.

… denn sie haben immer Zeit

Wie viel Zeit brauchen Sie für ein freundliches Lächeln? Und wie viel für ein ärgerliches Wort? Wie viel Zeit brauchen Sie für einen guten Gedanken? Wie viel für einen hässlichen? Die *Zeit* bleibt wahrscheinlich die gleiche. Aber welche Langzeitfolgen hat Ihre Entscheidung für die eine oder die andere Handlungsweise – für andere und vor allem für Sie selbst?

Wie viel Zeit verbrauchen, verschwenden, verwenden Sie? Für sich, für andere, für wichtige, für unwichtige Dinge? Wie gehen Sie mit diesem kostbaren, aber begrenzten Kapital um? Ist die Zeit hinter Ihnen her wie ein bissiger Hund? Oder vertreiben Sie sie, schlagen sie gar tot?

Im Gegensatz zu Gefühlsregungen wie Güte, Liebe, Mitgefühl (die sich vermehren, je mehr wir davon weggeben) ist Zeit offensichtlich ein Gut, von dem uns nur eine begrenzte Menge zubemessen ist. Und trotzdem gehen wir so verschwenderisch damit um, als wäre sie wie ein Fass ohne Boden. Verschwenden, vertreiben – sogar totschlagen – das ist die eine Seite. Auf der anderen Seite lassen wir uns hetzen, jagen und drängen. Zeit ist also etwas recht Zwiespältiges. Auf jeden Fall scheint es so zu sein, dass wir meistens zu wenig (seltener zu viel) Zeit haben – aber nie genug. Die Devise »Zeit ist Geld« ist inzwischen schon fast antiquiert: Immer mehr Berufstätige legen größeren Wert auf mehr Freizeit als auf mehr Geld. Obwohl man den Juden immer eine besondere Geschäftstüchtigkeit nachsagte, sagt gerade ein jüdisches Sprichwort: Zeit ist das kostbarste Gut – denn man kann sie für Geld nicht kaufen.

Es ist bezeichnend, wie unterschiedlich die Zeitwahrnehmung von der physikalischen, also messbaren Zeit ist. Es gibt demnach auch so etwas wie eine subjektive Zeit. So wird eine Zeitspanne, die reich an Erfahrungen ist, uns kurz (»spannend und intensiv«) vorkommen, während wir eine gleich lange Periode des Wartens als lang (»langweilig«) empfinden. Das Interessante ist, dass sich unser Zeitempfinden in der Erinnerung umkehrt! Der amerikanische Philosoph J. M. Ellis McTaggart (1866–1925) fasste die Zeit deshalb auch als rein anthropomorphes (von der menschlichen Empfindung ausgehendes) Element im Weltgeschehen auf. Die Relativitätstheorie geht sogar noch weiter. Sie besagt nämlich, dass die Zeit beim Übergang zu einem anderen Bezugssystem transformiert, also umgewandelt wird. An die Stelle *einer* in allen Systemen gleichen Zeit treten *viele* spezielle Systemzeiten. Auch wenn die Relativitätstheorie wissenschaftlich immer noch umstritten ist – wir alle haben schon die Erfahrung gemacht, dass eine Stunde wie im Flug vergehen, aber auch eine Ewigkeit dauern kann. Wenn also unser Zeiterleben etwas Subjektives ist, sollte es uns auch möglich sein, unsere Zeiteinteilung subjektiv zu gestalten.

»Keine Zeit« – das scheint die Crux unserer Zeit zu sein. Dabei hat immer noch jede Stunde 60 Minuten, genau wie vor hundert oder vor tausend Jahren. Für diesen merkwürdigen »Zeitschwund« gibt es mehrere Gründe:

– Unsere Welt wird immer kleiner.

Durch die modernen Verkehrsmittel ist es heute möglich, an einem Ort zu wohnen und an einem anderen zu arbeiten. Berufspendler verbringen täglich viele Stunden auf Straße und Schiene, die Trennung von Wohn- und Arbeitsplatz verbraucht Zeit.

Ebenso können sich auch Freizeitmöglichkeiten an weit entfernten Orten leichter nutzen lassen: Wir können per Bahn, Auto oder Flugzeug relativ leicht Freunde besuchen, die hunderte von Kilometern entfernt wohnen. Die moderne Tourismusindustrie macht es möglich, »mal eben« für ein Wochenende nach London oder New York oder in die Ferien nach Mallorca oder auf die Seychellen zu reisen. Die Möglichkeiten sind oft so verlockend, dass wir nicht widerstehen können. Während man sich früher selbst eine Reise in den Nachbarort lange überlegte und vorausplante, geht heute alles viel leichter, denn alles ist in erreichbare Nähe gerückt. Aber – auch diese Leichtigkeit kostet Zeit.

– Das Leben wird immer schneller.

Moderne Verkehrsmittel, die sich ständig weiter entwickelnde Kommunikationstechnik, neue Büro- und Produktionstechniken ermöglichen es uns, viele Dinge sehr viel schneller zu erledigen als noch vor zehn Jahren. Denken Sie nur an die rasante Entwicklung der Computertechnologie – Rechenvorgänge, für die ohne technische Hilfsmittel Jahre nötig waren, werden heute im Bruchteil von Sekunden erledigt!

Alles geht schneller – also versuchen wir, in der gewonnenen Zeit noch mehr Dinge zu erledigen. Auch das kostet wieder Zeit. Und ist es nicht oft auch so, dass man viel Zeit damit verliert, Zeit zu gewinnen?

Vor einiger Zeit schickte mir jemand eine Postkarte mit der folgenden Nachricht, die mich sehr nachdenklich machte und die seither auf meinem Schreibtisch steht:

»Seit Jahr und Tag der Zeit nur hinterhergelaufen, bis sie wie angewurzelt stehen blieb, im Monat Mai auf einem Bahnhofsklo. Dort diesen Satz entdeckt: ›Wer schneller lebt, ist eher fertig!‹ Noch nie so langsam meine Hose hochgezogen und in der Mittagssonne seelenruhig den Zug verpasst.«

– Die Vielfalt der Angebote wächst.

Informationen, Waren, Freizeitmöglichkeiten – das Angebot ist inzwischen unübersehbar geworden. Es ist noch gar nicht so lange her, dass es nur drei Fernsehprogramme gab. Da war die Entscheidung leicht. Heute aber haben wir via Satellit und Kabel den Zugriff auf dreißig und mehr Programme, ganz abgesehen von Videos und Radioprogrammen. Will man sich hier gezielt entscheiden, muss man vorher schon die Programmvorschau genau studieren. Auch das kostet Zeit.

Das gleiche gilt beim Einkauf. Heute greift man nicht mehr einfach nach Butter, Joghurt und Nudeln – heute muss es eine spezielle Marke sein, die besser schmeckt, gesünder oder preisgünstiger ist. Die erfolgreiche Planung und Durchführung eines normalen Haushaltseinkaufes ist inzwischen zu

einer Aufgabe geworden, die die Qualifikation fürs Mittlere Management voraussetzt. Die Vielfalt des Warenangebots – so interessant, verlockend und auch angenehm sie sein mag – kostet unsere Zeit.
Und wie gehen wir mit unseren Freizeitmöglichkeiten um? Jede Hausfrau, jeder normale Arbeitnehmer, ja, jedes Kind kommt heute nicht mehr ohne Terminkalender aus. Dauernd müssen wir Dinge absagen, weil schon etwas anderes eingeplant ist: Tennisspiel, Flötenstunde, Kaffeekränzchen, die monatliche Bridgerunde, die Sitzung im Verband oder Verein. Gerne hätten wir noch für viele andere Dinge Zeit – aber leider: Wir haben eben keine Zeit.
– Wir müssen immer mehr und immer neue Fertigkeiten beherrschen.
Die *Beherrschung* dieser Fertigkeiten brauchen wir allerdings in den meisten Fällen dazu, um angeblich zeitsparende Geräte zu *bedienen*. Das beginnt schon beim Studium der Bedienungsanleitung eines einfachen Toasters. Einer simplen Waschmaschine darf man sich heute ohne ein dickleibiges Manual nicht einmal nähern. Lassen Sie uns gar nicht erst davon reden, ein neues Telefon- oder Faxgerät oder gar einen Computer in Betrieb zu nehmen. Dies alles kostet – neben Nerven – immer wieder erhebliche Zeit.
Alle diese Dinge sind nicht rückgängig zu machen. Wahrscheinlich wäre das auch gar nicht sonderlich erstrebenswert. Versuchen wir also so weit wie möglich, das Gute und Vorteilhafte zu nutzen, das uns unser Zeitalter bringt. Versuchen wir aber vor allen Dingen, uns von der Schnelligkeit und Vielfalt nicht vereinnahmen zu lassen, sondern vielmehr Zeit zu gewinnen – für die Menschen und die Dinge, die uns am Herzen liegen, vor allem aber für uns selbst. Gerade im Umgang mit der Zeit sollte man optimistisch sein, denn ein Leben ist so kurz – und so lang. Es ist ja im Grunde nicht wenig Zeit, die wir haben, sondern viel Zeit, die wir nicht nützen!
Warum haben Sie keine Zeit? Versuchen Sie dazu die folgenden beiden Fragen zu beantworten:

1. Haben Sie ein falsches Zeit-Management? Planen Sie Ihren Tag nicht richtig? Können Sie wichtige nicht von unwichtigen Dingen unterscheiden? Lassen Sie sich allzu leicht durch Ablenkungen Ihre Zeit rauben?
2. Oder haben Sie Angst vor »leerer« Zeit, die nicht bis ins letzte verplant ist und Sie mit sich selbst allein lässt, in der Sie womöglich mit sich selbst nichts anzufangen wissen?

Zur ersten Frage kann dieses Kapitel Ihnen Denkanstöße vermitteln – zur zweiten Frage das ganze Buch.

Wie also gehen Optimisten mit ihrer Zeit um?

– Sie nutzen sie. Erinnern Sie sich an das »Carpe diem« – Pflücke den Tag aus einem vorhergehenden Kapitel.
– Sie genießen sie. Auch dazu soll dieses Buch ermutigen.
– Sie *haben* sie. Und wenn Sie sie nicht haben, gewinnen Sie sie oder nehmen sie sich. Dabei sollen Ihnen die folgenden Übungen helfen. Aber bevor es »an die Arbeit« geht, möchte ich Ihnen eine kleine Geschichte über den Umgang mit der Zeit weitergeben, die mir einmal erzählt wurde:

Auf einem Kongress in New York lernten sich ein Amerikaner und ein Chinese kennen. Da sie für die nächste Veranstaltung das gleiche Ziel hatten, machten sie sich gemeinsam auf den Weg. »Wenn wir statt der U-Bahn den Bus nehmen, können wir zehn Minuten eher dort sein«, sagte der Amerikaner. Der Chinese stimmte zu und folgte ihm. Sie stiegen aus dem Bus und durchquerten einen Park. Der Chinese setzte sich auf eine Bank und ließ sich von der Frühlingssonne bescheinen. »Wie schön«, sagte er. »Jetzt haben wir wirklich zehn Minuten gewonnen.«

Übungen

1. Führen Sie einige Tage lang ein Zeitprotokoll. Notieren Sie akribisch, wie Sie Ihre Zeit verwenden. Wie viel Zeit verschwenden Sie mit Dingen, die Ihnen unwichtig oder gleichgültig sind?
2. Machen Sie danach eine Liste von den Dingen, die nun einmal getan werden müssen, und arbeiten Sie diese Punkte

jedes Mal so schnell wie möglich ab. Dadurch gewinnen Sie Zeit für wichtigere Dinge und nicht zuletzt für sich selbst.
3. Fahnden Sie nach »Zeiträubern«! Welche Beschäftigungen und welche Menschen stehlen Ihnen wichtige Zeit?

(Kleiner Tip: Lesen Sie Michael Endes wunderbares Buch »Momo«! Nehmen Sie sich die Zeit zum Lesen, um endlich zu wissen, warum es Ihnen an Zeit fehlt.)
4. Sie haben es eilig, fühlen sich gehetzt? Tief durchatmen und ganz langsam machen.
5. Nehmen Sie sich jeden Tag konsequent eine Viertelstunde für sich selbst. Tun Sie das, was Ihnen gerade Spaß macht – lesen, Musik hören, spazieren gehen oder einfach in die Luft gucken. Aber machen Sie sich diese Viertelstunde zur festen Gewohnheit.

… denn sie können warten

Darf ich Sie in diesem Kapitel zu einer Tasse Tee einladen? Es heißt nicht umsonst: Abwarten und Tee trinken – eine sehr kluge Regel, an die man sich zumindest in England noch weitestgehend hält. Nichts kann so dringlich sein, als dass man es nicht zuvor bei einer schönen Tasse Tee überdenken und besprechen könnte. Dabei besänftigen sich die Gemüter, man kann sich erst einmal sammeln, und oft sieht danach eine Sache meistens gar nicht mehr so schlimm oder beunruhigend aus wie zuvor.

Natürlich gibt es immer wieder Situationen, in denen man schnell, ja sofort handeln muss. Das ist beispielsweise der Fall, wenn es gilt, Schaden zu verhüten, Hilfe zu leisten oder auch das rechte Wort zur rechten Zeit zu finden. Selbst in solchen Fällen aber sollte man immer einen klaren Kopf behalten und trotz aller gebotenen Eile nicht übereilt handeln. Meistens aber lohnt sich das Warten durchaus.

– Viele Dinge erledigen sich von selbst.

Sicherlich haben Sie diese Erfahrung schon gemacht: Sie kommen endlich dazu, sich den Postkorb mit den nicht ganz so dringlichen Briefen vorzunehmen. Dabei stellen Sie möglicherweise fest, dass Sie etwas Wichtiges verschwitzt haben – dies ist aber erfahrungsgemäß nur sehr selten der Fall. Einige Dinge konnten durchaus bis jetzt warten – nicht selten mit Gewinn, weil Sie Zeit hatten zum Überlegen oder weil sich inzwischen neue Entwicklungen angebahnt oder neue Informationen angesammelt haben. Der weitaus größte Teil des zunächst so beängstigend umfangreich aussehenden Korbes aber hat sich inzwischen schlicht und einfach von selbst erledigt und kann im nächsten Korb – dem Papierkorb – entsorgt werden.

Es ist ja oft so, dass Dinge uns interessant erscheinen, wir uns darum kümmern wollen, weitere Informationen einziehen wollen – und dann schließlich doch nicht dazu kommen. Wenn uns etwas wirklich wichtig erscheint, wird es auch im Korb mit der Aufschrift »Eilig!« landen (ob dieser nun real oder nur in unserer Vorstellung existiert). Aber alles andere darf zunächst einmal ablagern und seinen richtigen Platz finden, vor allem in unserer eigenen Bewertung. So sparen wir nicht nur Zeit und Nerven, sondern gehen oft auch unnötigen Verwicklungen aus dem Weg.

– Viele Dinge sehen bei ruhiger Betrachtung ganz anders aus. Was uns im ersten Moment »auf die Palme bringt«, empört oder beunruhigt, erweist sich bei näherem Hinsehen in der Regel als ziemlich harmlos. Andererseits kann etwas, das uns zunächst begeisterte, nach einiger Zeit durchaus an Glanz verlieren. Deshalb lohnt es sich – besonders wenn damit größere Entscheidungen verbunden sind –, die Sache zunächst einmal auf sich beruhen zu lassen, bis man sie mit etwas mehr Abstand und einem kühleren Kopf betrachten kann. Die alte Volksweisheit, Dinge erst einmal zu »überschlafen«, bewährt sich auch heute noch. Gerade wenn wichtige Entschlüsse zu fassen sind, wird jeder Ihre Bitte um Bedenkzeit respektieren.

Wer übereilt handelt, macht leicht Fehler. Wer abwarten kann, lässt die anderen Fehler machen. Wir erleben es ja immer wieder bei politischen und wirtschaftlichen Verhandlungen, dass diejenigen Menschen am erfolgreichsten abschneiden, die so etwas »aussitzen« können. Schon in den Sprüchen Salomos heißt es: »Ein Geduldiger ist besser denn ein Starker.« Lassen Sie also die Zeit für sich arbeiten.

– Viele Dinge brauchen »ihre Zeit«.

Alles was wächst braucht Zeit – eine Pflanze, ein Mensch, aber auch Gefühle und Fähigkeiten. Auch hier muss man geduldig warten können. Wer ein Samenkorn in die Erde legt, kann nicht schon in der nächsten Woche eine blühende Pflanze erwarten. Ein werdendes Kind braucht nun einmal neun Monate, ehe es geboren wird. Bei heranwachsenden

und erwachsenen Menschen wird unsere Geduld noch mehr gefordert, denn hier benötigt zusätzlich jeder Einzelne seine »eigene Zeit«, um sich zu entwickeln, etwas zu erlernen – eine Erfahrung, die Eltern und Erzieher immer wieder machen. »Take your time« heißt es im Englischen, was sich im Deutschen nur ungenau als »Lass dir Zeit!« übersetzen lässt. Gestehen Sie also jedem seine eigene Zeit zu. Genauso sollten Sie aber auch mit sich selbst umgehen – haben Sie Geduld mit sich, mit Ihrem eigenen Wachsen und Werden. Und ertragen Sie das Warten mit Humor! Diese unwiderstehliche Mischung kann Ihnen und Ihren Mitmenschen das Leben nur leichter machen.
Sie sehen also: Abwarten bedeutet nicht Zaudern und Zögern, sondern ist in sich selbst eine klare Entscheidung. Zum Warten-Können gehört Durchhaltevermögen – auch dieses muss erst trainiert werden. Am Ende wird sich dann meistens der alte Spruch bewahrheiten: Wer zuletzt lacht, lacht am besten. Halten Sie es also mit den Engländern, mit ihrer Tasse Tee und ihrem »wait and see«, das Franz Beckenbauer so wunderbar ins Deutsche übertrug: »Schaun mer mal!«

Übungen

1. Machen Sie es sich zur Gewohnheit, zu überdenken, ob für die Lösung eines Problems Abwarten nicht besser wäre als – möglicherweise voreiliges – Handeln.
2. »Überschlafen« Sie wichtige Entscheidungen.
3. Zählen Sie, statt eine vorschnelle Antwort zu geben, erst einmal bis zehn. Das gibt Ihnen Zeit zum Überlegen!

... denn sie sind hellwach

Tiere in der freien Wildbahn sind – selbst wenn sie schlafen – hellwach für die Geschehnisse in ihrer Umgebung. Geräusche, Gerüche, Bewegungen – alles wird registriert, denn sonst könnten sie kaum überleben. Selbst bei unseren Hunden und Katzen können wir diese Verhaltensweisen noch beobachten, beispielsweise wenn sie mit ihrem Ohrenspiel auf die unterschiedlichen Geräusche reagieren. Bei ihnen geht es zwar nicht mehr um das Überleben, aber die alten Instinkte sind noch vorhanden.

Anders ist es bei uns Menschen. Zwar findet in Gefahren- und Stresssituationen immer noch eine vermehrte Adrenalinausschüttung statt, die uns schnelle Reaktionen – beispielsweise Weglaufen – ermöglicht. Aber wirklich wach sind im ganz normalen Alltag nur die wenigsten Menschen. Das hat im Wesentlichen zwei Gründe:

1. Die meiste Zeit sind sie zu sehr mit sich und ihren – vermeintlichen oder tatsächlichen – Problemen beschäftigt, als dass sie ihre Umwelt bewusst wahrnehmen. Testen Sie sich selbst einmal – im Gespräch mit anderen, beim Einkauf, bei einem Spaziergang. Sie werden feststellen, dass Sie vorwiegend »in sich drin« sind und die Außenwelt mehr oder weniger am Rande wahrnehmen.
2. Ein weiterer Grund ist unser Umgang mit der modernen Unterhaltungselektronik. Statt uns zu unterhalten, lassen wir uns unterhalten. Statt aktiv unsere Freizeit zu gestalten, sind wir in vielen Fällen zu bloßen Konsumenten geworden, die sich gewohnheitsmäßig berieseln, ja »zudröhnen« lassen. Dadurch wird ein weiterer Teil unserer Außenwahrnehmung blockiert.

Aber nur wenn wir wirklich hellwach sind für unsere Umgebung, können wir auch entsprechend schnell reagieren, wenn

dies erforderlich ist. Was Ihnen nun vielleicht als Widerspruch zu dem vorangegangenen Kapitel erscheinen mag, ist in Wirklichkeit dessen Ergänzung. Manchmal ist Abwarten besser, manchmal schnelles Handeln. Die Kunst ist, beide Sachlagen zu unterscheiden. Das können wir aber nur, wenn wir alles, was um uns herum geschieht, aufmerksam registrieren. Ist auf der einen Seite voreiliges Handeln ein Fehler, so kann andererseits auch ein Übersehen der »Zeichen der Zeit« schwerwiegende Folgen haben. Ganz zu Recht ist deshalb Gorbatschows Satz »Wer zu spät kommt, den bestraft das Leben« zum geflügelten Wort geworden.
Aber nicht nur im Geschäfts- und Arbeitsleben sollten Sie hellwach sein. Gerade auch im ganz normalen Alltagsleben lohnt es sich, mit wachen Sinnen durch die Welt zu gehen. Es gibt so viele Dinge zu sehen und zu entdecken, an denen wir sonst achtlos vorübergehen würden. Schauen Sie sich um mit weit offenen Augen und nehmen Sie den ganzen Reichtum des Lebens wahr! Wenn Sie Ihre Aufmerksamkeit gezielt auf Ihre Mitmenschen richten, können Sie auch eher deren Stimmungen und Gefühle erkennen und Ihr Verhalten darauf einstellen. Das ist nicht nur eine Form menschlicher Zuwendung, sondern auch Verletzungen auf beiden Seiten lassen sich eher vermeiden.

Übungen

1. Beschreiben Sie aus dem Gedächtnis einen Menschen, dem Sie heute begegnet sind – Aussehen, Kleidung, Stimme, Körpersprache usw.

---

2. Neigen Sie dazu, in einem Gespräch nur an das zu denken, was Sie selbst sagen wollen, während der Gesprächspartner noch redet? Dann hören Sie ihm statt dessen aufmerksam zu.
3. Nehmen Sie Ihre Mitmenschen und Ihre Umwelt ganz bewusst wahr – im Beruf, in der Familie, aber auch beim Spazierengehen, in der Straßenbahn usw.

… denn sie sind verschwenderisch

Verschwendung – dieser Begriff ist bei uns negativ besetzt. Aber seien Sie ehrlich: Wären Sie selbst nicht auch einmal gerne ein Verschwender, würden Sie nicht auch ab und an gerne üppig und großzügig leben, ohne sich viel Gedanken darum machen zu müssen? Meistens ist im Zusammenhang mit Verschwendung von Zeit, Geld und Energie die Rede, und zwar dann, wenn diese sinn- und nutzlos eingesetzt werden. Aber ist es nicht gerade in einer Welt, in der man ständig »vernünftig« zu sein hat, eine wahre Befreiung, auch einmal etwas »Unvernünftiges« zu tun? Eine Bekannte erzählte mir vor einiger Zeit ganz empört, dass ihre Mutter – sie ist weit über achtzig und lebt im Altersheim – sich zwei neue Sommerkleider gekauft hätte. »Das ist doch Verschwendung! Sie geht nirgendwo hin, und außerdem passen die alten Sachen noch, so lange sie lebt. Es wäre doch vernünftiger gewesen, wenn sie sich etwas gekauft hätte, wovon wir später auch noch etwas haben.« Wenn die alte Dame einfach Freude gehabt hat an ihren Kleidern, ist das doch Grund genug zu solcher Verschwendung, meinen Sie nicht auch?

Meine Mutter ist die sparsamste Frau, die ich kenne. Noch heute ist es mir ein Rätsel, wie sie es bei dem mageren Gehalt meines Vaters fertig brachte, nicht nur die ganze Familie satt zu bekommen und immer gut zu kleiden, sondern auch uns Kindern die beste Ausbildung zu ermöglichen. Sich selbst gönnte sie nichts – außer in jeder Woche einen frischen Blumenstrauß. Für das Geld hätte sie sich hin und wieder einen Friseurbesuch leisten können und mit der Zeit wohl auch den dringend benötigten Wintermantel. Aber nein – sie »verschwendete« ihr Geld an frische Blumen, aus dem einzigen Grund, weil sie solche Freude daran hatte. Ich habe viel von ihr gelernt, unter anderem auch das: verschwenderisch zu sein, gerade wenn die äußeren Umstände beengt sind.

Ganz ähnlich sieht es oft mit der Zeitverschwendung aus. Zeit – wir sprachen dieses Problem schon in einem vorhergehenden Kapitel an – scheint heutzutage noch knapper zu sein als Geld. Ist es nicht eine doppelte Wohltat, auch einmal Zeit zu verschwenden? Beispielsweise in der Badewanne (in die man verschwenderisch duftendes Öl gegeben hat), obwohl doch für den puren Reinigungsprozess nur wenige Minuten unter der Dusche nötig wären. Oder beim Aufräumen, wenn man sich dabei vertrödelt, alte Fotos anzuschauen. Oder beim Anstreichen eines alten, wackeligen, aber sehr geliebten Stuhles, obwohl die Farbe dafür mehr kostet als ein neues Sitzmöbel. Wir versuchen so oft Zeit zu sparen, um Zeit zu gewinnen. Dabei sollten wir aber bedenken, dass manchmal gerade die verschwendete Zeit gewonnene Zeit ist. Das gilt – genau wie beim Geld – gerade dann, wenn man wenig davon hat.

Während es sich bei Zeit und Geld um »Rohstoffe« handelt, die bei Verschwendung nun einmal verschwinden, gibt es viele andere Verschwendungsmöglichkeiten, bei denen es sich gewissermaßen um »nachwachsende Ressourcen« handelt. Je mehr wir davon verschwenden, desto mehr haben wir davon. Das gilt beispielsweise für unsere Liebe, für unsere Freundlichkeit, für unser Lächeln. Unsere Vorräte daran brauchen sich niemals auf, sondern erneuern sich ständig. Verschwenden wir also diesen Reichtum mit vollen Händen, ohne zu geizen und kleinlich zu sein. Machen wir es nicht so wie manche Zeitgenossen, die lediglich mit ihrem Mangel an Charme, mit ihrer schlechten Laune und mit ihren spitzen Bemerkungen verschwenderisch umgehen. Dadurch machen wir nicht nur die Welt ein bisschen heller und schöner. Wir entwickeln gleichzeitig auch eine innere Großzügigkeit, die unserem Leben eine neue Dimension gibt.

Verschwenden wir lieber unsere positiven Gefühle – an alle, an alles.

Übungen

1. Verschwenden Sie ganz bewusst Freundlichkeit, Lächeln, Zuwendung, Anteilnahme.
2. Gehen Sie hin und wieder einmal verschwenderisch und »unvernünftig« mit Ihrer Zeit und mit Ihrem Geld um.

... denn sie machen sich keine Sorgen

Sorgen hat jeder Mensch. Große, kleine. Sorgen, die mit unserer Existenz zu tun haben. Andere, die »nur« unsere Lebensqualität betreffen. Mit Sorgen ist also wohl jeder Mensch bestens »versorgt«. Müssen wir uns dann noch Sorgen *machen*? Geben wir es doch zu: Viele unserer Sorgen sind einfach hausgemacht. Die Dinge, die wir uns ausmalen, treten nie ein – wir haben hier wirklich unsere Zeit und Energie auf etwas Nutzloses verschwendet. Entsorgen wir doch deshalb einmal unsere Sorgen. Sie lähmen und blockieren uns. Und sie ändern nichts an den Tatsachen.

Wenn Ihnen etwas Sorgen macht, gibt es zwei Möglichkeiten zu denken:

1. Alles wird ganz schrecklich.

Möglicherweise werden Sie angenehm enttäuscht, und alles ist halb so schlimm. Aber wenn Sie Schlimmes erwarten, ziehen Sie es meistens auch an wie ein Magnet die Eisenspäne. Also wird alles ziemlich schrecklich.

2. Alles wird gut.

Möglicherweise geht alles daneben. Vielleicht aber auch nicht. Auf jeden Fall haben Sie sich vorher keine belastenden Gedanken gemacht, die ohnehin nichts geändert hätten.

Ich will Sie jetzt nicht gerade zum Spielen verleiten – aber setzen Sie doch einfach mal auf Sieg. Selbst wenn Sie verlieren sollten, hätten Sie dies durch Ihre Sorgen auch nicht verhindern können – oder? So aber haben Sie sich und dem Schicksal zumindest eine sportliche Chance gegeben.

Wenn Sie berechtigte Sorgen haben, können Sie daran nichts ändern, indem Sie sich noch zusätzliche Sorgen machen. Es gibt jetzt folgende Alternativen des Denkens für Sie (und Denken hat eine größere Macht, als Sie denken!):

– Es ist, wie es ist, und ich kann ohnehin nichts daran ändern.

Also: Ich arrangiere mich so gut wie möglich mit meinem Schicksal und mache das Beste daraus.

– Es kann nur noch besser werden.

Also: Ich tue alles, um diesen positiven Trend zu unterstützen.

– Es kann nur noch schlimmer werden.

Also: Es gibt viel zu tun – packen wir's an (Werbeslogan einer großen Benzinmarke).

– Es ist, wie es ist.

Also: Warum genieße ich nicht alles andere?

Das Wort Sorge bedeutet sprachgeschichtlich nichts anderes als: Krankheit. Eine Krankheit kann man sich zuziehen – durch Ansteckung, durch Veranlagung, durch vielerlei Umstände. Aber wird man sie bewusst herbeiführen? Deshalb sollten Sie sich also auch keine Sorgen *machen*. Und deshalb finde ich auch den Titel eines Buches von Dale Carnegie so zutreffend: »Sorge dich nicht – *lebe*!« Vergessen Sie nie, dass die Sorgen nur Teil Ihres Lebens sind, aber nicht das *ganze* Leben. Das Leben findet nämlich trotzdem statt, und vielleicht gerade deshalb kann man es so intensiv erfahren. Wenn Ihnen das Wasser ohnehin schon bis zum Halse steht, sollten Sie den Kopf nicht hängen lassen. Darf ich Sie in diesem Zusammenhang noch einmal auf ein Kapitel hinweisen, das wir kurz vorher behandelten: »Optimisten können warten«. »Wait and see«, lassen Sie sich überraschen und vertrauen Sie in die positiven Kräfte Ihres Schicksals. Als ich in England lebte, wurden mir viele englische Songs beigebracht, unter anderem auch ein Soldatenlied aus dem Ersten Weltkrieg. Dieses singe ich immer, wenn ich mir mal wieder Sorgen mache – und bisher hat es immer geholfen:

»Pack up your troubles in your old kitbag
and smile, smile, smile.
Ask for a Lucifer and light your fag
and smile, boy, that´s the style.«

(Pack deine Sorgen in deine Marschausrüstung und lächle einfach. Nun folgt ein Wortspiel: Lucifer ist nicht nur der Teufel,

sondern auch ein Streichholz – es ist also eine Doppelbedeutung, wenn man in schwierigen Situationen ein Streichholz namens »Lucifer« möchte – aber: lächle einfach.)
Sie werden staunen, wie viele tatsächliche und eingebildete Sorgen Sie durch ein einfaches Lächeln entsorgen können!

Übungen

1. Packen Sie gedanklich einen Müllsack, in den Sie alles hineintun, was Ihnen Sorgen macht, und stellen Sie ihn zur Entsorgung an den Straßenrand. Es gibt nämlich auch eine Müllabfuhr für solchen Seelenmüll!
2. Entspannen Sie sich. Atmen Sie tief und langsam und stellen Sie sich vor, wie Sie im Herbst auf der Brücke über einem langsam fließenden kleinen Fluss stehen. Laubblätter tauchen auf und schwimmen an Ihnen vorüber. Dann sind sie verschwunden. Werfen Sie Ihre Sorgen in den Fluss – und lassen Sie sie davonziehen.
3. Lassen Sie Ihre Sorgen nacheinander vor sich aufmarschieren. Sehen Sie ihnen ins Gesicht. Und dann sagen Sie jedes Mal: Ich habe dich zwar – aber du hast mich nicht.
4. Weigern Sie sich, sich Sorgen zu machen.

… denn sie denken die richtigen Gedanken

Der Mensch ist, was er isst, behaupten die Ernährungswissenschaftler. Genauso gut könnte man sagen, dass der Mensch ist, was er denkt. Der spanische Philosoph Ortega y Gasset meinte sogar, dass das Denken eine Lebensfunktion sei – genauso wie die Verdauung und der Blutkreislauf. Das bedeutet, dass wir mit unserem Denken genauso pfleglich umgehen sollten wie mit unserem Körper. Tatsächlich kann man sich mit negativen Gedanken (Hass, Neid, Eifersucht) geradezu vergiften, während positive Gedanken (Liebe, Zuneigung, Sympathie) stärkende und gesundende Kräfte freisetzen. Viele Meditationstechniken bauen ihre Wirkung zu einem großen Teil auf der Gedankenkraft auf. »Sich gesunddenken« ist also durchaus möglich, wie wir auch schon im Kapitel über Wunscherfüllung gesehen haben.

Es heißt zwar: Die Gedanken sind frei. Das bedeutet aber nicht, dass wir mit unserem Denken diese Freiheit missbrauchen sollen. Obwohl wir Gedanken nicht sehen und nicht messen können (das ist lediglich bei den Hirnströmen möglich), entfalten sie doch eine immense Wirksamkeit.

– Unsere Gedanken wirken auf uns ein.

Dafür gibt es viele Beispiele. Wenn Sie gering von sich denken, werden Sie sich auch minderwertig fühlen. Wenn Sie dagegen eine gute Meinung von sich haben, fühlen Sie sich entsprechend selbstsicher. Machen Sie sich sorgenvolle Gedanken um Ihre Gesundheit, werden Sie garantiert anfälliger für alle möglichen Krankheiten. Denken Sie dagegen positiv, können Sie auch Ihre Gesundheit positiv beeinflussen und ihrem Körper helfen, leichter mit Erkrankungen fertig zu werden. Negative Gedanken über andere können Sie krank machen. Nicht nur, dass Ihre ganze Grundstimmung darunter leidet – auch körperliche Leiden können dadurch verursacht werden.

»Gelb vor Neid« ist jemand, der sich durch seine neidischen Gedanken einen Leberschaden und damit die typisch gelbliche Hautfarbe zugezogen hat.

– Unsere Gedanken wirken auf andere ein.

Auch wenn wir unsere Gedanken nicht aussprechen und uns noch so sehr bemühen, sie zu verbergen – auf eine gewissermaßen atmosphärische Weise teilen sie sich doch mit. Das ist bei Ablehnung oder Hass genauso der Fall wie bei Zuneigung und Liebe. Ebenso ist es mit den Gedanken, die wir über uns selbst hegen. Sie umgeben uns quasi wie eine Aura.

Aber nicht nur in direktem Kontakt wirken Gedanken auf andere. Sie haben es sicher selbst schon oft erlebt, dass Sie eine bestimmte Person anrufen wollten und im gleichen Moment just diese Sie anrief. »Gedankenübertragung!« sagen Sie dann sicherlich. Diese Gedankenübertragung wirkt aber noch weiter: alle guten Gedanken, die Sie einem Menschen senden, wirken für ihn im positiven Sinne und können ihre Kraft auch an weit entfernten Orten entfalten. Ich selbst bitte, wann immer mir schwierige Situationen bevorstehen, meine Freunde darum, mir ihre guten Gedanken zu schicken. Ihre Kraft unterstützt mich und in ihrer Zuneigung fühle ich mich geborgen.

Die Entscheidung, wie wir unsere Gedanken einsetzen wollen – ob für oder gegen uns, ob für oder gegen andere –, liegt ganz allein bei uns selbst. Allerdings gehört Disziplin dazu, keine negativen Gedanken über andere (oder über sich selbst) zu hegen. Aber auch diese kann man trainieren. Denken Sie einfach immer die richtigen Gedanken!

Übungen

1. Denken Sie vor dem Einschlafen mit liebevollen Gedanken an die Menschen, die Sie kennen – vor allem auch an die, die Sie nicht mögen.
2. Trainieren Sie Ihre Denkdisziplin, indem Sie darauf achten, wie oft Sie negative Gedanken über sich oder andere haben. Machen Sie sich klar, dass Sie dadurch sich selbst am meisten schaden und ersetzen Sie sie durch positive Gedanken.

… denn sie sind krisenfest

Das Wort Krise kommt aus dem Griechischen und bedeutet nichts anderes als: entscheidende Wendung. Der Begriff selbst sagt noch nichts darüber aus, ob es sich um eine Wendung zum Besseren oder zum Schlechteren handelt. Trotzdem wird er im allgemeinen Sprachgebrauch fast ausschließlich negativ verwendet. Dabei kann eine Krise durchaus etwas Positives sein!

– Wirtschaftliche Krise.

Der Definition nach (ich beziehe mich dabei auf den Großen Brockhaus) bedeutet eine solche Krise immer eine Verschlechterung der Wirtschaftslage. Das wird Ihnen erstaunlich erscheinen, nachdem Sie dieses Kapitel zu Ende gelesen haben! (Gibt es möglicherweise im Wirtschaftsleben keine Optimisten?)

– Gesundheitliche Krise.

In der Medizin bedeutet eine Krise den Zeitpunkt oder Zustand, wo sich – oft sehr dramatisch – alles zum Guten oder zum Schlechten wenden kann. Vielleicht haben Sie bei schweren Erkrankungen den Arzt schon sagen hören, dass man zunächst »die Krise abwarten« müsse, ehe er etwas Genaueres sagen könne. Hier ist also die Krise ein sehr wichtiger Faktor, der durch die Selbstheilungskräfte des Körpers oder durch den Lebenswillen des Patienten mehr bewirken kann als alle ärztliche Kunst.

– Persönliche Krise.

Hier gibt es zwei Krisenmöglichkeiten: Die eine entsteht von außen, die andere von innen. Eine von außen verursachte Krise kann beispielsweise die Arbeits- oder Familiensituation betreffen. Hier kann man meistens sehr deutlich erkennen, wie und warum die Problematik entstand: Im Beruf kann es eine Entlassung sein, in einer Partnerschaft das Auseinanderleben der Beteiligten. Wenn man etwas benennen kann, ist man der Problemlösung schon einen großen Schritt näher gekommen!

Anders ist es meistens bei einer inneren Krise, die sich zunächst in einem dumpfen Unbehagen äußert. Man ist reizbar und unzufrieden und weiß nicht einmal, warum. Dabei ist gerade dieses zunächst undefinierbare Unbehagen ein Zeichen dafür, dass man einen neuen Entwicklungsschritt macht. Sehen Sie dieses Gefühl also als etwas durchaus Positives – etwas Neues bahnt sich an! Und hier haben wir selbst die Chance zur aktiven Gestaltung.

Wenn in den Nachrichten von Krisenmanagement die Rede ist, heißt das in der Regel, dass man versucht zu retten, was noch zu retten ist. Persönliches Krisenmanagement dagegen bedeutet, dass man die Situation als Chance sieht – zur Weiterentwicklung, zur positiven Veränderung. Optimisten zerbrechen deshalb weder an inneren noch an äußeren Krisen. Sie sehen sie gewissermaßen als sportliche Herausforderung an und nutzen die Chance zum Umdenken. Das macht sie stärker und bringt sie weiter. Eine Krise ist immer das, was Sie selbst daraus machen – denn Sie sind der Krisenmanager!

Das gilt übrigens nicht nur für Sie selbst, denn auch anderen können Sie helfen, indem Sie einen kühlen Kopf bewahren – einfach aus dem Grunde heraus, dass Sie eine Krise nicht als Katastrophe sehen, sondern als eine Chance – nein: als eine Aufforderung! – nun endlich selbst aktiv zu werden. Natürlich schlägt ein Notfall immer ziemlich direkt zu – aber wir selbst haben in den meisten Fällen Möglichkeiten, uns damit auseinander zu setzen. Deshalb ist es besonders wichtig, sich von diesem »Zuschlagen« nicht niederschlagen zu lassen, auch dann nicht, wenn ein uns nahe stehender Mensch betroffen ist. Als eine Freundin von mir eine Fehlgeburt erlitt, brachte ihre im Haus lebende Mutter es zwar gerade noch fertig, den Notarzt anzurufen. Darüber hinaus aber lief sie nur händeringend herum – mit dem Ergebnis, dass die Sanitäter *sie* in den Krankenwagen verladen wollten anstatt die Tochter, die inzwischen in aller Ruhe präzise Angaben zum Kofferpacken gab. Wenn schon alle den Kopf verlieren in einer solchen Situation – dann sollten wenigstens Sie krisenfest sein.

Übungen

1. Beobachten Sie, ob sich Anzeichen für eine Krise zeigen – beispielsweise Gereiztheit, Unzufriedenheit, Gleichgültigkeit. Versuchen Sie, die Gründe zu ermitteln. Suchen – und finden! – Sie Wege zur Lösung.
2. Was auch geschieht – bewahren Sie einen kühlen Kopf. Verkrampfen Sie sich nicht, holen Sie tief Luft, bleiben Sie »cool«.

… denn sie haben jede Menge Spaß

Wann haben Sie das letzte Mal Spaß gehabt?
Vielleicht fragen Sie nun: Spaß? Was ist das eigentlich?
– Ist das Lachen?
Ja – wenn man richtig von Herzen und ganz spontan über etwas lachen kann. Das kann ein Film sein, eine Situation, in die wir hineingeraten, möglicherweise auch etwas, das anderen passiert.
– Ist das »sich wohl fühlen«?
Ja – dieses Räkeln, sich strecken und recken und sagen können: Guten Morgen, du guter Tag. Meistens passiert dies leider nur im Urlaub oder in den ganz seltenen Situationen, wo wir nicht unter irgendeinem von außen herangetragenen oder auch hausgemachtem Stress stehen.
– Ist das »spontan handeln«?
Ja – wenn man einfach einmal einem Einfall, einer »Laune« folgt. Vielleicht haben Sie gerade Lust, Seifenblasen zu machen oder barfuß über eine Wiese zu laufen? Was hindert Sie daran? Doch nicht etwa der Gedanke, was andere über Sie denken?
Sicherlich fallen Ihnen noch viele andere Möglichkeiten ein, wie man Spaß haben kann. Wie oft sagen wir: Jetzt hätte ich Lust, dies oder jenes zu tun – das würde mir Spaß machen! Natürlich ist es nicht immer möglich, diesen Einfällen zu folgen, weil Zeit, Geld oder die gegenwärtige Situation es nicht zulassen. Und auf keinen Fall sollte der Spaß auf Kosten anderer gehen. Aber Optimisten werden immer Gelegenheiten zum Lachen und Wohlfühlen finden. Denn:
– Sie machen sich nichts daraus, was andere über sie denken. Warum sollte es sie auch stören, wenn jemand den Kopf über sie schüttelt, nur weil sie einmal ein Treppengeländer herunterrutschen oder ohne Schuhe tanzen?

– Sie sind keine Spielverderber. Sie können über sich selbst lachen, warum sollte es ihnen da etwas ausmachen, wenn andere über sie lachen? Dabei bewährt sich einmal das umgekehrte Motto: Wer *zuerst* lacht, lacht am besten.
– Sie brauchen keine Animateure (das heißt übersetzt ironischerweise: Beleber!). Auf Kommando lachen und Spaß haben ist nicht ihre Sache – sie gehen lieber ihre eigenen Wege.
– Sie wissen – genau wie jeder andere –, dass das Leben ernst und oft sogar schwer ist. Das ist Grund genug für sie, es leicht zu nehmen.
– Sie rechtfertigen ihre Handlungsweise nicht. Es reicht ihnen aus, dass sie etwas »einfach so«, »aus Spaß an der Freud« tun. Spontanes Handeln (lat. = freiwillig) bedeutet ja nicht nur, dass man einem plötzlichen Impuls folgt, sondern dass dieser nicht durch einen äußeren Anlass oder Einfluss ausgelöst sein muss.
– Sie können die Situationskomik erkennen, die gerade auch in vielen ernsthaften Anlässen steckt. Bei den meisten offiziellen Veranstaltungen, aber auch im ganz normalen Alltagsleben kann man mit etwas Abstand manchmal kaum unterscheiden, ob das alles nun ernst gemeint ist oder ob man sich gerade eine Sitcom anschaut.
– Sie sind sich selbst zwar die wichtigste Person der Welt (wie sollte es auch anders sein bei einem Menschen, mit dem man ständig zusammen ist?), aber Sie nehmen sich nicht allzu wichtig und auch nicht immer ganz ernst. Wer alles ernst nimmt, hält sich selbst zum Narren, pflegt meine Mutter zu sagen.
– Sie bereuen nicht, dass Sie sich vergnügt haben – auch wenn dies einmal mehr Geld gekostet hat als eingeplant oder wenn Sie nach einer durchtanzten Nacht Blasen an den Füßen und Ringe unter den Augen haben. »Sich einen Spaß leisten, ist mehr wert, als sechs Pfennig in der Tasche zu behalten«, sagt ein brasilianisches Sprichwort. Und einem Optimisten ist in diesem Fall der »Spaßfaktor« wichtiger als die sechs Pfennige.

Was Spaß haben bedeutet, hat mir eine sehr liebe Freundin gezeigt. Sie war etwa sechzig Jahre alt, als ich sie kennen lernte, trug einen grauen Cäsarenschnitt und an der linken Seite einen lustigen, dünnen Zopf. Sie verschenkte im Februar Veilchen an die Passanten, die mit meistens verbissenen Gesichtern an ihr vorübereilten. »Es wird Frühling!«, sagte sie dabei lächelnd. Die Reaktionen der Menschen waren unterschiedlich: Misstrauen, Ablehnung, aber auch sehr häufig ein zögerndes Lächeln. »Warum machst du das?«, fragte ich. Und sie antwortete: »Weil es mir Spaß macht.« Nur so – aus Spaß – setzte sie auch Blumenzwiebeln in fremde Vorgärten, die von gerade geschnittenen Koniferen umsäumt waren. Sie tat es, weil es ihr Spaß machte. Dabei hatte sie nur eine kleine Rente, die ohnehin zum größten Teil für Farben und andere Künstlermaterialien verwendet wurde. Sie tat nur, was ihr Spaß machte. Sie war eine der ernsthaftesten Frauen, die ich je kennen lernte.

Übungen

1. Handeln Sie immer wieder einmal spontan (Definition siehe weiter oben im Kapitel). So paradox es klingt: Auch spontanes Handeln will geübt sein.
2. Wenn Sie die Entscheidung haben – tun Sie das, was Ihnen Spaß macht. Manchen Verpflichtungen kann man nun einmal nicht entgehen, aber doch sehr vielen. Treffen Sie Ihre eigene Wahl.

... denn sie entsprechen nicht den Erwartungen

Irritiert die Überschrift dieses Kapitels Sie? Dann überlegen Sie einmal, welchen Erwartungen Sie ständig zu entsprechen versuchen! Da ist der Beruf, der Partner, die Kinder, vielleicht sogar die Schwiegermutter. Außerdem stellen Sie sich möglicherweise auch immer wieder einmal die Frage, was denn »die Leute« sagen könnten. Ständig werden neue Anforderungen an uns gestellt, und ständig versuchen wir, diesen gerecht zu werden, obwohl es uns oft nicht nur »gegen den Strich«, sondern auch über unsere Kraft hinaus geht. Warum verbiegen wir uns so – oft sogar so weit, dass wir davon krank werden?

– Weil wir anerkannt und akzeptiert werden wollen. Oft noch mehr: Wir wollen geliebt werden. Dies sind Grundbedürfnisse des menschlichen Lebens und Überlebens und genauso wichtig wie Atmen, Essen und Trinken. Aber dafür tun wir oft Dinge, die nicht mit uns übereinstimmen, sogar konträr sind zu unserer inneren Einstellung:

– Weil wir nicht verletzt werden wollen. Also zeigen wir unser wahres Ich nicht, sondern versuchen uns so zu geben, wie es »die anderen« unserer Meinung nach von uns erwarten.

– Weil wir Erfolg haben wollen. Natürlich braucht jeder Mensch Erfolgserlebnisse. Aber leider neigen wir dazu, für äußere Erfolge, die wir uns erhoffen (und die allzu oft gar nicht eintreten), einen zu hohen Preis zu zahlen: unsere Selbstachtung.

– Weil wir nicht auffallen wollen. Wenn schon das Auffallen im negativen Sinne unerwünscht ist, ist es das leider auch im positiven Sinne. Am besten fährt man, wenn man angepasst ist und dem Mittelmaß entspricht – das ist jedenfalls die Meinung vieler Menschen.

Alle diese Probleme kennen natürlich auch Optimisten. Aber sie wissen noch mehr: Die ständige Anpassung an die Erwartungen anderer macht krank – und bewirkt damit genau das Gegenteil von dem, was durch ein solches Verhalten eigentlich bezweckt wurde.

Für mich war ein Zusammenbruch ein Schlüsselerlebnis: Ich hatte versucht, eine erfolgreiche Unternehmerin zu sein, meinen Eltern, die bei uns lebten, gerecht zu werden, meinem Mann eine ideale, immer gut gelaunte Partnerin zu sein, meinem kleinen Sohn eine gute Mutter, und ganz nebenbei auch noch als Schriftstellerin tätig zu sein. Ich selbst – als eigenständige Person – war dabei mit meinen eigenen Bedürfnissen nicht nur ins Hintertreffen geraten, sondern geradezu verschwunden. Als ich im Krankenhaus aufwachte, brachte der Arzt das Problem gnadenlos auf den Punkt: Ich hätte keine organische Krankheit, meine Krankheit bestünde lediglich in der Kluft zwischen Anspruch und Wirklichkeit. Das saß. Ich musste lange Wochen darüber nachdenken, ehe ich erkannte, dass es nicht nur die Erwartungen der anderen waren, denen ich zu entsprechen versuchte, sondern vor allem meine eigenen. Daraufhin lernte ich zwei neue Worte, die ich Ihnen in den nächsten beiden Kapiteln mitteilen werde.

Die wichtigste Erkenntnis für mich war: Man kann es einfach nicht jedermann recht machen! Auch sich selbst nicht. Und man kann sich dadurch weder Liebe noch Erfolg erkaufen. Im Gegenteil: Man schadet nur sich selbst und auch den anderen. Sie können immer nur für sich selbst arbeiten und dadurch für sich und für andere etwas sein. Weshalb also sollten Sie sich anpassen – an Konventionen, Traditionen oder an das, was Sie für die Meinung anderer halten? Machen Sie lieber die Umstände passend für sich! Das hört sich großartig an, ist aber viel einfacher als es aussieht. Probieren Sie es aus, und Sie werden erstaunt sein, wie leicht manche Probleme sich lösen lassen. Sagen Sie, was Sie meinen, tun Sie, was Sie für richtig halten und verantworten können – damit werden Sie viel eher die Ziele erreichen, die in diesem Kapitel umrissen wurden.

Gehen Sie noch einmal an den Anfang des Kapitels zurück

und lesen Sie nach, warum wir dazu neigen, den Erwartungen anderer entsprechen zu wollen.

– Wir wollen anerkannt und akzeptiert werden.

Aber: Das werden wir am ehesten, wenn wir unseren eigenen Weg gehen, die Dinge tun und sagen, die uns selbst richtig erscheinen und die wir auch verantworten können.

– Wir wollen nicht verletzt werden.

Aber: Das wird nur der Fall sein, wenn wir uns selbst aussuchen, durch wen wir uns verletzen lassen. Verletzen wir uns nicht selbst, indem wir uns anderen gegenüber die Blöße geben, die sie erwarten.

– Wir wollen erfolgreich sein.

Aber: Den größten Eindruck macht immer der »eigene Weg« – im Beruf, in der Gesellschaft und auch im Privatleben. Anpassungswillige gibt es genug – aber wenige, die »eigensinnig« sind.

– Wir wollen nicht auffallen.

Aber: Leider (?) wird jemand, der nicht den Erwartungen entspricht, immer auffallen. Also gewöhnen Sie sich besser schon einmal daran! Es kann manchmal etwas lästig sein, tut aber nicht weh und ist mitunter auch recht amüsant.

Wie immer im Leben geht auch hier Probieren über Studieren. Handeln Sie so, wie Sie es für richtig halten (was meistens eben nicht den Erwartungen entspricht) und machen Sie die Erfahrung, dass Sie dadurch nicht nur sich selbst, sondern allen anderen das Leben erleichtern. Wenn Sie noch kein Optimist sind, werden Sie es durch diese Erfahrung werden!

Übungen

1. Stellen Sie hohe Ansprüche an sich selbst – aber erwarten Sie nicht, dass Sie diesen auch entsprechen müssen. Nobody is perfect!

2. Erwarten Sie auch von Ihren Mitmenschen nichts, was diese nicht leisten können oder wollen. Oder erwarten Sie von einer Katze, dass sie bellt?

… denn sie können »Nein« sagen

Aber sollten Optimisten nicht immer »Ja« sagen? Richtig: zu sich selbst schon. Und das bedeutet eben manchmal, dass man »Nein« sagt zu anderen. Im Neuen Testament lesen wir, dass Jesus sagte: »Eure Rede sei Ja, ja und Nein, nein.« Die Doppelung verdeutlicht, dass es hier um Aufrichtigkeit geht, darum, dass wir wirklich meinen, was wir sagen – und dass wir sagen, was wir meinen. Ein klares Nein ist immer besser als ein zähneknirschendes Ja! Wie oft werden wir um eine Gefälligkeit gebeten, die wir nicht abschlagen wollen – sei es, weil wir uns verpflichtet fühlen, sei es, weil wir einfach zu gutmütig sind und unsere eigenen Interessen hintan setzen. Und immer wieder bereuen wir dieses Ja, vor allem dann, wenn wir lieber Nein gesagt hätten. Warum ist das so?

– Wir haben das Gefühl, uns durch ein Nein unbeliebt zu machen.

– Wir haben das Gefühl, durch ein Nein unkollegial, unsozial, nicht liebevoll genug zu handeln.

– Wir befürchten, wegen eines Neins nicht mehr akzeptiert zu werden und die Liebe und Zuneigung unserer Mitmenschen zu verlieren.

Dabei verlieren wir am ehesten uns selbst! Wen sollen andere achten und lieben, wenn wir uns selbst nicht mehr achten und lieben und deshalb nicht Nein sagen können? Dabei kann es um eine letzte Zigarette oder um den Schnaps »für auf den Weg« gehen, aber auch um Überstunden, Gefälligkeiten, die bis zur Ausnutzung führen oder mit unseren eigenen Interessen kollidieren.

Es geht beim Nein-Sagen ja nicht darum, dass Sie sich allen Bitten verschließen und nur noch an sich selbst denken. Es geht vielmehr darum, dass Sie nicht länger etwas tun, von dem Sie nicht überzeugt sind, nur weil

– jemand anders es nicht selbst tun will (Knöpfe annähen, lästige Anrufe beantworten, selbstverständliche Aufgaben übernehmen usw.),
– jemand Ihnen mit Liebesentzug droht (aber was ist das für eine Liebe?),
– Sie selbst ein diffuses Pflichtgefühl empfinden (denken Sie einmal darüber nach, ob Sie dem anderen nicht eher schaden als nützen, indem Sie ihm eine Aufgabe abnehmen!).

Übrigens werden Sie feststellen, dass Ihr Nein viel leichter und schneller akzeptiert wird, als Sie glauben! Zunächst sicherlich mit einigem Erstaunen, vielleicht sogar Befremden – aber dann in den meisten Fällen mit einem unerwarteten Respekt. Sind Sie verheiratet? Dann erinnern Sie sich vielleicht an die Trauformel vor dem Standesamt oder in der Kirche, als Sie aufgefordert wurden zu sagen: Ja, ich will. Damals trafen Sie eine Entscheidung für lange Zeit, wenn nicht gar für ein ganzes Leben, und Sie haben sich die Konsequenzen sicherlich vorher genau überlegt. Das sollten Sie auch bei jedem anderen »Ja« tun, auch wenn es scheinbar nur um Kleinigkeiten geht. Sagen Sie nur dann Ja, wenn Sie es auch wirklich meinen! Nicht immer muss das Ja-Sagen aus Bequemlichkeit zu so verheerenden Konsequenzen führen, wie sie durch das Dritte Reich entstanden (das ja eigentlich niemand wollte), aber ein Optimist wird niemals Angst vorm Nein-Sagen haben. Das Wort Nein wurde einmal als »orales Verhütungsmittel« bezeichnet. Im engeren Sinne ist es wohl die sicherste Art, eine unerwünschte Schwangerschaft zu vermeiden – aber allgemein gesehen kann es für alle Beteiligten heilsamer und wichtiger sein als ein halbherziges und unter inneren Vorbehalten gegebenes Ja! Sagen Sie deshalb zuerst und vor allem Nein zu sich selbst, wenn Sie in Versuchung sind, einer Sache zuzustimmen, von der Sie tief im Herzen nicht überzeugt sind. Im letzten Jahrhundert formulierte ein österreichischer Dichter dies ebenso altertümlich wie treffend:

»Dein Ja sei lang bedacht, doch heilig;
Dein Nein sprich mild, doch nicht zu eilig.

So wird das Ja den Freund erfreuen,
das Nein dich selber niemals reuen.«

Natürlich ist es auf den ersten Blick leichter, den Weg des geringsten Widerstands zu gehen, »Ja« zu sagen und sich anzupassen. Auf längere Sicht verlieren Sie dadurch aber nicht nur den Respekt Ihrer Mitmenschen, sondern auch den Selbstrespekt. Und gerade dies kann zu schwerwiegenden seelischen Problemen führen – bis hin zu psychischen Erkrankungen.

Übungen

1. Wenn Sie etwas nicht tun möchten, sagen Sie: Nein. Machen Sie kein *Jein* daraus und auch kein Vielleicht.
2. Haben Sie wegen Ihres Neins kein schlechtes Gewissen. Beobachten Sie statt dessen die positiven Reaktionen Ihrer Mitmenschen darauf.

In unserem Ich erfahren wir uns selbst im Unterschied zu unserer Umwelt. Wir erkennen unsere Individualität und Identität. Die Psychoanalyse beschreibt das Ich eines Menschen darüber hinausgehend als eine innere Instanz der Seele, die dazu verhilft, den verschiedenen Erfordernissen der Außenwelt, den eigenen Triebwünschen und unseren moralischen Anforderungen gerecht zu werden und einen Einklang zwischen diesen herzustellen. Deshalb ist ein starkes Ich wichtig, das unter diesen so verschiedenartigen Ansprüchen nicht zerbricht, sondern daran wächst.

Um so merkwürdiger ist es, dass der Egoismus eines Menschen im Allgemeinen so negativ eingeschätzt wird. Dabei umschließt er eine ganze Vielfalt von Haltungen, die ethisch ganz verschieden bewertet werden können, wie der Große Brockhaus vermerkt:

– Der Egoismus hat zunächst einmal eine rein biologische Grundlage. Diese besteht aus den Instinkten und Trieben, die der Lebens- und Selbsterhaltung dienen. Sie befähigt den Menschen nicht zuletzt zu überragenden Leistungen, wenn es um sein eigenes und das Überleben anderer Menschen geht. Man denke nur an Rettungsaktionen in Katastrophen- und Kriegsfällen oder an den Überlebenswillen von Menschen in Gefangenschaft, nach Unfällen in der Wildnis usw.

– Erst wenn *alles* Verhalten und Handeln auf die eigene Person ausgerichtet ist – und zwar unter Zurücksetzung und auf Kosten der anderen –, kann man von Egozentrik und Ichbezogenheit sprechen. Darüber hinaus können sich Formen des Geltungs- und Machtstrebens bis hin zur Selbstsucht entwickeln. Diese geht über das Recht und Wohl anderer rücksichtslos hinweg. Allerdings strafen solche Menschen sich im Grunde selbst: Sie haben kein Vertrauen, und ihnen wird kein

Vertrauen entgegengebracht; sie verachten die anderen und werden – trotz ihrer Macht – selbst verachtet; sie können niemandem Freund sein und haben keine Freunde.
– Das Eigeninteresse ist aber nicht nur ein biologischer Überlebensmechanismus. Vor allem englische Philosophen und Nationalökonomen sahen hierin nicht nur eine wichtige Triebfeder wirtschaftlichen Handelns und die Voraussetzung für den wirtschaftlichen Fortschritt, sondern darüber hinaus sogar den Antrieb der gesellschaftlichen Ordnung. Darüber kann man sicherlich geteilter Meinung sein, vor allen Dingen ist die ganze Problematik sicherlich sehr viel differenzierter als in den Lehrbüchern dargestellt, weil so viele weitere menschliche Faktoren ebenfalls eine Rolle spielen. Aber man kann beispielsweise feststellen, dass ein Hauptgrund für das Scheitern der kommunistischen Politik alter Prägung darin bestand, dass man den gesunden Egoismus des Menschen nicht berücksichtigte, der sich unter anderem daran orientiert, dass man für seine Arbeit greifbare Erfolge sehen möchte – nicht zuletzt nämlich Geld in der eigenen Tasche. Egoismus kann also durchaus eine starke Motivation zu wirtschaftlichem und gesellschaftlichem Fortschritt sein.
– So wurden denn auch ganze philosophische Systeme auf dem Egoismus gegründet. Beispielsweise ist die Lehre des griechischen Philosophen Epikur bestimmt von dem Ziel des Glücks durch ein Leben der Freude und der Lust. Dies sind im Grunde nichts anderes als optimistische Lebensziele und nicht zuletzt sogar in der amerikanischen Verfassung festgelegt, die den Bürgern das Recht des Strebens nach Glück (»pursuit of happiness«) garantiert. Dieses Glück wird nach Epikur durch innere Unerschütterlichkeit, vernünftige Einsicht und die Vermeidung alles dessen, was mehr Leid als Lust verursacht, erreicht.
Soweit also unser kleiner Ausflug in die Philosophie des Egoismus. Aber schon unser Alltag kann uns zeigen, wie wichtig es ist, an uns selbst zu denken. Mein Vater, ein sehr gütiger und selbstloser Mann, irritierte mich in meiner Jugend immer

wieder mit seinem Ausspruch: Zuerst muss man für sich selbst sorgen – nur so kann man etwas für andere tun. Wenn man sechzehn ist, möchte man eben alles geben, man glaubt sich voller unerschöpflicher Kräfte ... Später verstand ich die Worte meines Vaters schon besser. Da war es mein Mann – er ist Kapitän –, der mir sagte, wie wichtig dieser Egoismus ist: Eine Hand für den Mann, eine Hand fürs Schiff. Schließlich wollen und müssen wir alle überleben – das gilt im Kleinen und Undramatischen für den Alltag eines jeden. Nach Voltaire ist Eigenliebe nun einmal das Instrument unserer Selbsterhaltung – und steht es nicht genauso auch im Neuen Testament: dass wir unseren Nächsten lieben sollen wie uns selbst? Nur – wie können wir ihn lieben, wenn wir uns selbst nicht lieben? Stehen Sie also zu Ihrem Egoismus – im positiven Sinne! Das bedeutet:

– Tun Sie nichts, was Sie nicht wirklich verantworten können: sich selbst und anderen gegenüber.
– Denken Sie ein ganz großes ICH, wenn Sie merken, dass Sie von anderen ausgenutzt werden. Man wird ja oft gerade von solchen Menschen als egoistisch bezeichnet, von denen man sich nicht rücksichtslos ausnutzen lässt.
– Bleiben Sie sich selbst treu – dann werden Sie auch anderen gegenüber nicht falsch sein können.
– Immunisieren Sie sich selbst, indem Sie ICH sagen. Dies ist ganz wörtlich gemeint, denn viele Krankheiten entstehen durch Ich-Schwäche.
– Es ist ein Zug von menschlicher Größe, selbstlos zu handeln – aber niemals Ich-los.
– Sie werden erstaunt sein, wie positiv (oder zumindest: wenig negativ) die anderen auf Ihren »Eigensinn« reagieren.

Vor allen Dingen: Vergessen Sie die negative Besetzung des Wortes ICH. Nur weil wir dies so verinnerlicht haben, scheuen wir uns auch so oft, unser Ich in eine Diskussion oder auch in eine Beziehung einzubringen. Dabei sollten wir uns aber immer wieder die Frage stellen: Wo stehe ich eigentlich in dieser Situation? Wo sind meine Anliegen, meine Belange?

Sie selbst sind es, die für Ihr Leben verantwortlich sind und für alles, was Sie tun. Um diese Verantwortung übernehmen zu können, müssen Sie auch zu sich selbst stehen!

Übungen

1. Verleugnen Sie Ihre eigenen Bedürfnisse nicht – weder sich selbst noch anderen gegenüber.
2. Stellen Sie sich sehr aufrecht vor den Spiegel. Halten Sie den gestreckten linken Arm leicht abgewinkelt nach unten, den rechten nach oben – so weit sie können. Sagen Sie dabei »Ich«. Wiederholen Sie diese Übung so oft wie möglich. Und nehmen Sie diese Haltung auch immer wieder innerlich ein.

… denn sie fühlen sich wohl in ihrer Haut

Wußten Sie, dass
– die Haut das größte Organ des menschlichen Körpers ist?
– die Hautoberfläche je nach Größe eines Menschen anderthalb bis zwei Quadratmeter beträgt?
– die Haut etwa ein Sechstel des menschlichen Körpergewichtes ausmacht?
– der Mensch sich zwar nicht gerade »häutet« wie eine Schlange, seine Haut aber ständig ihre Beschaffenheit ändert, indem sie abgestorbene Zellen abstößt und gleichzeitig neue bildet (bis zu 6 g am Tag)?
– die menschliche Haut etwa 2 Millionen Drüsen enthält und ein Blutgefäßnetz, das bis zu 50 km lang sein kann?
– eine wichtige Funktion der Haut der Tastsinn ist und sich deshalb auf der winzigen Fläche von einem Quadratzentimeter durchschnittlich zwei Wärme- und zehn Kälterezeptoren befinden, außerdem 20 Talg- und 100 Schweißdrüsen, 25 Tastkörperchen (auf der Handinnenfläche sind es sogar 200 pro Quadratzentimeter) und 200 Schmerzkörperchen?
– der Wärmehaushalt unseres Körpers dadurch reguliert wird, dass die Haut sich ständig den Außentemperaturen anpasst und so Wärmeverluste bei Kälte und Überhitzung des Körpers bei großer Wärme verhindert?
– die Haut durch die in ihr gelagerten Nervenenden ein hoch empfindliches Sinnesorgan ist, das notfalls sogar in der Lage ist, den Verlust eines anderen Sinnesorgans (beispielsweise bei Blindheit) in gewisser Weise zu ersetzen?

Vielleicht fragen Sie sich nun, warum ich Ihnen hier diese vielen Fakten über die Haut aufzähle? Ganz einfach aus dem Grund, dass die Überschrift dieses Kapitels durchaus wörtlich gemeint ist! Durch unsere Haut grenzen wir uns zum einen gegen die Umwelt ab, denn sie schützt unsere inneren Organe und alle unter ihrer Oberfläche liegenden »Funktionsebenen« des Körpers gegen Außenwelteinflüsse, hält also gewissermaßen Leib und Seele zusammen. Zum anderen ist sie aber neben den anderen Sinnesorganen eine unserer wichtigsten Kontaktmöglichkeiten zur Außenwelt. Sie bekommt Narben und Falten nicht nur durch Außeneinwirkungen, sondern auch durch innere Erlebnisse. Nicht umsonst bezeichnete sie der Arzt und Schriftsteller Peter Bamm einmal als unser »Schicksalsleder«.

Fühlen Sie sich also wohl in Ihrer Haut – denn schließlich können Sie nicht aus ihr heraus! Viele Menschen, die eigentlich keine Probleme mit ihrem Aussehen, ihrem Gewicht, ihren alters- und schicksalsbedingten Falten hätten, werden immer mehr durch das angebliche Schönheitsideal verunsichert, das eine »wildgewordene« Werbeindustrie uns vorgeben will. Es ist schon ziemlich merkwürdig in einer Welt, in der die Alterspyramide sich umgekehrt – wo es also immer mehr ältere als jüngere Menschen gibt –, wo die meisten Menschen ganz einfach ein Normalgewicht und zahlreiche andere leichtes bis schwerwiegenderes Übergewicht haben, wo kaum jemand das glatte, makellose und absolut nichts sagende Gesicht eines weiblichen oder männlichen Models hat, dass dort Schönheitsideale propagiert werden, die im Grunde keine Ansprechpartner mehr finden, die aber dennoch von vielen allzu begierig aufgegriffen werden.

Schönheitschirurgen haben Konjunktur. Jedes Jahr gibt es mehrere Dutzend neue, ultimative Schlankheitsdiäten. Alle paar Monate kommt ein neues Pflegesystem auf den Markt, das uns die Erhaltung unseres jugendlichen Aussehens verspricht. Und immer wieder fallen wir darauf herein, obwohl wir uns doch eigentlich ganz wohl in unserer Haut fühlen könnten. Denn wenn wir dann alles ausprobiert haben, was uns da angeboten wurde, stellen wir fest, dass wir innen drin noch immer dieselben sind und auch äußerlich kaum dem propagierten Schönheitsideal entsprechen. Sicherlich gibt es viele Fälle, in denen alle diese Möglichkeiten ihre Berechtigung haben:

– Die Schönheitschirurgie hat ihren Nutzen nicht nur dort, wo es um Unfallopfer geht, sondern auch in den vielen Fällen, wo sie entstellende Feuermale, abstehende Ohren, krumme Nasen usw. beseitigen kann. Diese Eingriffe geben den Betroffenen meistens ein ganz neues Selbstbewusstsein, eine positivere Lebenseinstellung.

– »Ich bin rund – na und?« Schön, wenn jemand selbstbewusst dazu stehen kann. Problematisch wird es, wenn man sich mit seinem Gewicht wirklich nicht mehr wohl fühlt – und zwar nicht deshalb, weil einem einfach die schicken Sachen, die man gerne tragen würde, nicht passen, sondern weil man sich in seiner Bewegungsfreiheit und sogar in seiner Gesundheit beeinträchtigt sieht. Hier ist eine unter ärztlicher Aufsicht durchgeführte Abmagerungskur mit anschließender Ernährungsumstellung durchaus angebracht und bringt als Ergebnis mehr persönliche Lebensqualität.

– Es gibt keinen Grund, warum wir nicht alle Pflegemöglichkeiten wahrnehmen sollten, die uns die moderne Kosmetikindustrie bietet. Warum nicht gut sein zu unserer Haut, unserem »Schicksalsleder«? Warum nicht die Haare färben, Make-up verwenden usw., wenn wir dadurch so jung aussehen können, wie wir uns fühlen? Die liebevolle Pflege unseres Körpers gibt uns ja auch Selbstbewusstsein und eine positive innere Einstellung – warum sollten wir sie also nicht nutzen?

Alle diese Möglichkeiten können wir wahrnehmen, um so zu sein, wie wir sind, und uns akzeptieren und mögen. Aber warum sollten wir anders sein wollen, als wir sind? Warum sollten wir unsere Individualität, ja: unsere Identität verleugnen, nur um einem Schönheitsideal zu entsprechen, das im Grunde gar nicht unser eigenes ist? Im Moment ist offensichtlich – jedenfalls in der Werbung – der magersüchtige Frauentyp angesagt. Umfragen haben ergeben, dass kaum ein Mann sich dafür begeistern kann. Im Barock waren es die üppigen Figuren, deren Zellulitis und Bauchansatz der flämische Ma-

ler Rubens oft überdeutlich auf die Leinwand brachte, die das »Zeitideal« darstellten. Wahrscheinlich machten sich damals viele schlanke Frauen auch Gedanken darüber, wie sie nun endlich dicker werden könnten.
Letztlich sind es Lebensfreude, Selbstbewusstsein und nicht zuletzt eine positive, optimistische Grundeinstellung, die über Sympathie, Anziehungskraft und Charisma entscheiden – und nicht das Streben nach einem äußeren Ideal, das nicht einmal Ihr eigenes ist. Warum sollten Sie anders sein wollen als Sie sind – und sich letztlich nicht mehr wohl fühlen in Ihrer Haut? Es gibt Dinge, die man nicht ändern kann – aber man kann mit ihnen leben und aus den vermeintlichen »Schwächen« Stärken machen. Ein sehr lieber Kollege beispielsweise, der nicht einmal 1,60 m mißt, beeindruckt jede Versammlung privater oder öffentlicher Natur durch seine unglaubliche Präsenz und durch sein Selbstbewusstsein. Er weiß einfach, dass er nicht nur ein guter Autor und ein hervorragender Hochschullehrer ist – er weiß, dass er ganz er selbst ist und gerade deswegen geschätzt und geliebt wird.
Akzeptieren Sie deshalb Ihren Körper auch mit allen seinen »Defiziten«. Dabei kann es sich um Aussehen (lange Nase, kleiner Mund, Kurzsichtigkeit) handeln, um die ganz normalen Alterserscheinungen, aber auch um krankheits- oder unfallbedingte Gegebenheiten, die von der Norm abweichen, etwa ein amputierter Arm, Lähmung usw. Das alles ändert nichts an dem, was Sie selbst sind, an Ihrer Persönlichkeit! »Schön ist eigentlich alles, was man mit Liebe betrachtet«, schrieb Christian Morgenstern. Betrachten Sie sich selbst mit Liebe, entdecken Sie Ihre eigene Schönheit – und Sie werden schön sein auch für die anderen!

Übungen

1. Stellen Sie sich vor einen Spiegel. Betrachten Sie sich aufmerksam und lenken Sie Ihr Augenmerk besonders auf die Stellen, die Ihnen am meisten gefallen – schönes Haar, ein

hübscher Mund, eine reine Haut usw. Lächeln Sie sich zu, denn das sind Sie!

2. Bleiben Sie vor dem Spiegel stehen und betrachten Sie besonders liebevoll alle jene Stellen, die Ihnen nicht so gefallen: die Falten, die ausfallenden Haare, die lange Nase usw. Lächeln Sie sich zu, denn das sind Sie!

3. Haben Sie eine Katze? Dann wissen Sie, dass gerade diese Tiere immer und überall unmissverständlich in ihrer eigenen Haut zu Hause sind. Dehnen und strecken Sie sich und spüren Sie Ihren Körper, Ihre Glieder. Fühlen Sie sich wohl in Ihrer Haut!

4. Gehen Sie liebevoll mit Ihrem Körper um. Hegen und pflegen Sie ihn und genießen Sie jedes Bad, jedes Zähneputzen, jedes Haarebürsten.

Von dem Arzt G.W. Groddeck – der bezeichnenderweise ein Schüler Sigmund Freuds war – ist überliefert, dass er einen Patienten fragte: »Und warum wollten Sie sich denn nun Ihr Bein brechen?« Eine zunächst irritierende Frage – denn wer möchte sich schon gerne die Knochen brechen. Aber wenn Sie sich daran erinnern, was in einem früheren Kapitel über die self fulfilling prophecies gesagt wurde, erscheint Ihnen die Vorstellung vielleicht nicht mehr so abwegig, dass selbst hinter einem Unfall ein uneingestandenes Wunschdenken stecken kann. Möglicherweise sieht sich der Betreffende mit scheinbar unlösbaren Problemen konfrontiert, denen er entfliehen möchte statt sich ihnen zu stellen. Oder er fühlt sich zu wenig beachtet und geliebt. Natürlich würde wohl kaum jemand einen solchen Unfall bewusst herbeiführen – aber unser Unterbewusstsein geht oft merkwürdige Wege, die noch längst nicht vollständig erforscht sind.

Wann immer wir uns seelisch überfordert fühlen, reagiert auch unser Körper. Sehr oft nehmen wir diese Überforderung gar nicht bewusst wahr – aber unser Körper ist meistens sehr viel weiser als wir selbst. Viele Erkrankungen haben keine organischen Ursachen, sondern werden durch seelische Probleme ausgelöst. Der Volksmund hat dafür viele Aussprüche geprägt:

– Jemandem ist etwas auf den Magen geschlagen.

Magen- oder Verdauungsbeschwerden können natürlich auch durch unbekömmliche Speisen entstehen. Sehr oft haben sie aber ihre Ursachen in unverdauten und unverdaulichen Problemen.

– Jemand hat es im Kreuz.

Solche Beschwerden können durch schwere körperliche Beanspruchung entstehen – aber auch durch eine seelische

Last, die uns zu schwer wird, ein Kreuz, das wir zu tragen haben.

– Jemand möchte aus der Haut fahren.

Juckreiz, Hautausschläge, Ekzeme entstehen häufig durch Insektenstiche, Chemikalien oder andere äußere Einflüsse. Sehr oft aber erwehrt sich auch der Körper seiner Haut und reagiert mit den entsprechenden Symptomen. Wer seelische Probleme hat, wird sich auch nicht in seiner Haut wohl fühlen. Die Zunahme von Allergien in unserer modernen Gesellschaft ist nur zu einem Teil auf hautschädliche Chemikalien zurückzuführen. Ein mindestens ebenso großer Anteil ist psychisch verursacht.

– Etwas schnürt uns die Luft ab.

Das kann auch vorkommen, wenn die Lunge und die Atmungsorgane vollkommen gesund sind, nämlich dann, wenn wir das Gefühl haben, in einem sozialen Umfeld oder auch an unseren eigenen Problemen förmlich ersticken zu müssen. Viele Asthmaerkrankungen sind darauf zurückzuführen.

– Etwas bereitet uns Herzklopfen.

Damit ist nicht das durch freudige Erregung oder durch eine Angst erregende Situation verursachte, ganz »normale« Herzklopfen gemeint, sondern jenes, das uns nachts aus dem Schlaf holt oder uns auch am Tag scheinbar grundlos zu schaffen machen kann. Auch dies ist oft nicht organisch bedingt, sondern durch eine uns nicht bewusst gewordene Lebensangst oder -unsicherheit.

Erkrankungen dieser Art haben, wie wir sehen, häufig psychosomatische Gründe, also seelische Ursachen, die das körperliche Befinden beeinflussen (griech. Psyche = Seele, Soma = Körper). Bis ins 19. Jahrhundert hinein war eine in diesem Sinne ganzheitliche Betrachtungsweise des Menschen ein selbstverständlicher Bestandteil der Heilkunde – so selbstverständlich, dass es nicht einmal einen wissenschaftlichen Begriff dafür gab. Erst im letzten Jahrhundert begann man auf Grund der wissenschaftlichen Erfolge in der Bakteriologie, in der Zellularpathologie usw., den menschlichen Körper immer mehr als eine komplizierte »Maschine« und seine Erkrankungen als »Defekte« anzusehen, die es zu »reparieren« galt. Erst durch die Psychoanalyse kam es gewissermaßen zu einer Gegenreformation, durch die das einseitig biologische Modell der Medizin wieder erweitert wurde. Die Betrachtung der Wechselwirkung zwischen Körper und Seele ist heute für die Mediziner ein wesentlicher Faktor für Diagnose und Therapie. Aus diesem Grund ist auch der Hausarzt, der das Leben einer Familie jahrelang begleitet und deren individuelle Lebensumstände kennt, oft ein besserer Diagnostiker als der Facharzt, der sich lediglich mit einem Teil des Patienten – nämlich dem möglicherweise erkrankten Organ – beschäftigt, ohne die menschlichen Begleitumstände zu kennen, die durch keine noch so genaue Anamnese ersetzt werden können.

Erkrankungen entstehen häufig durch unbewusste psychische Konflikte und unverarbeitete seelische Belastungen. Diese äußern sich beispielsweise in Herzrasen, Kopfschmerzen, Magenschmerzen und Impotenz. Auch Allergien sowie Magersucht und Bulimie entstehen in vielen Fällen durch seelische Probleme. Für psychosomatische Erkrankungen kann es viele Gründe geben, zum Beispiel:

- Partnerschaftsprobleme, die nicht erkannt und/oder nicht besprochen werden, aber auch Verlust des Partners durch Trennung oder Tod.
- Stress am Arbeitsplatz oder in der Schule (denn häufig leiden auch Kinder und Jugendliche schon an entsprechenden Erkrankungen), beispielsweise durch Über- oder Unterforderung, aber inzwischen auch immer mehr durch das so genannte Mobbing, bei dem man durch Kollegen oder Mitschüler unter Druck gesetzt wird.
- Zu hohe Ansprüche, die man an sich selbst stellt, indem man versucht, den (oft nur vermeintlichen) Anforderungen aller anderen gerecht zu werden – nur nicht seinen eigenen Bedürfnissen.

Dieses Kapitel soll Sie gewiss nicht davon abhalten, zum Arzt zu gehen, wenn es Ihnen schlecht geht oder Sie krank sind.

Aber es soll Sie ermutigen, sich zu überlegen, ob Sie gerade die Krankheit, an der Sie gerade leiden, *brauchten*. Etwa um Abstand zu gewinnen oder eine Atempause. Oder dass Ihnen gerade diese Erkrankung etwas Bestimmtes mitteilen will über Ihre seelische Befindlichkeit. In jedem Fall ist sie eine Aufforderung zur Lebensumstellung, die sich nicht auf Ernährungsgewohnheiten und andere äußerliche Dinge beschränken sollte, sondern möglicherweise tiefergreifende »Kurskorrekturen« nach sich ziehen könnte. Nutzen Sie deshalb jede Krankheit, die ja auch immer eine Krise ist, als Chance (siehe dazu das Kapitel über Krisenfestigkeit), Ihr Leben neu zu überdenken – in diesem Fall sich die unbewussten Probleme bewusst zu machen.

Die psychosomatisch orientierte Medizin arbeitet dabei mit der Psychotherapie, wobei die gedankliche Beeinflussung des Willens des Patienten ein wesentlicher Faktor des Gesundungsprozesses ist. Hier geht es in Gesprächen, Rollenspielen und Gruppensitzungen immer wieder darum, das uns noch unbewusste Problem ans Licht zu bringen und greifbar zu machen. Dies ist nicht selten schmerzhaft und mit Tränen verbunden – aber alles, was man benennen und aus sich herausfiltern kann, hat weniger Macht über uns als das, was unter der Oberfläche gärt. Deshalb sollten Sie sich nicht scheuen, im Zweifelsfalle die Hilfe eines Therapeuten in Anspruch zu nehmen! Er wird Ihnen möglicherweise nicht sagen können, was Sie tun sollen, um wieder gesund zu werden – aber er wird Ihnen helfen, Ihr Problem zu erkennen und Ihnen Wege zeigen, wie Sie dieses aktiv lösen können.

In vielen Fällen aber ist »qualifizierte« psychotherapeutische Hilfe gar nicht notwendig. Gespräche mit Freunden können oft genauso heilsam wirken. Auch hier ist es ja nicht ein Rat, den man braucht, sondern jemand, der zuhört – voller Mitgefühl und Sympathie. Haben Sie deshalb keine Scheu, mit Freunden über Ihre Probleme zu sprechen (Sie werden feststellen, dass die meisten ganz ähnliche Sorgen haben!) und ihre Zeit und Zuwendung in Anspruch zu nehmen! Sie selbst

vergeben sich dadurch nichts, werden sich aber auf jeden Fall besser fühlen. Leider ist es aber offensichtlich so, dass überwiegend Frauen diese »Therapiemöglichkeit« in Anspruch nehmen, während Männer sowohl im privaten als auch im medizinischen Bereich noch immer eine Scheu (oder vielleicht einfach nur Unbeholfenheit oder Ungeübtheit) innehaben, sich offen zu artikulieren. Es ist ja auch eine statistisch bewiesene Tatsache, dass Frauen die allen offen stehenden Vorsorgemöglichkeiten eher wahrnehmen als Männer. Vielleicht liegt es an diesem stärkeren Körper- und »Selbst«bewusstsein, dass Frauen wesentlich länger leben als Männer? Ich selbst habe festgestellt, dass eine halbe Stunde Telefonieren mit einer Freundin mir wesentlich mehr bringt als die gleiche Zeitspanne bei einem ausgebildeten Therapeuten. Und selbst wenn ich nicht zum verbilligten Tarif telefoniere, ist das letztlich immer noch billiger als sein Honorar.
Nutzen Sie also die Netzwerke, die Sie im privaten Bereich haben! Und stellen Sie auch sich selbst die Frage, warum Ihr Körper so und nicht anders reagiert. Dabei können Sie – wenn Sie offen und ehrlich mit sich selbst umgehen – den Problemen auf die Spur kommen, die Sie krank machen! Gerade in diesem Bereich können Sie durch Umdenken und dem daraus resultierenden Umschwenken Ihr eigener Arzt sein! Deshalb sollten Sie die im Anschluss gegebenen Übungen sehr ernst nehmen.

Übungen

1. Stellen Sie sich die folgenden Fragen (und besprechen Sie sie gegebenenfalls mit einem Freund oder einer Freundin). Sie können sich dadurch selbst helfen, ein gesünderes und glücklicheres Leben zu führen. Seien Sie bei der Beantwortung ehrlich zu sich selbst!

– Was tut mir weh? – Dabei geht es um rein körperliche Symptome, wie sie weiter oben aufgelistet wurden.

– Warum? – Versuchen Sie den inneren Problemen auf die Spur zu kommen, die möglicherweise zu den Krankheitssymptomen geführt haben.

– Was kann ich tun? – Kurieren Sie nicht an den Symptomen, sondern versuchen Sie, die Probleme zu lösen, die Sie krank machen.

---

2. Sehen Sie eine Erkrankung nicht als etwas Negatives an, sondern danken Sie Ihrem Körper für seine Weisheit, durch die er Sie – auf unmissverständliche Weise – darauf aufmerksam macht, dass etwas in Ihrem Leben nicht stimmt.

... denn sie sind nicht harmoniesüchtig

Wenn wir an Harmonie denken, fällt uns sicherlich spontan der Bezug zur Musik ein (nicht umsonst heißen viele Gesangsvereine »Harmonie«). Aber wie entsteht eine Harmonie? Aus einem Dreiklang: Dominante – Subdominante – Tonika. Dieser Dreiklang hat durchaus etwas Dialektisches, denn besteht nicht auch er aus These, Antithese und Synthese? Um zur Synthese zu gelangen – oder zur Tonika – oder zur Harmonie – bedarf es erst einer Auseinandersetzung. Wie in der Musik entsteht auch im Leben die Spannung erst aus einem Konflikt. Ohne diesen gibt es keine Musik, sondern nur Berieselung – im wörtlichen Sinne wie im Alltagsleben.

– »Nur keinen Streit vermeiden«, sagen manche temperamentvollen Menschen. Da fliegen schon manchmal die Fetzen, wenn es darum geht, die eigene Meinung zu verteidigen oder Ansprüche durchzusetzen.

– Andere dagegen, die sogenannten »Harmoniesüchtigen«, kehren Konflikte lieber unter den Teppich – um des »lieben« Friedens willen. Leider erkennen sie oft erst zu spät, dass es einen solchen Frieden nicht gibt, sondern dass dadurch nur noch mehr Probleme entstehen.

Harmoniesucht kann schwerwiegende seelische Folgen haben, die bis zum körperlichen Zusammenbruch reichen können! Es ist übrigens bezeichnend, dass vorwiegend Frauen darunter leiden, denn offensichtlich sind sie immer noch nachgiebiger und weniger selbstbewusst als Männer. Wie bei jeder Sucht ist es wichtig, sich aus der dadurch entstehenden Abhängigkeit zu befreien. Denken Sie daran, dass das Suchtmittel – in diesem Fall krankhaftes Harmoniestreben – Probleme nicht löst, sondern diese im Gegenteil noch verschlimmert. Natürlich möchte jeder Mensch geliebt und akzeptiert werden, aber das darf nicht so weit gehen, dass man sich dabei ständig verbiegt und vor lauter Anpassung kein Rückgrat mehr hat. Das macht uns in den Augen unserer Mitmenschen weder liebenswerter noch akzeptabler! Eher das Gegenteil ist der Fall.

Konflikte entstehen immer wieder im menschlichen Leben. Sie müssen ausgetragen werden, damit Sie selbst weiterkommen, aber auch, damit eine Beziehung – sei sie nun beruflicher oder partnerschaftlicher Natur – sich entwickeln kann. Ohne solche Konflikte käme es zum Stillstand. Wenn Sie sie ignorieren, bringen Sie sich selbst um die Chance, stärker und besser zu werden, und gefährden neben menschlichen Beziehungen auch ganz konkret Ihre Gesundheit. Schlucken Sie deshalb nicht aus falschem Harmonieverständnis alles herunter, sondern sprechen Sie aus, was Ihnen wichtig erscheint. Machen Sie sich von der Meinung anderer – auch Ihnen nahe stehender – Menschen unabhängig. Oft spiegelt deren Meinung ja auch gar nicht die eigene Überzeugung wider, sondern ist unhinterfragt von anderen übernommen worden. Außerdem werden Sie mit Erstaunen feststellen, dass sehr viele Menschen es nur begrüßen, wenn wir aussprechen, was wir denken, fühlen und vor allem wünschen. Ich kann mich noch gut daran erinnern, dass mein Mann mir jahrelang Baccara-Rosen schenkte, die ich nicht ausstehen kann. Ich wollte ihn nicht verletzen, also tat ich jedes Mal hocherfreut – bis ich endlich doch den Mut aufbrachte, ihm meine wahre Meinung zu sagen. Worauf er mir gestand, dass er die Rosen selbst grässlich fände und lieber bunte Sträuße gekauft hätte. Aber er hatte irgendwoher gehört, dass Frauen Baccaras nun einmal am meisten schätzen … Nicht immer wird es sich um solche Nebensächlichkeiten handeln, aber das kleine Beispiel illustriert doch sehr deutlich, wie leicht Missverständnisse beseitigt werden können, wenn man es einmal wagt, offen zu sein – auch auf die Gefahr hin, den anderen zu verletzen.

Wie oft tun wir Dinge aus der Motivation heraus, es dem anderen »recht« machen zu wollen. Damit wollen wir ihn friedlich und freundlich stimmen, uns also Konflikte ersparen. Nur kann es dabei durchaus passieren, dass wir solche Konflikte durch unser Verhalten überhaupt erst provozieren:

– Oft glauben wir nur, dass wir es dem anderen recht machen. Dabei will der vielleicht etwas ganz anderes, und das, was wir für sein »Bestes« halten, ist ihm gar nicht recht. Wenn er nun ebenfalls harmoniesüchtig ist und nicht offen darüber redet, ist das Missverständnis perfekt. Siehe oben.

– Eine andere Reaktion kann sein, dass der andere uns sagt, was ihm nicht paßt, und wir verletzt sind, weil wir es doch so gut gemeint haben. Harmoniesüchtige sind stark »verletzungsgefährdet«. Da sie selbst niemandem weh tun wollen, setzen Sie eine solche Einstellung unbewusst auch bei anderen voraus.

– Der schlimmste Fall ist wohl, wenn wir um des lieben Friedens willen immer mehr nachgeben, immer mehr Zugeständnisse machen. Damit erwerben wir nicht die erhoffte Zuneigung und Liebe, sondern werden immer mehr ausgenutzt und immer kleiner gemacht.

Fragen Sie sich deshalb: Was will ich wirklich? Und was will ich nicht? Wenn Sie sich darüber im Klaren sind, handeln Sie auch entsprechend! Das wird Ihnen zunächst schwer fallen – zum einen, weil Sie selbst nicht daran gewöhnt sind, zum anderen aber auch, weil ein solches »ungewöhnliches« Verhalten auch erst einmal von den anderen wahrgenommen werden muss. Reden Sie offen über alles, was Ihnen am Herzen liegt, und bewahren Sie dabei die Ruhe. Und wenn es zu einer Auseinandersetzung kommt, denken Sie daran, dass es auch beim Streit gewisse sportliche Regeln gibt, an die Sie sich halten sollten:

– Wählen Sie den richtigen Ort und Zeitpunkt für eine Aussprache. Sie sollten dabei möglichst ungestört sein und nicht unter Zeitdruck stehen.

– Stellen Sie zunächst einmal die Gemeinsamkeiten fest, die Sie und Ihr Gesprächspartner haben. Das schafft eine positive Ausgangsbasis.

– Bleiben Sie beim Thema! Sie haben ja ein Ziel vor Augen, nämlich zu einer Verständigung mit Ihrem Gesprächspartner zu kommen. Das gelingt nicht durch Abschweifungen und auch nicht dadurch, dass Sie »alte Kamellen« aufwärmen. Hüten Sie sich auch vor pauschalen Aburteilungen wie »du tust immer …« oder »du tust nie …«.

– Geben Sie offen zu, wenn Sie selbst unrecht haben. Das wirkt meistens sehr entwaffnend auf den anderen.

– Wenn das Gespräch erfolgreich für Sie ausgeht, helfen Sie dem Gesprächspartner das Gesicht zu wahren, indem Sie Ihre Befriedigung nicht zu offensichtlich zeigen, sondern ihm möglichst ein Stück weit entgegenkommen.

– Legen Sie nicht jedes Wort, das während eines Streits gesagt wird, auf die Goldwaage. Im Eifer des Gefechts sagt man schon einmal Dinge, die nicht wirklich »so gemeint« sind.

Das Ziel einer jeden Auseinandersetzung sollte sein, auf einen gemeinsamen Nenner zu kommen. Sie wollen ja nicht unbedingt durch K.o. siegen, sondern möglichst viel von Ihren eigenen Vorstellungen durchsetzen. Diese werden nun einmal in vielen Fällen zumindest teilweise mit denen Ihres Gesprächspartners kollidieren – sonst wäre die Auseinandersetzung ja gar nicht erst nötig geworden. Deshalb ersetzen Sie Harmoniesucht nicht durch das andere Extrem, nämlich Dickköpfigkeit. Ein kluger Politiker hat einmal gesagt, dass jener Kompromiss der beste sei, bei dem beide Seiten nicht ganz zufrieden mit dem Erreichten sind. Denken Sie dabei noch einmal an den eingangs erwähnten Dreiklang: Damit dieser entsteht, muss man von einer Tonart in die andere wechseln!

Übungen

1. Stellen Sie eine Liste auf, in der Sie ehrlich anführen, welche Dinge Sie nur um des lieben Friedens willen tun.

---

2. Machen Sie eine »Trockenübung«. Suchen Sie eine der weniger gravierenden Situationen heraus, stellen Sie sich lebhaft vor, dass Sie sich selbst behaupten. Welche Reaktionen könnten von der anderen Seite kommen? Wie können Sie damit umgehen? Üben Sie entsprechende Dialoge ein.

… denn sie lassen Gefühle zu

Wenn wir jemanden als gefühllos bezeichnen, halten wir ihn für kalt oder sogar roh und brutal. Er ist in unseren Augen »abgebrüht«, das bedeutet, dass er – da er selbst offensichtlich keine Schmerzen empfindet – auch auf die Gefühle anderer keine Rücksicht nimmt. Aber auch wenn wir jemanden gefühlvoll nennen, ist dies nicht unbedingt eine positive Bezeichnung, denn man denkt leicht an Gefühlsausbrüche oder gar an Gefühlsduselei. Offensichtlich ist es gar nicht so einfach, Gefühle rational (was ja schon ein Widerspruch in sich ist) in sein Lebensgefüge einzuordnen. So bezeichnet die Wissenschaft sie denn auch lapidar als Grundphänomene des subjektiven, individuellen Erlebens, die zwar jedem bekannt sind, sich einer unmittelbaren Erfassung aber entziehen. Man kann Gefühle also nur erfahren, aber nicht erklären. Hinzu kommt eine weitere Schwierigkeit: nämlich das subjektive Erleben. Gefühle lassen sich in derselben Form nie teilen und oft kaum mitteilen.
Sind wir also mit diesem unerklärlichen Phänomen »geschlagen«? Sollten wir es lieber mit unseren Verstandeskräften wegrationalisieren? Viele Menschen versuchen dies, denn sie sehen Gefühle als etwas an, das ihr geordnetes Leben in Unordnung bringt. Gefühle sind unberechenbar, passen also nicht in unsere Welt der Zahlen und Fakten. Sie bringen Chaos in unsere Lebensplanung. Aber: Gefühle kann man nicht einfach an- und ausknipsen. Und das ist auch gut so, denn Gefühle sind mehr noch als Gedanken etwas, das ganz in uns selbst entsteht, ganz uns selbst gehört. Jedes Gefühl ist ein Geschenk, das das Leben uns macht und das uns immer empfänglicher für die Vielfalt und den Reichtum des Lebens macht.
Dazu gehören auch die schmerzlichen Gefühle. Das mag

merkwürdig klingen, aber überlegen Sie einmal, wann Sie am verletzlichsten sind: im Überschwang des Glücks. Denn wenn Sie dieses verlieren, ist der Schmerz besonders tief, weil Sie Ihr Glück vermissen. Im Schmerz dagegen sind Sie unangreifbar – denn was kann Ihnen jetzt noch passieren, außer dass alles besser wird? Dies ist eine der vielen Paradoxien des Lebens.

Wie also sollen wir mit unseren Gefühlen umgehen? Wenn wir versuchen, sie zu verdrängen, sie nicht zuzulassen, brodeln sie im Untergrund und kommen gerade dann unter dem Topfdeckel hervor, wenn wir am wenigsten damit rechnen. Wir sind ihnen dann mehr oder weniger ausgeliefert. Unterdrückte, verdrängte Gefühle äußern sich nicht nur in psychischen Beschwerden, sondern häufig sogar in körperlichen Erkrankungen. Sehen wir in ihnen lieber unsere Freunde als unsere Feinde – auch wenn diese »Phänomene« wissenschaftlich noch kaum definiert sind. Meine Mutter hat weder eine Haushaltswaage noch einen Meßbecher – sie kocht »nach Gefühl«, und es schmeckt immer großartig. Viele Menschen richten sich bei Entscheidungen danach, ob sie ein gutes oder ein schlechtes Gefühl dabei haben – und treffen mit Sicherheit die richtige Entscheidung. Ich selbst unterstelle mir keine Menschenkenntnis, obwohl ich natürlich immer wieder versuche, mein Bücherwissen über Körpersprache und andere äußere Merkmale anzuwenden. Aber wenn ich mich auf mein »Gefühl« verlasse, täusche ich mich nie. Sicherlich haben Sie selbst schon ähnliche Erfahrungen gemacht. Warum also verbünden wir uns nicht mit unseren Gefühlen, anstatt sie zu unterdrücken oder zu verdrängen? Der Ausschuss »Senioren« des Ärzteverbandes Hartmannbund erklärte sogar, zur Gesundheit trage bei, dass man sich in der Jugend wie im Alter emotional beeindrucken lasse. Das bedeute, die Fähigkeit zur Freude, zur Begeisterung, zur Trauer und zur Rührung zu pflegen und nicht zu verlieren. Die Menschen sollten sich ganz bewusst und oft seelisch öffnen. Das Fazit der Studie ist: Wer ein hohes Alter erreichen und gesund bleiben will, der sollte sich frühzeitig um seine »psychische oder seelische Beweglichkeit« bemühen.

– Natürlich bringen unsere Gefühle mitunter unser Leben durcheinander. Aber das ist gut so, denn nur so können wir unsere Lebendigkeit empfinden und funktionieren nicht nur nach einem von anderen oder uns selbst festgelegten Plan. Gefühle bringen neue Impulse, neue Erfahrungen.

– Lassen Sie Ihre Gefühle zu – und zeigen Sie sie auch. Weinen Sie, wenn Sie traurig sind. Empfinden Sie das als Schwäche? Diese »Schwäche« zugeben zu können, macht stark! Geben Sie Ihren Mitmenschen die Möglichkeit, Sie wirklich kennen zu lernen – auch in Ihrer Trauer und Ihrem Schmerz. Vielleicht lernen Sie sich selbst dadurch auch ein wenig besser kennen.

– Zeigen Sie aber auch Ihre freudigen Gefühle – Liebe, Freude, Dankbarkeit. Wie gesagt: Niemand kann eines anderen Gefühl vollständig teilen – aber daran ein Stück teilhaben.

– Unterdrücken Sie auch »negative« Gefühle nicht. Eifersucht, Wut, Neid, sogar Hass sollten Sie nicht einfach verdrängen. Sie gehören genauso zu Ihnen wie alle anderen Gefühle. Lassen Sie sie sich selbst gegenüber zu. Durchleben Sie, wie es sich anfühlt, jemanden zu hassen. Analysieren Sie die Gründe. Dann erst können Sie diese Gefühle positiv verwandeln – das ist nicht möglich, wenn Sie sie einfach leugnen, weil sie Ihnen nicht gefallen und nicht in Ihr Selbstbild passen.

– Sprechen Sie Ihre Gefühle aus. Nicht alle Menschen sind so sensibel, dass sie erkennen können, ob Sie traurig, glücklich oder wütend sind, wenn Sie es Ihnen nicht sagen. Damit machen Sie sich und anderen das Leben leichter.

– Selbstbeherrschung bedeutet nicht Selbstunterdrückung. Wenn Sie Ihre Gefühle sich selbst gegenüber zugeben und sich mit ihnen aussöhnen, wird es Ihnen leichter gelingen, anderen gegenüber die Ruhe zu bewahren. Dies gilt vor allem, wenn es um so extreme Gefühle wie Hass oder unerwiderte Liebe geht.

– Oft sind Gefühle nicht eindeutig. Man spricht von gemischten oder sogar widerstreitenden Gefühlen. Bewahren Sie die Ruhe und schlafen Sie darüber – meistens machen die Gefühle das dann schon von selbst unter sich aus.

– Lassen Sie auch die Gefühle bei anderen zu. Versuchen Sie nicht, die Trauer eines Menschen zu unterdrücken – nehmen Sie ihn einfach in den Arm. Wenn jemand wütend ist, lassen Sie ihn erst einmal Dampf ablassen – man sagt ja nicht umsonst, dass Wut »verraucht«.

Gefühle sind ein wesentlicher Faktor unseres Lebens und Erlebens. Würden wir sie ausklammern, würden wir ein Stück unseres Selbst ausklammern. Sie glauben, jemanden zu hassen? Sprechen Sie es laut aus – nur nicht dem betreffenden Menschen gegenüber, sondern allein für sich. Schleudern Sie ihm alles ins Gesicht, was Sie fühlen! Oder schreiben Sie ihm einen Brief, in dem Sie all das Gift versprühen, das sich in Ihnen angesammelt hat. Dann verbrennen Sie den Brief. Sie lieben und Ihre Liebe wird nicht erwidert? Seien Sie dankbar für das wunderbare Erlebnis, lieben zu dürfen. Sie fühlen diese Liebe in sich, sie macht sie reicher und besser – auch wenn sie nicht erwidert wird. Sie trauern um einen Menschen? Wenn Sie es nicht täten, hätte dieser Mensch keinen Wert für Sie gehabt. Seien Sie dankbar, dass er in Ihrem Leben war und Ihnen so viel hat geben können, ohne das Sie jetzt ärmer wären. Sie sind voller Freude und Dankbarkeit? Dann teilen Sie Ihre positiven Gefühle, indem Sie auch anderen eine Freude machen. In jedem Fall: Akzeptieren Sie Ihre Gefühle, welcher Art sie auch sind. Nur so können Sie sich fruchtbar mit ihnen auseinandersetzen.

Übungen:

1. Fragen Sie sich, welches heute Ihr stärkstes Gefühl war.
2. Drücken Sie dieses Gefühl dann in einer körperlichen Bewegung aus. Tanzen Sie Ihre Freude. Prügeln Sie Ihren Hass oder Ihre Wut in ein Kissen. Knien Sie nieder, wenn Dankbarkeit Sie erfüllt.

... denn sie haben Kraft

$F = ma$.

So definierte der englische Physiker Isaac Newton die Kraft (F), nämlich als denjenigen Einfluss auf einen – durch seine Masse charakterisierten – Körper (m), der dessen Beschleunigung, im Englischen acceleration (a), verursacht. Über die Kräfte hinaus, die im rein physikalischen Bereich wirken (Schwerkraft, Trägheit, elastische Kräfte usw.), werden im menschlichen Leben aber noch weitere Energien wirksam. Denn der Mensch verfügt nicht nur über Körper-, sondern darüber hinaus auch über Gefühls- und Willenskräfte. Aber wenn die Wissenschaftler sich schon seit Jahrhunderten darüber den Kopf zerbrechen, woher die physikalischen Kräfte rühren – um wie viel schwieriger ist es dann, die Quellen der darüber hinausgehenden menschlichen Kräfte zu ergründen!

Kräfte und Energien sind nicht unerschöpflich. Lassen Sie es also mit Ihren eigenen Vorräten nicht so weit kommen, wie es den Verantwortlichen während der Energiekrise in den 70er Jahren geschah, denen gewissermaßen erst ein Licht aufging, als es dunkel wurde! Zwar handelt es sich bei unseren Kräften um regenerierbare Energien – man kann sie wieder aufladen wie eine Batterie. Das bedeutet aber nicht, dass man damit Raubbau treiben sollte! Auch eine Batterie ist nicht unendlich wiederaufladbar. Also heißt es zunächst einmal: Energie sparen. Überlegen Sie einmal, wo und wie Sie im Haushalt Energie sparen. Sie haben Thermostate an den Heizungen, nutzen die Nachwärme der Herdplatten, bauen Energiesparlampen ein usw. Ähnliche Möglichkeiten können Sie auch in Ihren eigenen Energiehaushalt einbauen! Zwar kann man in Krisensituationen Übermenschliches leisten. Aber niemand kann ständig über seine Verhältnisse (= Kräfte) leben, ohne dass es zu Substanzverlusten und unnötigen Verschleißerscheinungen kommt.

So sparen Sie Kräfte:

– Überfordern Sie sich nicht – weder physisch noch psychisch. Auch Kräfte wollen geübt und trainiert sein. Stecken Sie also Ihre Ziele immer etwas niedriger – so behalten Sie auch Spielraum für Unerwartetes, das Kraft und Zeit kosten kann.

– Beobachten Sie die Zeiten, in denen Sie am leistungsfähigsten sind – im Tageslauf, aber auch über größere Zeiträume hinweg. Richten Sie sich nach Ihrem eigenen Rhythmus und versuchen Sie anspruchsvolle Aufgaben in Zeiten zu legen, wo Sie sich kraftvoll fühlen, während Sie Routineaufgaben möglichst dann erledigen, wenn Sie sich nicht so stark fühlen. Entdecken Sie Ihren Biorhythmus. (Dazu erfahren Sie Ausführlicheres am Ende dieses Kapitels.)

– Delegieren Sie, was Sie nicht unbedingt selbst tun müssen. Alles, was auch andere erledigen können (in der Familie wie am Arbeitsplatz), müssen Sie nicht selbst tun.

– Gestehen Sie sich auch Zeiten zu, in denen Sie nicht so »gut drauf« sind. Kämpfen Sie nicht dagegen an, sondern erledigen Sie das Notwendigste und warten Sie ansonsten bessere Zeiten ab.

So regenerieren Sie Ihre Kräfte:

– Entspannen Sie sich, wann immer Sie die Möglichkeit haben. Machen Sie Autogenes Training oder Yoga. Atmen Sie tief. Oder recken und strecken Sie sich.

– Hegen und pflegen Sie sich. Nehmen Sie ein entspannendes Bad oder eine erfrischende Dusche. Seien Sie gut zu sich selbst, wann immer Sie die Gelegenheit dazu haben.

– Kreativität kann neue Kräfte mobilisieren. Malen, Tanzen, Musizieren, Töpfern, aber auch Gartenarbeit oder eine handwerkliche Beschäftigung können besonders dann wirksame Energiespender sein, wenn Sie den ganzen Tag am Schreibtisch sitzen.

– Obwohl man beim Sport Energien verbraucht, werden dadurch auch neue Energien freigesetzt. Wenn Sie Spaß an Bewegung haben, nutzen Sie diese Möglichkeit zum »Auftanken«.

– Auch in der Ernährung gibt es Energiespender. Essen Sie Bananen, trinken Sie Brennnesseltee. Nüsse und Trockenfrüchte sind eine gute Alternative, wenn Körper und Seele nach Süßigkeiten verlangen. Kraft tanken können Sie auch mit Milch und Honig. Alle Vollkornprodukte – als Brot, Müsli oder warme Mahlzeit gegessen – enthalten neben dem vollen Korn auch die volle Kraft. Der stärkste Energiespender ist Hafer – das gilt nicht nur für Pferde!

– Umgeben Sie sich mit Menschen, die Ihnen Kraft geben!

Wenn Sie Ihren eigenen Biorhythmus kennen, können Sie nicht nur viel Kraft sparen, sondern darüber hinaus viele Kräfte freisetzen, von denen Sie bisher vielleicht gar nicht wussten, dass sie vorhanden waren. Die Chronobiologie ist ein relativ neuer Zweig der Wissenschaft, sie beschäftigt sich mit der »inneren Uhr«. Obwohl jeder Mensch seine eigenen Rhythmen entwickelt (diese können Sie sich per Computer errechnen lassen), sind viele Rhythmen den meisten Menschen gemeinsam. Wenn wir einige Fakten darüber wissen, wird uns nicht nur einiges klar über unsere eigene Befindlichkeit – wir können sie auch nutzbringend in unsere Tagesplanung einbringen.

Der Biorhythmus unseres Körpers bringt uns Tag für Tag Hoch- und Tiefpunkte – immer zur gleichen Zeit. Diese Leistungskurve wird durch Blutdruck und Pulsfrequenz bestimmt: Beide steigen morgens steil an und erreichen ihren Höhepunkt gegen 9 Uhr. Ein zweiter Gipfel erfolgt in den frühen Nachmittagsstunden. Entsprechend verläuft auch der Rhythmus unserer geistig-seelischen Aktivität: Der erste Gipfel liegt im Durchschnitt zwischen 10 und 12 Uhr vormittags, der zweite am Nachmittag zwischen 15 und 16 Uhr.

Die »innere Uhr« läuft allerdings nicht bei allen Menschen gleich. Für viele beginnt der Alltag beispielsweise mit einer

Stunde »Arbeitsunfähigkeit«. Sie trödeln, schieben die Arbeit lustlos von einer Ecke in die andere und können einfach noch keinen klaren Gedanken fassen. Dabei sind sie weder krank, noch sind sie am Vorabend zu spät ins Bett gegangen. Sie gehören einfach zu den »Eulen«, den Abendmenschen. Im Gegensatz zu diesen sind die »Lerchen« Morgenmenschen. Sie erwachen voller Energie und Tatendrang, stürzen sich sogleich in die Arbeit, sind aber bereits am späten Nachmittag mit ihrer Energie am Ende.

Vor allem bei geistig tätigen Menschen, die darüber hinaus noch zu Nervosität neigen, und bei Großstädtern verläuft der Schlaf anders als gewöhnlich üblich, denn er teilt sich in zwei Abschnitte. Normalerweise erfolgt der Tiefschlaf nach dem Einschlafen. Abendmenschen fallen aber am frühen Morgen zum zweiten Mal in einen Tiefschlaf – im Gegensatz zu den »Lerchen«. Werden sie dann zu früh geweckt, sind sie noch müde und können am frühen Vormittag keine guten Leistungen erbringen.

Wissenschaftler haben versucht, den körperlichen Unterschied zwischen »Eulen« und »Lerchen« zu ergründen. Doch als einziges organisches Symptom wird bei Morgenmuffeln häufiger ein niedriger Blutdruck registriert: Sie brauchen eine längere Anlaufzeit, bis die Gehirndurchblutung richtig funktioniert. Aber auch mit normalem Blutdruck kann man zu den »Eulen« gehören. Die Konsequenz daraus ist also, sich – soweit dies möglich ist – sein Tagespensum entsprechend einzuteilen. Optimal wäre es für die »Lerchen«, wenn sie sich nach folgenden Ratschlägen richten könnten:

- Schwierige Arbeitsvorgänge gleich am Morgen vornehmen und im zweiten Aufschwung (ab nachmittags 15 Uhr) fortsetzen.
- Den Feierabend möglichst ausschließlich für Entspannung, Spaß, Geselligkeit und eventuell notwendige Routinearbeiten reservieren.
- Möglichst spät zu Abend essen und dabei auf leichte Kost achten, um nicht zu früh müde zu werden und so den Feier-

abend – beispielsweise im Freundes- und Familienkreis – nicht mehr genießen zu können.

– Nicht zu spät zu Bett gehen, denn für »Lerchen« ist der Schlaf vor Mitternacht der beste und tiefste.

Die »Eulen« dagegen sollten wissenschaftlichen Erkenntnissen zufolge ihren Tag folgendermaßen gestalten:

– Nicht zu üppig frühstücken, um die Antriebskräfte nicht noch mehr zu blockieren.

– Mit einfachen Arbeitsgängen (Routinearbeiten) beginnen.

– Für alle anderen Arbeiten die Zeit ab Vormittag reservieren.

– Eine späte und größere Abendmahlzeit ist ein ideales Einschlafmittel, weil sie müde macht.

– Nach Feierabend können sich »Eulen« auch geistigen Tätigkeiten widmen (Fortbildung, schöpferische Arbeit usw.).

Nicht immer sind die Rhythmen so klar unterscheidbar, oft gibt es Mischformen. Und nicht immer werden Sie nach Ihrem eigenen Rhythmus arbeiten können. Trotzdem sollten Sie soweit wie möglich das Wissen um die eigenen Leistungskurven nutzen, genauso wie Sportler und auch viele Künstler es tun. Aber auch wenn Sie Ihre Arbeiten und Aufgaben nicht immer Ihrer inneren Uhr anpassen können, kann es doch von Nutzen sein, wenn Sie die folgenden Erkenntnisse der Chronobiologie berücksichtigen:

– Zwischen 3 und 6 Uhr morgens erreichen Konzentrationsfähigkeit und Stimmung ihre Tiefpunkte. Depressionen sind dann am schlimmsten, wie alle wissen, die nachts grübelnd wach liegen. Auch die meisten Unfälle ereignen sich um diese Zeit – sogar bei Taxifahrern, die seit Jahren nachts arbeiten.

– Gegen 11 Uhr vormittags tritt ein Leistungshoch ein. Besonders unser Kurzzeitgedächtnis funktioniert optimal. Deshalb ist bis etwa 12 Uhr die beste Phase für Prüfungen und Bewerbungen. Auch für Auseinandersetzungen gilt dies, denn um diese Zeit sorgt ein niedriger Blutzuckerspiegel für erhöhte Aggressivität und damit mehr Durchsetzungskraft.

– Gegen 14 Uhr schlafft zwar unser Hirn ab, dafür dehnen unsere Füße sich aus. Kaufen Sie neue Schuhe am besten um diese Zeit, wenn sie optimal passen sollen.
– Die Nachmittagsstunden gelten als besonders günstig für körperliche Aktivitäten und Sport.
– Gegen 18 Uhr ist die Schmerzempfindlichkeit am höchsten. Lassen Sie sich deshalb Zahnarzt-Termine möglichst in die Zeit zwischen 14 und 16 Uhr geben.

Übungen

1. Beobachten Sie, wann Ihre Energie am größten, wann sie am geringsten ist. Am besten führen Sie über längere Zeit Buch darüber, weil äußere Umstände, aber auch Krankheit das Ergebnis verfälschen könnten.

---

2. Versuchen Sie, Ihre Aufgaben soweit wie möglich entsprechend über den Tageslauf zu verteilen.
3. Was regeneriert Ihre Kräfte am besten? Bewegung an frischer Luft, Meditation, eine kreative Beschäftigung?

Bauen Sie diese Pausen fest in Ihren Tagesablauf ein.

… denn sie haben eine Knautschzone

Bei einem Auto ist die so genannte Knautschzone ein Teil der Karosserie. Das bedeutet, dass Bug- und Heckpartie verformbar sind, während die Fahrgastzelle stabil und fest ist. So ist ein Höchstmaß an Sicherheit von Fahrer und Fahrgästen im Falle eines Unfalls gewährleistet, die Verletzungsgefahr wird verringert. Eine solche Knautschzone haben auch die Optimisten. Hier heißt der technische Ausdruck: dickes Fell. An diesem prallt vieles ab, was sonst ins ungeschützte, verletzliche Innere gelangen und wehtun würde. Gerade wenn uns etwas sehr tief berührt, liegt die Gefahr nahe, dass wir handlungsunfähig werden. Deshalb ist Abstand durch eine solche Knautschzone sehr wichtig. Wie könnten Sie Ihrem verletzten Kind helfen oder einem sterbenden Angehörigen, wenn Sie in diesem Moment den Schmerz zu dicht an sich selbst heranlassen würden? Auch Ärzte, Krankenschwestern und viele andere Berufe müssen sich gegen ihre eigenen Gefühle wappnen, denn sonst wären sie bald nicht mehr imstande, die Kraft aufzubringen, wirksam zu helfen. Es ist zwar, wie wir in einem früheren Kapitel gesehen haben, von größter Bedeutung, Gefühle zuzulassen – aber sie dürfen uns nicht lähmen. Dies gilt auch, wenn uns jemand verletzt oder unglücklich gemacht hat. Schaffen Sie sich Ihre eigene Knautschzone, um wenigstens für eine Atempause Abstand zu gewinnen. Das Leben geht schließlich weiter mit allen seinen Anforderungen! Wenn Sie gefühlsmäßig stark gefordert sind, müssen Sie gelegentlich einmal »aussteigen«. Dafür gibt es verschiedene Möglichkeiten:

– Schlaf ist Balsam für ein strapaziertes Gefühlsleben, denn er regeneriert nicht nur den Körper, sondern auch die Seele.

– Bewegung setzt körpereigene Endorphine, die so genannten Glückshormone, frei. Oft lässt sich ein Gefühlsstau und auch Gefühlsfrust auf diese Art abbauen.

– Die intensive Beschäftigung mit einem Hobby oder einer anspruchsvollen Tätigkeit lenkt nicht nur ab, sondern baut auch neue Kräfte auf.
– Meditation ist ebenfalls ein Mittel, um sich von belastenden Gefühlen zu befreien und neue Kraft zu tanken. Selbst Mutter Teresa suchte immer wieder Abstand und neue Kraft im Gebet und in der Meditation.
– Aber auch eine bis zur Erschöpfung durchtanzte Nacht kann uns im übertragenen Sinne wieder auf die Beine bringen – auch wenn die Füße schmerzen.

Im Straßenverkehr wäre die Knautschzone kaum nötig, wenn wir auf ausreichenden Sicherheitsabstand achten würden. Dies gilt genauso für das Alltagsleben. So wichtig es ist, Erfahrungen und Gefühlen – auch wenn diese schmerzlich sind – nicht aus dem Wege zu gehen, dürfen Sie sich durch sie nicht lähmen lassen. Deshalb müssen Sie sich Sicherheitszonen schaffen, in denen Sie ungestört zu sich selbst finden können, damit es zu keinen Unfällen durch Kurzschlussreaktionen kommt. Eine junge Mutter aus meiner Bekanntschaft ist durch ihre zwei lebhaften Kleinkinder ständig überfordert. Sie liebt ihre Kinder und möchte ihnen eine gute Mutter sein – aber so etwas geht nun einmal nicht 18 Stunden am Tag. Ihre Sicherheitszone ist das Badezimmer, in das sie sich flüchtet, wenn sie sich überfordert fühlt. Sie dreht den Schlüssel herum – und atmet auf. Sie hat nicht mit den Kindern herumgeschrien, hat nicht zugeschlagen, ist nicht aus lauter Verzweiflung in Tränen ausgebrochen. Sie hat sich an den einzigen Ort im Haus zurückgezogen, an dem sie ungestört ist. Nach einigen Minuten kommt sie beruhigt und freundlich wieder heraus und hat Kräfte gesammelt für die nächste Runde. Jeder braucht für sich selbst solche Ruhe- und Sicherheitszonen, in die niemand eindringen darf. Bei mir zu Hause stehen grundsätzlich alle Türen offen. Ist doch einmal eine Tür geschlossen, bedeutet das: Bitte, anklopfen. Und wer gar nicht gestört werden möchte, hängt ein entsprechendes Schild an die Klinke. So hat jeder die Möglichkeit, sich im

Bedarfsfall zurückzuziehen – eine Regelung, die von allen respektiert wird. Diese Erfahrung ist besonders für Kinder wichtig. Auch sie besitzen eine Intimsphäre, die ihnen Schutz und Hülle bietet.
Neben der gefühlsmäßigen und räumlichen Sicherheitszone können Sie auch zeitliche Knautschbereiche einbauen. Wer in Beruf oder Privatleben stark gefordert ist, braucht immer wieder etwas Abstand, um diesen Forderungen gerecht zu werden. Viele Künstler, Manager und Politiker ziehen sich – wann immer die Umstände es zulassen – regelmäßig ein- oder mehrmals täglich für kurze Zeit zurück, um zu entspannen oder zu meditieren. Viele machen dabei Yoga-Übungen oder Autogenes Training. Nur so gelingt es ihnen, ihr umfangreiches Arbeitspensum schöpferisch und voller Elan zu bewältigen und in ihrer Aufmerksamkeit nicht nachzulassen. Warum sollen wir diese Möglichkeit nicht auch für unseren Alltag nutzen?
Manchmal haben wir auch das Bedürfnis, Menschen nicht zu nah an uns herankommen zu lassen und auch hier eine Art Sicherheitsabstand zu schaffen. So wichtig und schön körperliche Berührungen sind – man möchte nicht immer und von jedem angefasst oder umarmt werden. Oft reicht schon eine ablehnende Haltung oder ein Blick, um die gewünschte Distanz zu schaffen. Andernfalls sollte man aber auch vor einem offenen Wort nicht zurückscheuen. Das gilt auch für verbale Aufdringlichkeiten, die man nicht einfach hinnehmen sollte. Besonders wenn man mit anderen Menschen zusammenarbeitet, ist der Umgangston sehr wichtig für das Arbeitsklima. Sagen Sie es freundlich, aber bestimmt, wenn es Ihnen beispielsweise nicht passt, dauernd mit einem Spitznamen angesprochen zu werden oder wenn man immer wieder die gleichen Witze über Sie macht. Das hat nichts mit übertriebener Empfindlichkeit zu tun – obwohl Sie damit rechnen müssen, dass manche Ihr Verhalten entsprechend auslegen werden. Aber der gegenseitige Respekt sollte nicht nur eine Selbstverständlichkeit von Mensch zu Mensch sein – er ist

auch eine Knautschzone, die das Miteinanderleben und -arbeiten wesentlich erleichtert.

Übungen

1. Schaffen Sie sich eine räumliche Schutzzone, die jeder respektieren muss (Arbeitszimmer, Schlafzimmer o. Ä.).
2. Schaffen Sie sich eine zeitliche Schutzzone, während der Sie ungestört entspannen oder meditieren können.

… denn sie lachen sich gesund

Der Volksmund wusste schon immer, dass Lachen gesund ist. Heute bestätigen Wissenschaftler: Lachen ist eine wahre Wundermedizin für Körper und Seele. Vor allem Psychosomatiker sind zu der Überzeugung gelangt, dass Menschen, die selten lachen, anfälliger für seelische und körperliche Erkrankungen sind. Durch das Lachen werden nämlich sehr viele Organe und Muskeln unseres Körpers in Aktion gesetzt, fand der berühmte englische Naturforscher Charles Darwin heraus. Das Lachen bewegt das Zwerchfell ebenso wie die Muskeln zwischen Brusthöhle und Bauchfell und ist damit eine regelrechte Massage für Herz, Lunge, Leber und Bauchspeicheldrüse. Auch andere Drüsen werden stimuliert und geben Säfte ab, die wiederum die Endorphine (körpereigene Anti-Schmerz-Hormone) im Gehirn anregen. Und schließlich sind auch im Gesicht noch 15 Muskeln am Lachen beteiligt.
Aber schon lange vor Charles Darwin wusste man die heilende Kraft des Lachens zu schätzen. So heißt es in den Sprüchen Salomos: »Ein fröhlich Herz macht das Leben lustig; aber ein betrübter Mut vertrocknet das Gebein.« Und der große mittelalterliche Professor der Wundarzneikunst Henri de Mondeville (1260–1320) schreibt: »Der Wundarzt muss die ganze Lebensweise des Patienten auf Freude und Glück hin ausrichten.« Dazu empfiehlt er, dass Freunde und Verwandte den Patienten mit ihrer Heiterkeit aufmuntern. Außerdem dürften keine negativen Gemütsbewegungen die Genesung des Patienten beeinträchtigen: »Der Wundarzt muss dem Patienten Ärger, Hass und Traurigkeit verbieten und ihm einschärfen, dass der Körper von der Freude gesund, von der Traurigkeit jedoch krank wird.« Sogar der Philosoph Immanuel Kant hielt das Lachen für ein psychosomatisches Phänomen und schrieb ihm außerdem eine wohltuende körperliche Wirkung zu.

1928 erschien eines der besten Bücher zu diesem Thema: »Lachen und Gesundheit«. Der Autor, der amerikanische Arzt James J. Walsh, schreibt darin, dass die gesundheitsfördernde Wirkung des Lachens in erster Linie von einem stimulierenden, mechanischen Effekt auf die inneren Organe herrührt – die Wichtigkeit gewisser psychischer Faktoren nicht ausgeschlossen. Sein Fazit: »Die beste Formel für die Gesundheit des Menschen kommt in der mathematischen Gleichung zum Ausdruck: Die Gesundheit ist proportional zu der Häufigkeit und Intensität des Lachens.« Noch ist das Lachen wissenschaftlich nicht endgültig definiert und auch das »Lachzentrum« im Gehirn nicht lokalisiert, aber so viel steht fest: Lachen dämpft und mildert die Gifte, denen wir durch Stress und Aggression ausgesetzt sind. Lachen schafft Veränderungen in unserem Körper und ist von einer anästhesierenden Wirkung, die selbst starke Schmerzen vorübergehend verschwinden lassen kann. Lachen ist ein enormer Muntermacher und beschert uns – wenn man es ausgiebig ausübt, etwa beim Lesen eines Buches oder beim Ansehen eines Films – den friedlichen Schlaf gesunder Erschöpfung. Lachen ist unsere beste Apotheke und zur Erhaltung der Gesundheit unersetzlich!

– Lachen stärkt das Herz.

Ärzte empfehlen für die Herzgesundheit, dass wir unseren Puls einmal täglich auf 130 bringen sollten. Wenn wir lachen, kann unsere Pulsfrequenz auf 120 ansteigen. Lachen kann in diesem Sinne also durchaus als eine sportliche Betätigung betrachtet werden, denn es erhöht den Herzrhythmus, öffnet die Bronchien und bringt die Atmung auf Touren.

– Lachen stärkt das Immunsystem.

Das Lachen regt im Gehirn biochemische Prozesse an, die die Stresshormone Cortisol und Adrenalin bremsen, die zu den größten Feinden unserer Abwehrkraft gehören. Denn je geringer ihre Konzentration im Körper ist, um so mehr prallen Krankheitsviren und Alltagsärger an uns ab. So senkt Lachen den Blutdruck, regt die Verdauung an und fördert den Schlaf. Über das Immunsystem wirkt Lachen sogar als Krebsvorsorge.

So sagt Helga Baorch von der Gesellschaft für biologische Krebsabwehr in Heidelberg: »Lachen ist für den Körper wie eine Extra-Dosis Vitamin C. Es stärkt die körpereigene Gesundheitspolizei. Krebszellen, die der Körper von Natur aus bildet, werden sofort eliminiert.«

– Lachen ist gut für die Haut.

Wer viel lacht, bekommt weniger Falten! Das liegt daran, dass die 17 Muskeln, die wir beim Lachen beanspruchen, eine einzige große Muskelgruppe bilden. Diese strafft die Haut, und im Ruhezustand bleibt das Gesicht länger glatt als bei Menschen, die ständig 43 voneinander unabhängige Muskeln anstrengen müssen, um ihr Gesicht in Falten zu legen!

– Lachen macht schlank.

Wenn wir richtig herzhaft lachen, bewegen wir von Kopf bis Bauch etwa 80 verschiedene Muskeln. Und da Lachen auch Glückshormone (Endorphine) freisetzt, ersparen wir uns dadurch den Griff zum Schokoriegel. Wir müssen nicht erst essen, um uns gut zu fühlen. Wer also sein Lachen bewusst trainiert, kann auch an Gewicht verlieren!

– Lachen macht glücklich.

Lachen ist wie eine Sauerstofftherapie fürs Gehirn: Durch die Bewegung der Gesichtsmuskeln fließt sauerstoffreiches Blut ins Hirn und beschert uns dadurch gute Stimmung – allerdings nur bei einem echten Lachen oder Lächeln, bei dem nicht nur die Mundwinkel, sondern auch die Muskelpartien der Augen beteiligt sind. Wenn man diese »Muskelbewegungsmuster« bewusst einsetzt, wird man automatisch fröhlich!

Zu dieser Erkenntnis kam Anfang unseres Jahrhunderts bereits der französische Arzt Israel Waynbaum. Er fand nämlich heraus, dass wir nicht nur lachen, weil wir uns freuen. Wir freuen uns auch, weil wir lachen! Der Grund: Wie wir bereits gesehen haben, setzt das Lachen Endorphine frei, körpereigene Drogen, die nicht nur Schmerzen lindern, sondern auch glücklich machen! In den USA und Japan wird Lachen bereits als Therapie bei Tuberkulosekranken und bei Patienten mit Herzkrankheiten, Krebs und Depressionen eingesetzt.

Das wohl beeindruckendste Dokument einer erfolgreichen »Lachtherapie« ist das Buch »Der Arzt in uns selbst« des amerikanischen Journalisten Norman Cousins, das Anfang der 90er Jahre auch in Deutschland erschien und in dem er die Geschichte seiner Heilung erzählt. Obwohl das Buch von einem medizinischen Laien geschrieben wurde, gehört es inzwischen zu den meistzitierten Werken der gesundheitswissenschaftlichen Fachliteratur!
Cousins erkrankte 1964 an Spondylitis ankylosans, einer seltenen Muskel- und Gelenkerkrankung, die ihn nach Ansicht der Ärzte – die ihm ohnehin nur eine geringe Überlebenschance gegeben hatten – zwangsläufig in den Rollstuhl verbannt hätte. Cousins verließ auf eigene Gefahr das Krankenhaus, denn: »Ich gelangte schnell zu der Überzeugung, dass ein Krankenhaus nicht der richtige Aufenthaltsort für einen ernstlich kranken Menschen ist.« Dort bekam er durch die frühen Weckzeiten nicht genügend Schlaf (der sich bei den ständigen Schmerzen ohnehin nur spärlich einstellte), erhielt zu häufig Beruhigungs- und Schmerzmittel, die unwirksam oder sogar schädlich waren und seiner Meinung nach manchmal mehr den Zweck hatten, dem Krankenhauspersonal die Handhabung der Patienten zu erleichtern als eine therapeutische Wirkung zu zeigen. Außerdem bemängelte er das Versäumnis der medizinischen Fakultäten, der Ernährungswissenschaft ausreichend Aufmerksamkeit zu widmen: Die Mahlzeiten waren unausgewogen und enthielten zu viele chemisch behandelte Lebensmittel, dazu gab es ständig Weißbrot aus gebleichtem Mehl, und das Gemüse wurde meistens zu lange gekocht. Also quartierte Cousins sich mit Zustimmung seines behandelnden Arztes in einem Hotel ein und setzte alle Medikamente ab. Er verordnete sich selbst lediglich Vitamin C und außerdem: lustige Bücher und mehrmals täglich eine Komödie im Fernsehen oder auf Video. So ließ er sich verschiedene alte Filme mit den Marx Brothers und vor allem die Klassiker von »Candid Camera« (»Versteckte Kamera«) kommen. Der Erfolg: Sein Fieber sank, er

konnte wieder schlafen, und seine Schmerzen ließen nach. Bald konnte er wieder auf eigenen Beinen stehen. In einer Fachzeitschrift äußerte sich Cousins zu seiner Genesung: Es sei wahrscheinlich das Lachen gewesen, das seinen Körper zu größerer Aktivität im Kampf gegen die Krankheit und zu mehr Immunität angeregt habe. Lachend hatte Cousins seine Krankheit besiegt.

Aber Lachen ist nicht nur gesund – es macht auch erfolgreich. Denn Lachen zeigt Souveränität – besonders wenn man über sich selbst lachen kann. Denn das zeigt: Ich ruhe in mir selbst, ich kann über meine Schwächen lachen, weil ich mir meiner Stärken bewusst bin. Und Lachen schafft Vertrauen, sowohl im Berufs- wie im Privatleben. Wer mit dem Partner und mit seinen Kollegen lacht, signalisiert: Wir verstehen uns, wir gehören zusammen. Durch ein Lachen oder Lächeln lassen sich viele Situationen entschärfen. Wie oft schon hat ein »befreiendes« Lachen im Handumdrehen scheinbar unlösbare Probleme sich geradezu in Luft auflösen lassen! Denn Lachen entkrampft und lässt den Dampf ab, der uns so unter Druck setzt. Lachen befreit uns von Zorn, Kummer und Verdruss – Gefühle, die uns auf den Magen schlagen, die Galle überlaufen lassen oder uns heftig ans Herz greifen.

Wann immer wir lachen, steckt auch immer ein bisschen Aggression darin, oder wie man auch sagt: Schadenfreude. Ob wir nun einen Charlie-Chaplin-Film sehen oder aber beobachten, wie jemand auf dem Eis ausrutscht oder ein Tablett fallen lässt. Der Verhaltensforscher Konrad Lorenz meint dazu: »Das Lachen erzeugt neben der Verbundenheit der Lachenden eine aggressive Spitze.« Diese Spitze richtet sich gegen den, der im Augenblick eigentlich überhaupt nicht mitlachen kann, weil gerade ihn das belachte Missgeschick getroffen hat. Aber wer dann als erster lachen kann – obwohl er sich ja gerade eben »lächerlich« gemacht hat –, lacht letztlich am besten. So bietet er nämlich niemandem mehr eine Angriffsfläche, sondern zeigt: Ich bin ein Mensch wie ihr – und mir passierte gerade eben etwas Menschliches. Humor ist, wenn man trotzdem lacht – das wusste auch schon Sigmund Freud: »Der Humor ist nicht resigniert. Er ist trotzig. Er bedeutet nicht nur den Triumph des Ichs, sondern auch den des Lustprinzips, das sich hier gegen die Ungunst der realen Verhältnisse zu behaupten vermag.« Und um noch einmal den amerikanischen Arzt James J. Walsh zu zitieren: »Das Lachen verleiht einem eine großzügigere Sicht der Dinge und das Gefühl, dass die Zukunft nicht unbedingt so viel Sorge verdient, wie man ihr meistens beimisst.« Sicherlich war Dr. Walsh ein praktizierender Optimist!

Natürlich ist uns nicht immer zum Lachen zumute. Und manche Leute können leichter lachen als andere. Aber auch das Lachen kann man trainieren, wenn man sich selbst nur die Gelegenheit dazu gibt. In manchen Situationen weiß man im ersten Augenblick oft nicht, ob man nun lachen oder weinen soll. Wenn Sie einmal im Zweifel sind, entscheiden Sie sich fürs Lachen, denn Lachen ist allemal besser als Weinen. Und wenn Sie nicht lachen, so lächeln Sie. Denn was Worte oft nicht vermögen, schafft häufig ein warmherziges Lachen, ein freundliches Lächeln. Lachen ist ein Verständigungsmittel, das die verschiedenen sozialen Gruppen, ja die Völker verbindet. Probieren Sie es aus, und Sie werden feststellen: Lächeln entspannt nicht nur Sie selbst, sondern oft auch eine ungute Atmosphäre. Lächeln Sie – und das Leben lächelt zurück!

Übungen

1. Lesen Sie immer wieder einmal ein heiteres Buch oder sehen Sie sich einen lustigen Film an. Das mag ein banaler Ratschlag sein – aber er kann Wunder wirken!
2. Lächeln Sie – immer wieder. Lächeln Sie sich im Spiegel an, lächeln Sie während der Arbeit, beim Spazierengehen, immer wieder. Wichtig: Lächeln Sie auch mit Ihren Augen!

... denn sie können weinen

Vielleicht fragen Sie sich nun, was denn Weinen mit Optimismus zu tun haben könnte. Nun: Weinen macht stark, glücklich und gesund. Das beweist beispielsweise die Tatsache, dass Frauen weniger Magengeschwüre haben als Männer – weil sie häufiger weinen, lautet die Erklärung, die einige Schweizer Pharma-Konzerne kürzlich in einer gemeinsamen Untersuchung herausfanden. Schon einige Zeit vorher hatte die Wissenschaft festgestellt, dass die Tränenflüssigkeit heilende Substanzen enthält. Heute weiß man, dass es sich dabei um das bakterientötende Lysozym handelt, das im Körper wirksam wird. Inzwischen vermutet man sogar, dass ältere Menschen deswegen langsamer genesen, weil ihre Tränen schneller versiegen!

Ein jüdisches Sprichwort sagt: »Was Seife für den Körper ist, sind Tränen für die Seele.« Tränen wirken nämlich reinigend – und zwar nicht nur auf die Seele. So weiß man heute, dass unterdrückte Tränen zu Magengeschwüren, Dickdarmentzündungen, Asthma und sogar zu Herzbeschwerden führen können. Tränen enthalten nämlich wichtige körpereigene »Medikamente«, beispielsweise Leuzin-Enkophalin, das schmerzlindernd wirkt, und die bereits erwähnten Lysozyme, antibakterielle Eiweißstoffe, die die Immunkräfte stärken.

Leider können Tränen auch nachteilig wirken. So geraten zum Beispiel Frauen, die im Job häufig in Tränen ausbrechen, schnell in den Ruf, nicht belastbar und wenig leistungsfähig zu sein. Bei Beförderungen werden sie deshalb nicht selten übergangen. Und obwohl männliche Kollegen zwar oft ritterlich auf diese vermeintliche »Schwäche« reagieren, nehmen sie die zartbesaitete Kollegin meistens nicht mehr ganz ernst. Leider wird es wenig bringen, wenn Frauen damit argumentieren, dass selbst große griechische Politiker wie Perikles reichlich Tränen als politisches Mittel einsetzten (und damit Erfolg hatten, weil sie gerade dadurch ihr Engagement und ihre Ernsthaftigkeit mehr oder weniger glaubwürdig verkauften!). Deshalb sind immer noch Verhütungsstrategien angesagt. Wenn Sie also wieder einmal in eine Situation geraten, in der Tränen zwar unausweichlich sind, aber eindeutig als unangemessen aufgenommen werden, sollten Sie die Taktik verfolgen, sich eine kurze Bedenkzeit zu erbitten. Gehen Sie kurz nach draußen, schnappen Sie Luft, erneuern Sie Ihr Make-up, rauchen Sie eine Zigarette. Dadurch gewinnen Sie Abstand. Und vielleicht sogar die Kraft, Ihre stärkste Waffe einzusetzen: Ihr Lachen (siehe vorhergehendes Kapitel)!

Da der letzte Absatz vorwiegend Frauen betraf, ist es sicherlich interessant, einmal zu erfahren, welche Tränen Männern im Gegensatz zu Frauen am unangenehmsten sind. Dieser Aspekt wurde nämlich 1994 von Jeanne M. Plas und Kathleen Hoover-Dempsey von der amerikanischen Vanderbilt University erforscht. Während es Männern am unangenehmsten ist, wenn sie aus Dankbarkeit oder wegen intimer persönlicher Probleme weinen, ist es Frauen eher peinlich, aus Zorn oder Wut in Tränen auszubrechen! Bei beiden aber gilt das Gleiche: Männern wie Frauen kommen die Tränen bei Gefühlen, für die ihnen die Worte fehlen, mit denen sie nicht gelernt haben umzugehen. Weil wir nicht reden können, weinen wir.

Genau das ist auch das Problem beim Weinen in der Partnerschaft. Hier ersticken Tränen oft jedes Gespräch, setzen Argumente außer Kraft und machen eine wirkliche Lösung von Problemen unmöglich. Männer fühlen sich durch Tränen häufig unter Druck gesetzt und reagieren mit Aggressivität. So wird Weinen – eigentlich eine wichtige und heilsame Reaktion – zu einer einzigen Last. Tränen können zwar manchmal ein wirksames taktisches Mittel sein, um schnell etwas zu erreichen – aber als Strategie machen sie wenig Sinn.

Als Fazit bleibt: Tränen tun uns gut. Sie lösen aufgestauten Druck und helfen uns, das seelische Gleichgewicht wiederzufinden. Wer weint, schüttet sein Herz aus (allein oder in Gesellschaft – Freundinnen können ganze »Weinfeste« veranstalten) und spült sich die Schlacken aus der Seele. Mediziner und Psychologen sind sich einig: Wer als erwachsener Mensch richtig weinen kann, wird mit seinem Kummer, seiner Trauer oder seiner Wut leichter fertig. Wer dagegen Tränen gewaltsam unterdrückt, läuft Gefahr krank zu werden. In diesem Zusammenhang ist es interessant, dass Anthropologen feststellen, dass sich Kulturen, in denen das Weinen als normal und gesund gilt, durch sehr viel größere menschliche Wärme auszeichnen als solche, in denen Tränen verpönt sind und als ein Zeichen von Schwäche gedeutet werden.

Tränen sind nicht gleich Tränen. Wir weinen ja nicht nur aus Trauer, Schmerz oder Wut. Wir können auch aus Freude weinen oder einfach nur beim Zwiebelschneiden. Alle diese Tränen haben eine unterschiedliche Zusammensetzung (und damit auch eine unterschiedliche Wirkung). Das fand der amerikanische Lacrimologe (»Tränenforscher«) Dr. William Frey vom St.-Paul-Ramsy-Hospital in Minnesota heraus, der inzwischen als der Experte Nr. 1 auf diesem Gebiet gilt. Hier die Ergebnisse: Eine Träne besteht in ihrer komplizierten Zusammensetzung aus Sauerstoff, zahlreichen Mineralien (Natrium, Kalium, Kalzium, Magnesium, Eisen, Kupfer, Zink, Mangan), Chlor, Phosphor, Bicarbonat, Harnsäure, Ammoniak, Stickstoff, den Vitaminen B_{12} und C, Enzymen, außerdem aus über 60 verschiedenen Eiweißverbindungen. Der so genannte Tränenfilm, der unsere Augen feucht hält, wird pro Tag etwa 13 000-mal erneuert. Dr. Frey fand heraus, dass beispielsweise beim Ansehen eines anrührenden Films 24 Prozent mehr Eiweiß abgesondert wird als beim Zwiebelschneiden. Dieses Eiweiß Prolaktin wirkt wohltuend, denn es lindert Schmerzen und beeinflusst die Stimmungslage positiv. Also nicht nur Lachen kann gesund sein, sondern auch Weinen! Das gleiche Eiweiß wird auch bei anderen emotionalen Belastungen und ebenso bei Stress produziert. Weil nun diese Stoffe beim Weinen ausgeschwemmt werden, bauen wir den Stress ab und erreichen dadurch ein angenehmes Gefühl der

Erleichterung. Tränen sind also gewissermaßen eine Waschanlage der Seele. Denn beim Weinen »verflüssigen« sich Schmerzen, Leiden und Anspannung – und mit den Tropfen fließen Stress und Schadstoffe aus dem Körper.
An der Universität von Minnesota wurden die Tränen von Versuchspersonen aufgefangen und gesammelt und dann mit Hilfe der Hochdruckflüssigkeits-Chromatographie in ihre molekularen Strukturen zerlegt und untersucht. Dabei entdeckten die Wissenschaftler drei sehr besondere Stoffe in der Flüssigkeit:
– Leuzin-Enkophalin:
Dies ist eine schmerzstillende Substanz, die eine dem Morphium ähnliche Wirkung entfaltet. In Stresssituationen ist der Körper imstande, diesen Stoff selbst zu produzieren, um Schmerzen zu lindern.
– Lysozyme:
Dabei handelt es sich um antibakterielle Enzyme, die zur Infektionsabwehr dienen.
– Prolaktin:
Dies ist ein Hormon, das im Gehirn gebildet wird und bei Schwangeren die Produktion der Muttermilch anregt. Gleichzeitig aber hat es eine ganze Reihe von psychologischen Wirkungen, die noch nicht alle bekannt und erforscht sind.
Erstaunlicherweise kommen alle diese Stoffe nur in Tränen vor, die aus emotionellen Gründen entstehen. Tränen, die man beispielsweise beim Zwiebelschneiden vergießt, enthalten keine Hormone und Enzyme. Die Wissenschaftler schließen daraus, dass der Körper sich beim Weinen von Stoffen befreit, die unter Stress produziert werden. Dadurch werden wir ruhiger und entspannter.
50 Prozent aller Tränen fließen aus Traurigkeit, 21 Prozent vor Glück, der Rest vor Rührung, aus Wut, Sorge und Schmerz. William Frey: »Alle diese Gefühle verursachen emotionalen Stress im Körper. Weinen löst die Anspannung wieder und beruhigt.« Auch viele andere Psychologen glauben, dass die Fähigkeit zum Weinen unverzichtbar für das seelische Wohl

des Menschen ist. Wer in den letzten zwölf Monaten keine einzige Träne vergossen hat, hat ihrer Meinung nach ein großes emotionales Problem. Also macht Weinen durchaus gesund, glücklich und auch stark! Und vergessen Sie nicht: Man kann auch aus Freude weinen! Diese Tränen haben wieder eine andere, aber auch durchaus heilsame Wirkung.

Übungen

1. Sehen Sie sich einen gefühlvollen Film an oder lesen Sie ein trauriges Buch. Lassen Sie dabei Ihren Tränen freien Lauf – denn oft weinen Sie dabei stellvertretend für Ihr eigenes Problem.
2. Wenn Ihnen danach ist – weinen Sie, notfalls im »stillen Kämmerlein«. Schwemmen Sie mit Ihren Tränen allen Kummer und alle Schmerzen aus Ihrem System.
3. Schämen Sie sich nicht für Ihre Tränen, ganz gleich, ob diese nun aus Wut, Trauer, Freude oder Rührung vergossen werden. Dadurch zeigen Sie Ihre Menschlichkeit – und die Stärke, Gefühle haben zu können und auch dazu zu stehen!

… denn sie stehen zu ihren Schwächen und Fehlern

Wir sollten zwar an niemanden so hohe Ansprüche stellen wie an uns selbst – aber wir sollten uns auch nicht überfordern. Optimisten wissen, dass sie auch »nur« Menschen und als solche durchaus fehlbar und weit davon entfernt sind, vollkommen zu sein. Sie sind doch auch nachsichtig anderen Menschen gegenüber und finden nicht selten gerade deren kleine Schwächen liebenswert. Sollten Sie dann nicht auch sich selbst zugestehen, was Ihnen anderen gegenüber selbstverständlich erscheint? Deshalb: Halten Sie sich nicht so sehr mit Ihren Schwächen auf, sondern unterstützen Sie lieber Ihre Stärken! Schwächen können nämlich sehr stark werden, besonders wenn man sie bekämpfen will. Auf solche Gewalttätigkeit antworten sie gewissermaßen mit einer Trotzreaktion und drängen sich um so weiter in den Vordergrund, je stärker wir gegen sie angehen. Wenn Sie sie schon nicht ignorieren können, sollten Sie sich wenigstens mit ihnen arrangieren. Wenn Sie sich nicht ständig vorwerfen, dass Sie neugierig, schwatzhaft oder nachtragend sind, haben diese Eigenschaften weniger Gewicht und geben Ihnen die Möglichkeit, mit ihnen in aller Freundschaft als Teil Ihres Lebens und Ihrer Persönlichkeit umzugehen.

Vor Jahren machte ich dazu eine einschneidende und für mein weiteres Leben wichtige Erfahrung: Ich litt, besonders wenn ich allein im Haus war, unter starken Angstgefühlen, die bis zu Panikattacken mit Herzrasen und Atemnot führten. Weder Vernunftargumente noch Entspannungsübungen halfen mir weiter. Schließlich gab mir ein Meditationslehrer den Rat, meine Angst anzunehmen mit der folgenden Formel: »Da bist du ja wieder, meine liebe Angst. Aber wenn ich dich auch habe – du hast mich nicht.« Meine Angst und ich gehörten nun einmal zusammen, also war die einzige Möglichkeit, dass wir uns miteinander so gut wie möglich einrichteten. Es mag unglaublich klingen, aber seit dem Tage war es vorbei mit meinen Panikattacken. Seitdem wende ich diesen »Zauberspruch« an, wann immer eine Schwäche mir zu schaffen macht – mit Erfolg.

Bei anderen Schwächen kann man durchaus auch das Verständnis seiner Mitmenschen in Anspruch nehmen. Ich bin das, was man als einen ausgemachten Morgenmuffel bezeichnen muss. Trotz aller Bemühungen will es mir einfach nicht gelingen, gleich nach dem Aufstehen freundlich und umgänglich zu sein. Am liebsten ist es mir, wenn man mich dann überhaupt nicht anspricht. Meine Familie weiß und respektiert dies. Ich selbst halte mich möglichst fern von ihnen und verziehe mich, anstatt zu frühstücken, lieber erst einmal für eine Stunde in die Einsamkeit meines Arbeitszimmers. Hier ärgere ich niemanden, niemand ärgert mich, und das Ganze hat darüber hinaus noch den stimmungshebenden Effekt, dass ich schon am frühen Morgen ein schönes Stück meines Arbeitspensums erledigt habe.

Eine andere meiner Schwächen ist, dass ich sehr leichtgläubig bin. Aprilscherze beispielsweise finden in mir ein dankbares Opfer. Als ich das erste Mal mit der Londoner Untergrundbahn fuhr und mich über die vielen Rohrleitungen an den Wänden wunderte, wurde mir erzählt, dass es sich dabei um Curry-Pipelines handele, die die Pakistani- und Inder-Viertel mit Soße versorgten. Das überzeugte mich. Jahrelang glaubte ich, dass die Whisky-Marke »Vat 69« nach der Telefon-Nummer des Papstes benannt worden sei. Sie können sich vorstellen, welche Freude meine Familie und meine Freunde an dieser speziellen Schwäche haben. Selbst wenn ich es könnte – sollte ich versuchen, sie abzulegen?

Nicht nur mit unseren Schwächen, sondern auch mit unseren Fehlern sollten wir zu einem freundschaftlichen Einvernehmen kommen. »Fehler schließen Vorsatz und Tücke aus – daher müssen alle Fehler allen zu verzeihen sein«, schrieb Gotthold Ephraim Lessing einmal. Und wie sollten wir anders lernen als aus den Fehlern, die wir machen? Letztlich ist es wichtiger, aus den eigenen Fehlern zu lernen als aus den Erfahrungen anderer. Verzeihen Sie zunächst sich selbst, wenn Sie einen Fehler gemacht haben. Das gibt Ihnen die Kraft, diesen auch anderen gegenüber einzugestehen. Wie viel Zeit und Kraft geht im Arbeits- und im Privatleben verloren, wenn Fehler verdeckt, beschönigt oder geleugnet werden! Dabei sind Fehler allemal verzeihlicher als die Mittel, die oft angewandt werden, um sie zu vertuschen. Sehr drastisch wird dies illustriert durch die Clinton-Affäre, wo die schwache Stunde eines Präsidenten zur Staatsaffäre wurde und weltweit Schlagzeilen machte. Vielleicht hätte er besser den Satz des Philosophen Bertrand Russell beherzigen sollen: »Wer wirklich Autorität hat, wird sich nicht scheuen, Fehler zuzugeben.«

Übungen

1. Listen Sie Ihre Schwächen offen und ehrlich auf – und akzeptieren Sie sie.

---

2. Haben Sie heute einen Fehler gemacht? Verzeihen Sie zunächst sich selbst und geben Sie ihn dann offen zu.

... denn sie sind Verdrängungskünstler

Die Psychoanalyse sieht in Verdrängungen eine wesentliche Ursache für zahlreiche seelische Erkrankungen. Deshalb ist das Wort Verdrängung auch im allgemeinen Sprachgebrauch negativ besetzt. Dabei bedeutet Verdrängung im wissenschaftlichen Vokabular der Psychologie etwas durchaus Positives. Der Begriff ist nämlich die Bezeichnung für »einen psychischen Mechanismus, der darauf zielt, unangenehme Vorstellungen aus dem Bereich bewusster Empfindung fern zu halten«. Es handelt sich also um einen Schutzmechanismus, den unsere Seele immer dann einsetzt, wenn sie sich von Gefühlen, Ereignissen usw. überfordert fühlt. Sie blendet diese einfach aus und zwar – hier wiederum die wissenschaftliche Definition – zur Erhaltung der »Ich-Integrität«.
Wie oft verwenden wir Sätze wie: »Das halte ich nicht aus«, »Das macht mich fertig«, »Ich gehe kaputt daran.« Dabei handelt es sich nur selten um körperliche Belastung, sondern überwiegend um seelische Schwerstarbeit, die zu leisten ist und die wir – genauso wie körperliche Arbeit – nicht ohne Ruhepausen tun können. In diesem Kapitel geht es also nicht um die unbewusste Verdrängung, die immer zur »Wiederkehr des Verdrängten« mit krankhaften Folgen führen wird, sondern um eine ganz bewusste Verdrängung, die uns eine Atempause gewährt, uns innerhalb der Auseinandersetzung zum Auf- und Durchatmen kommen lässt und uns hilft, unser Ich möglichst unbeschadet zu bewahren. Wie viele schlaflose Nächte, wie viele selbstquälerische Momente können wir uns ersparen, wenn wir Verdrängungskünstler werden!
Es gab eine Zeit, in der es »in« war, alles aufarbeiten und ausdiskutieren zu müssen – bis zur Erschöpfung, mit wenig konkretem Erfolg, dafür aber häufig mit vielen seelischen Schmerzen. Natürlich ist es gut und wichtig, sich über Probleme aus-

zusprechen – aber nicht gerade dann, wenn diese noch im eigenen Inneren unbewältigt sind. Das kann nur zu gegenseitigen Verletzungen führen, die niemandem weiterhelfen. Deshalb sollten solche Gespräche zunächst einmal aufgeschoben werden, bis sich die inneren und äußeren Wogen geglättet haben. Aber auch mit sich selbst kann man in akuten Situationen oft nicht vernünftig reden – es ist mehr oder weniger reiner Masochismus, wenn man sich selbst noch Salz in die Wunden streut. Wir blockieren uns selbst in unserer Entscheidungs- und Handlungsfreiheit und machen uns unglücklich, wo dies gar nicht nötig wäre. In einem früheren Kapitel haben wir gesehen, wie leicht sich manche Dinge von selbst erledigen. Und haben Sie es nicht schon selbst erlebt, dass eine Sache, die Sie verletzt oder aufgeregt hat, am nächsten Tage schon ganz anders aussah? Also quälen Sie sich nicht unnötig damit herum, sondern lassen Sie das Problem erst einmal etwas ablagern.
Meine liebste Freundin – Jahre jünger als ich, aber offensichtlich viel weiser – erzählte mir, wie sie mit quälenden Problemen umgeht (Liebeskummer, finanzieller Zusammenbruch, drohende Arbeitslosigkeit sind nur einige davon): Sie benutzt das Schubladensystem. Alles, was sich im Moment nicht regeln oder lösen lässt, verschwindet bei ihr in einer mentalen Schublade, die sie fest zumacht – bis es soweit ist, sich darum zu kümmern. Es hat Jahre gedauert, bis auch ich lernte, nach diesem System zu leben. Heute weiß ich: Dinge brauchen ihre Zeit. So gerne man auch alle Probleme so schnell wie möglich aus der Welt schaffen möchte – oft muss man einfach abwarten. Außerdem kann man sich nicht um alle Probleme gleichzeitig kümmern, sondern muss Prioritäten setzen oder schlicht und einfach erst einmal die nächste Stunde, den nächsten Tag überleben. Der Erfolg dieser Strategie:

- Sie sind ruhiger und gelassener, können die Dinge nüchterner betrachten als im ersten Moment aufgewühlter Emotionen.
- Sie entdecken immer wieder, dass vieles »nicht so heiß gegessen wird, wie es gekocht wurde«.
- Sie machen aus Mücken keine Elefanten.

– Sie bringen sich weder um Ihren Seelenfrieden noch um Ihren Nachtschlaf.

Und noch etwas gab meine Freundin mir mit auf den Weg – eine »Zauberformel«, die eigentlich jeder von uns aus dem Buch von Margaret Mitchell »Vom Winde verweht« oder aus dem gleichnamigen Film kennt. Da sagt Scarlett O'Hara nämlich immer wieder, nach jeder Katastrophe, die ihr begegnet oder die sie selbst verursacht hat: »Morgen will ich darüber nachdenken. Dann werde ich es ertragen. Schließlich – morgen ist auch ein Tag.« Dieses »Scarlett-Prinzip«, wie ich es gerne nenne, hat durchaus nichts mit Oberflächlichkeit zu tun, sondern ist höchste Verdrängungskunst, die uns hilft, unsere »Ich-Integrität« zu bewahren.

Oft beschäftigen uns auch Probleme, die uns im Grunde gar nicht betreffen, sondern allenfalls betroffen machen. Nicht selten investieren wir gerade in solche Probleme einen großen emotionalen Aufwand. Dies ist besonders bei Menschen der Fall, die ein starkes soziales Verantwortungsbewusstsein haben und/oder glauben, bei jedem Problem gleich eingreifen und helfen zu müssen. Gerade bei Menschen mit diesem »Helfer-Syndrom« sind folgende Überlegungen wichtig:

– Sie sind nicht für die Lösung aller Probleme der Welt und auch nicht für die Lösung aller Probleme, die an Sie herangetragen werden, zuständig. Eine solche Einstellung ist nicht nur eine Überforderung, sondern auch eine Selbstüberschätzung, um nicht zu sagen: emotionaler Hochmut.

– Selbst wenn Sie helfen wollen und können, sollten Sie die Probleme und Emotionen anderer Menschen nicht zu nahe an sich herankommen lassen, sie nicht zu Ihren eigenen Problemen machen. Jeder von uns hat wohl selbst ausreichend eigene Leiden und Sorgen zu tragen, die ihn direkt betreffen – also müssen Sie nicht auch noch an denen anderer Menschen leiden. Wie sollten Sie dann die Kraft aufbringen, wirksam helfen zu können?

– Legen Sie sich eine mentale Schublade an mit der Aufschrift: PAL = Problem Anderer Leute. Diese Formulierung fand ich in

Douglas Adams' hinreißendem Roman »Per Anhalter durch die Galaxis«. Nur weil man weiß, dass es irgendwo ein Problem gibt, muss man es nicht gleich lösen wollen! Douglas Adams beschreibt im dritten Teil seines Romans – der übrigens den bezeichnenden Titel »Das Leben, das Universum und der ganze Rest« trägt – das PAL folgendermaßen: »Ein PAL ist etwas, das wir nicht sehen oder nicht sehen können oder das unser Gehirn uns nicht sehen lässt, weil wir denken, es sei das Problem Anderer Leute. Das Gehirn streicht es einfach aus, es ist wie ein blinder Fleck. Wenn du es direkt anguckst, siehst du es nicht, es sei denn, du weißt genau, was es ist.«
Bei mir selbst treten immer wieder heftige Attacken des Helfer-Syndroms auf. Obwohl mich niemand direkt um meine Hilfe gebeten hat, sondern mir nur sein eigenes Problem geschildert hat, nage und beiße ich darauf herum wie ein Hund auf seinem Knochen. Dabei ist meine Hilfe meistens gar nicht nötig und mitunter sogar unerwünscht. Außerdem blockiere ich damit emotionale und physische Kapazitäten, die ich auf anderem Gebiet besser einsetzen könnte. Wann immer jemand mir ein Problem erzählt, verwandle ich mich offensichtlich in eine Briefkastentante. Mein Sohn, der ebenfalls ein Fan von Douglas Adams ist, wirft mir dann nur einen seiner tiefgründigen Blicke zu und murmelt: »PAL, Mama!«

Übungen

1. Schreiben Sie auf einen Zettel, was Ihnen im Moment Probleme oder Kummer macht.

Legen Sie den Zettel in eine Schublade, machen Sie diese fest zu – und lassen Sie zunächst einmal alles darin ruhen.

2. Genießen Sie bei Problemen die Atempause, die Sie haben – bis zum nächsten Tag, bis zur nächsten Stunde. In diesem Moment können Sie ohnehin nichts unternehmen – also machen Sie sich auch nicht verrückt.
3. Machen Sie nicht die Probleme anderer Menschen zu Ihren eigenen.

... denn sie können loslassen

Als ich vor vielen Jahren die ersten Laufschuhe für meinen Sohn kaufte, gab mir dies einen Stich: Er lief jetzt nicht mehr auf mich zu, sondern von mir weg. Als bei seiner Einschulung der Lehrer die Klasse wie ein Rattenfänger hinter sich her lockte, kamen mir die Tränen. Beide Male war mir klar: Ich musste jemanden loslassen, den ich liebte – und ich musste es tun, weil ich ihn liebte. Dieses Loslassen wird allen Eltern vertraut sein – der Schmerz, der damit verbunden ist, aber auch die Freude, einen jungen Menschen seine Selbständigkeit erobern zu sehen. Jetzt erst können wir nachempfinden, was unsere Eltern gefühlt haben, als wir selbstbewusst und im wahrsten Wortsinn rücksichtslos unseren eigenen Weg suchten. Aber wenn wir unsere Kinder loslassen können, geben wir nicht nur ihnen, sondern auch uns ein Stück Freiheit! Freiheit ist immer etwas recht Zweischneidiges, wie wir in einem vorhergehenden Kapitel zu dieser Thematik gesehen haben. Wir ersehnen sie alle – aber können wir auch damit umgehen?

Loslassen können bedeutet: sich vom Besitzdenken lösen. Das mag uns schon schwer fallen, wenn es um uns liebgewordene Gegenstände geht, an denen unser Herz hängt. Durch ein Feuer, einen Diebstahl oder durch finanzielle Probleme müssen wir vielleicht einmal Dinge hergeben, die uns lieb und teuer geworden sind – nicht nur wegen ihres materiellen Wertes, sondern auch wegen vieler Gefühle und Erinnerungen, die daran hängen. Ich weiß noch, wie schwer es war, mich von dem wunderbaren Niedersachsenhof zu trennen, den mein Mann mir als Hochzeitsgeschenk gemacht hatte und der die Erfüllung eines Herzenswunsches gewesen war. Die persönlichen und finanziellen Umstände erlaubten es einfach nicht mehr, dass der »Eichenhof« gehalten werden konnte. Ich weiß noch, wie ich Abschied nahm: ein Glas Champagner in der Hand, das ich dann an der jahrhundertealten Mauer zersplittern ließ. Der Abschied tat noch lange weh – aber dann entdeckte ich, dass er auch ein Akt der Befreiung war, eine Möglichkeit, zu neuen Ufern aufzubrechen. Und vor allem die Erkenntnis, dass materielle Dinge, so sehr man auch gefühlsmäßig mit ihnen verbunden sein mag, uns oft daran hindern, in unserer inneren Entwicklung weiterzukommen.

Wenn der Abschied von Dingen noch irgendwie zu verschmerzen und zu verarbeiten ist, ist es manchmal fast untragbar, sich von einem Menschen zu verabschieden – für immer. Wie schwer fiel es mir jedes Mal, meinem Mann, der Kapitän auf Großer Fahrt war, Auf Wiedersehen zu sagen. Nicht nur, weil er mir fehlte, sondern auch, weil ich nie wusste, ob er aus den gefährlichen Fahrtgebieten – Nigeria, Persischer Golf usw. – unbeschadet nach Hause kommen würde. Glücklicherweise ist trotz aller Gefahren nie ein Unglück passiert. Das ist etwas, wofür ich zutiefst dankbar bin und das mich gelehrt hat, immer in Frieden Abschied nehmen zu können – ohne unausgesprochene Vorwürfe.

Trotzdem müssen wir auch manchmal für immer Abschied nehmen. Das kann sein, wenn eine Beziehung ihr Ende findet – leider viel zu oft, weil die beteiligten Partner nicht miteinander reden konnten. Das habe ich beispielsweise nach meiner ersten Ehe erlebt – wir waren einfach zu jung und unerfahren und mussten uns trennen, um uns nicht noch mehr zu verletzen. Es hat Jahre gedauert, ehe ich über diese »Niederlage« hinwegkam. Aber es kann auch vorkommen, dass man sich trennt, weil man sich liebt und einfach für sich und den anderen das Beste will. Das ist immer der Fall, wenn man seine Kinder loslassen muss. Aber auch Partnerschaften können so auseinander gehen. Und ich werde nie vergessen, wie jemand zu mir sagte, nachdem ich eine wunderbare Beziehung beendete – weil es einfach das Beste für alle Beteiligten war und ich einfach von mir aus loslassen musste: »Sei stark.«

Es war nicht einfach, stark zu sein, aber dieser Satz war ein kostbares Geschenk.
Und dann gibt es die Abschiede, die in diesem Leben für immer sind. Wenn jemand stirbt, der uns nahe gestanden hat. Dem wir nicht mehr haben sagen können, wie leid es uns tut, dass immer noch unausgesprochene Dinge zwischen uns stehen. Dass wir nicht haben helfen können. Dass wir – wieder einmal – »versagt« haben. In diesem Fall wünsche ich Ihnen, dass Sie an ein Leben nach dem Tode glauben, wo alle diese Unstimmigkeiten aufgehoben werden. Mein Vater war immer ein sehr wichtiger Mensch für mich. Leider kam es in seinen letzten Lebensjahren zu schwerwiegenden Differenzen zwischen uns, und wir konnten nicht einmal mehr richtig miteinander reden. Aber als er starb, wusste ich, dass er jetzt alles verstehen würde, was ich ihm nicht hatte sagen können, und es kam zu einer inneren Versöhnung, die mir nach Jahren meinen Seelenfrieden zurückgab. Heute noch, nach vielen Jahren, denke ich oft mit Dankbarkeit an ihn und weiß, dass er mir zunickt, und höre ihn sagen: Gut gemacht, Mädchen.
Wahrscheinlich ist ein Abschied wirklich die innigste Weise des menschlichen Zusammenseins. Vielleicht auch deshalb, weil sich – wenn man richtig Abschied genommen hat – auch wieder Zukunftsperspektiven einstellen. In einer Todesanzeige las ich einmal, dass wir nicht traurig sein sollen, dass es vorbei ist – sondern dankbar, dass es war. Natürlich werden wir Tränen vergießen – die ja letztlich heilsam für uns sind. Aber wir sollten sie nicht unendlich verströmen. Auch hier stieß ich wieder auf die Weisheit eines unserer Volksmärchen. Es heißt »Das Tränenkrüglein«. Der Inhalt: Eine Mutter weinte um ihr verstorbenes Kind und sah für sich selbst keine Lebensperspektiven mehr. Dann hatte sie einen Traum, in dem sie einen langen Zug von Kindern in weißen Gewändern erblickte – alles Verstorbene. Jedes hielt einen Krug in der Hand und ging frei und aufrecht seinen Weg in den Himmel – bis auf ein Kind. Dieses schleppte an einem schweren Krug, den es kaum noch tragen konnte. Der Krug enthielt die Tränen der Mutter,

die das Kind noch über seinen Tod hinaus belasteten. Wir dürfen lieben und wir dürfen trauern, wenn wir unser Liebstes verloren haben – aber das Leben geht trotzdem weiter.
Zum Loslassen habe ich viel aus einer kleinen Episode gelernt, die sich kürzlich auf einem Jahrmarkt ereignete. Da hatten Eltern ihrem Kind einen teuren Luftballon mit Hasenohren gekauft, den sich dieses so heiß gewünscht hatte. Und was tat dieses Kind: Es löste den Faden von seiner Hand, sah begeistert dem Ballon nach, wie er in den Himmel flog – und konnte das Geschimpfe der Eltern nicht verstehen, die über das »hinausgeworfene« Geld jammerten. Lernen wir, gerade das freizulassen, was uns am liebsten ist – denn nur das ist Liebe, die auch zu uns zurückkehrt. Loslassen bedeutet nicht nur ein Stück Freiheit für die anderen, sondern auch für uns selbst.

Übungen

1. Denken Sie darüber nach, was im Grunde für Sie abgeschlossen ist – und geben Sie diesem Menschen, dieser Beziehung oder auch dieser Überzeugung einen würdigen Abschied.
2. Blasen Sie einen Luftballon auf. Geben Sie ihn frei – zusammen mit allem, was Sie festhalten wollen und das in Wirklichkeit Sie festhält. Schauen Sie ihm nach, wie er irgendwo im Himmelsblau verschwindet.

… denn sie sind dankbar

Das kleine Wort »danke« ist nicht nur eine Form der Herzenshöflichkeit, sondern es macht die Welt auch gleich ein bisschen heller und wärmer. Es ist so schade, dass viele Menschen Dienstleistungen und kleine oder größere Hilfeleistungen als selbstverständlich hinnehmen, anstatt sich darüber zu freuen und es mit einem freundlichen Dankeschön zu honorieren. Sicherlich werden Verkäufer, Behördenangestellte usw. für ihre Arbeit bezahlt, aber ein Dank ist nun einmal etwas, das über die tarifliche Bezahlung hinausgeht und ihnen zeigt, dass sie auch als Menschen wahrgenommen werden und nicht nur als »Dienstleistende«.

In diesem Kapitel geht es aber noch um etwas anderes, das mehr bedeutet als das kleine Dankeschön. Dankbarkeit ist ein Gefühl, das uns selbst gut tut und uns das Herz erwärmt. Und alles, was uns gut tut, sollten wir möglichst pflegen und verstärken. Das Etymologische Wörterbuch leitet das Wort Dankbarkeit von »denken« ab und definiert es etwas hölzern, aber durchaus zutreffend als »das in gedenkender Gesinnung sich äußernde Gefühl«. Denken Sie deshalb immer wieder einmal an alles Gute, das Ihnen widerfährt und widerfahren ist:

- an die Sonne, die scheint
- an Ihre Familie, die Ihnen Schutz und Ausbildung gewährt hat
- an Menschen, die Sie lieb haben
- an die Unterstützung und Hilfe, die Ihnen im Leben immer wieder gewährt wurde
- an die physische und materielle Sicherheit, die Ihnen ein relativ unbedrohtes Leben ermöglicht
- an alle Dinge, die Sie lernen und erfahren durften.

Diese Liste lässt sich lange fortsetzen, denn es gibt unendlich viel, wofür wir dankbar sein können – auch und gerade in

Fällen von Krankheit, seelischen Nöten, familiären Auseinandersetzungen oder Arbeitsplatzproblemen. Gerade dann ist es wichtig, sich intensiv mit den Posten der »Haben«-Seite zu beschäftigen. So erkennen Sie, dass Sie so arm gar nicht dran sind! Gleichzeitig stärken Sie Ihr seelisches Immunsystem und können das Leben in einem neuen, positiveren Licht betrachten.

Aber auch für schmerzliche Erfahrungen sollte man dankbar sein. Eine Enttäuschung hat ja auch immer die positive Wirkung, dass sie uns von einer Täuschung befreit. Jede Erfahrung – gleich welcher Art – bringt uns weiter, wenn wir die Gelegenheit, die sie uns zum Lebenlernen bietet, auch nutzen. Nur wer nicht lebt und nichts erlebt, macht auch keine Erfahrungen, wird nicht mit den Lerneinheiten versorgt, die uns von Tag zu Tag reicher machen. Vor Jahren las ich ein kleines Mörike-Gedicht, das die heitere Dankbarkeit für die unterschiedlichen Geschenke des Lebens auf altmodisch-liebenswerte Weise illustriert:

»Herr, schicke, was du willst –
ein Liebes oder Leides.
Ich bin vergnügt, dass beides
aus deinen Händen quillt.«

Greifen Sie dankbar zu bei allem, was das Leben Ihnen anbietet!

Übungen

1. Nehmen Sie sich eine halbe Stunde Zeit, in der Sie einmal einige Dinge Revue passieren lassen, für die Sie in Ihrem Leben besonders dankbar sind.

---

2. Sagen Sie einen Tag lang in Ihrem Inneren dank für alles Gute und Positive, das Ihnen geschieht.

... denn sie sind respektvoll

Optimisten respektieren nicht nur andere Menschen und überhaupt alles Lebendige, sondern vor allem sich selbst. Für sie ist jeder Mensch eine Respektsperson – und zwar nicht in dem Sinne, wie es mitunter noch meiner Generation beigebracht wurde: dass man gesellschaftlich »höherstehende« Personen nur wegen ihres Ranges, ältere Menschen nur ihres Alters wegen respektvoll behandeln soll, eben alle die Vorschriften, die man auch heute noch in jedem Benimmbuch findet. Ein Mensch verdient einfach unsere Achtung aus dem Grunde, dass er ein Mensch ist – und das gilt für Kinder genauso wie für alte Menschen, für Würdenträger genauso wie für Obdachlose. Im Grunde bedeutet diese umfassende Achtung paradoxerweise auch eine gewisse Respektlosigkeit, denn wir lassen uns durch Ämter, Würden, Geld usw. nicht blenden, sondern behandeln eben alle Menschen gleich. Natürlich gibt es Menschen, die wir nicht nur achten, sondern denen wir mit Hochachtung begegnen. Aber dabei ist es ihre menschliche Größe, nicht der äußere Glanz, dem wir unseren besonderen Respekt zollen.

Um andere Menschen respektieren zu können, müssen wir vor allem uns selbst achten können. Natürlich haben wir – wie alle anderen auch – unsere Schwächen und Fehler. Darüber war schon in einem vorhergehenden Kapitel die Rede. Es ist gut und wichtig, dass Sie mit Ihren Schwächen liebevoll und freundschaftlich umgehen. Aber das sollten Sie auch mit Ihren Stärken tun! Wie oft handeln Sie auf eine Art und Weise, mit der Sie nicht ganz glücklich sind, wobei Sie ein schlechtes Gefühl haben, ja geradezu ein schlechtes Gewissen. Das tut Ihnen nicht gut, denn wenn Sie das Vertrauen in sich selbst verlieren und sich nicht mehr achten können, sind Sie weder glücklich noch zufrieden mit sich selbst. Es ist nicht immer leicht, so zu handeln, dass man sich danach noch in die Augen sehen kann – auf längere Sicht ist dies aber eine Strategie, die Sie nur stärker macht! Optimisten investieren deshalb ihre Kraft darin, so zu handeln, dass sie sich selbst immer achten und respektieren können!

Übungen

1. Schauen Sie sich morgens im Spiegel in die Augen und sagen Sie: »Ich achte mich.« Das wird Ihnen Stärke für den Tag geben.
2. Üben Sie sich einen Tag lang in achtungsvollem Verhalten – nicht nur sich selbst, sondern auch allen anderen Menschen gegenüber.

… denn sie lassen sich helfen

Es gibt Menschen, denen ist einfach nicht zu helfen. Der einfache Grund: Sie wollen sich nicht helfen lassen! Der Grund ist oft falscher Stolz, Angst vor Abhängigkeit (eventuell müsste man ja Dankeschön sagen), innere Unsicherheit oder auch Misstrauen (wenn mir jemand hilft, kann er dies doch wohl nicht aus uneigennützigen Motiven tun). Aber oft ist es auch unser Selbstwertgefühl, das uns sagt: Das müssen und wollen wir jetzt allein tun. Diese Erfahrung machen wir ja immer wieder mit unseren Kindern, die allein essen, sich allein waschen und anziehen möchten. Dabei geht es ums Ausprobieren der eigenen Möglichkeiten, die für unsere Entwicklung, für unser Leben und Überleben so wichtig sind. Aber auch in diesem Fall sollten wir – genauso wie ein Kind – fragen können: Wie geht das? Zeigst du es mir? Das ist dann eine Bitte um Hilfe zur Selbsthilfe – und wie könnte das unserem Selbstgefühl schaden?

Hätte ich je in meinem Leben an den Menschen gezweifelt – alle Zweifel wären mir vergangen, als ich vor einigen Jahren mein erstes eigenes Auto kaufte: eine alte Ente, die alle 50 Kilometer irgendwo liegenblieb. Das Familienauto war ja gut und schön und zudem viel bequemer und zuverlässiger, aber endlich in der Mitte des Lebens ein eigenes Auto – das ist schon ein Abenteuer, auf das man sich einlassen muss. Über den Spaß hinaus, den mir mein grüner »Froggy« bereitete (whow – dieses Fahrgefühl – wie in einem Laster ganz ohne Servolenkung!), lernte ich wirklich die Hilfsbereitschaft von Menschen kennen. Wann immer Froggy und ich irgendwo gestrandet waren – es war immer jemand da, dessen Telefon ich zu jeder Tages- und Nachtzeit benutzen durfte, um mich von meinem Mann und dem zuverlässigen Familienauto abschleppen zu lassen, immer scharten sich einige

Menschen um mich, die sich eifrig über die Motorhaube beugten, und manchmal war da auch ein netter Polizist, der seine Mängelliste zerknüllte, weil darauf einfach nicht genug Platz war für seine Anmerkungen. Und mitunter herrschte geradezu eine solche Jahrmarktsstimmung, dass ich nur noch darauf wartete, ein Würstchenverkäufer würde die Chance nutzen und seine Bude neben mir und meinem Auto aufschlagen. Froggy ist längst im Entenhimmel – aber dieses Auto hat mich gelehrt, dass man um Hilfe bitten, Hilfe annehmen und dabei sich und andere glücklich machen kann.

»Hilf dir selbst, dann hilft dir Gott«, heißt ein alter Spruch. Das ist bestimmt gut und richtig – aber warum gibt es außer uns noch mehr Menschen auf der Welt? Sollten Menschen nicht Menschen helfen? Und wenn man selbst nicht weiter weiß – sollte man da nicht um Hilfe bitten? Vielleicht haben wir selbst das Helfen schon so sehr verlernt, dass wir selbst uns auch nicht mehr helfen lassen wollen? Aber Optimisten helfen – aus einem Herzensbedürfnis heraus und auch einfach, weil es Spaß macht! Man lernt so viel dabei über sich selbst und über andere, man entdeckt das Gute in sich selbst und in anderen Menschen! Und genauso ist es, wenn man sich helfen lässt!

Durch meinen Beruf bin ich sehr oft in Osteuropa. Und da ich nicht sehr gut Stadtpläne lesen kann, frage ich immer jemanden auf der Straße nach dem Weg. Noch nie hat dort jemand versucht, mir den Weg zu erklären – immer nahmen die Menschen sich die Zeit, mich zu meinem Ziel zu begleiten und darauf zu achten, dass ich auch ganz sicher an meinen Bestimmungsort gelangte. Und zwar nicht, weil sie sich dadurch möglicherweise einen materiellen Vorteil erwarteten – es war einfach eine Selbstverständlichkeit.

Das hat mir viel darüber zu denken gegeben, warum wir so wenig helfen und uns so wenig helfen lassen. Selbst wenn wir helfen möchten, haben wir zunächst verschiedene Ängste:

– Mitunter sind wir misstrauisch – man hört ja so viel, dass jemand, der um Hilfe bittet, vielleicht Böses im Schilde führt.
– Wir wollen nicht aufdringlich sein – vielleicht sieht der Be-

hinderte, dem wir beim Einsteigen in den Zug helfen wollen, dies als Belästigung an?

– Wir sind hilflos. Wie helfen wir einem Blinden, einem Gehbehinderten, wenn wir gar keine Ahnung haben, welcher Art unsere Hilfe sein müsste?

Dazu gab mir eine Rollstuhlfahrerin eine sehr wichtige Erkenntnis weiter, die auch für Menschen gilt, die nicht behindert sind: »Ich spreche die Leute an. Bitte sie einfach ganz konkret, mir in den Zug oder die Treppe hinauf zu helfen und erkläre ihnen, wie das zu bewerkstelligen ist.« Bei diesem Satz stellt sich die Frage, wer hier eigentlich wirklich der »behinderte« Mensch ist – derjenige, der im Rollstuhl sitzt, oder der andere, der der Situation hilflos gegenübersteht. Die meisten Menschen möchten ja gerne helfen – warum sagen wir ihnen nicht einfach, wie dies möglich ist? Damit wäre allen geholfen: uns selbst bei unserem speziellen Problem und den anderen dadurch, dass sie einen Weg finden, ihre gute Gesinnung in die Tat umsetzen zu können.

Übungen

1. Haben Sie selbst keine Scheu zu fragen, wie Sie helfen können. Nicht jeder weiß, wie er einen Kinderwagen die Treppe hinaufbringt, möchte aber gerne behilflich sein. Wenden Sie sich nicht einfach aus Ratlosigkeit ab – damit machen Sie sich selbst nur unglücklich.
2. In welcher Beziehung können Sie Hilfe brauchen? Muss eine Lampe angeschlossen werden? Oder brauchen Sie jemanden, der Ihnen bei einem seelischen Problem beisteht? Bitten Sie um Hilfe – es gibt immer jemanden, der nur zu glücklich wäre, Ihnen zu helfen.

… denn sie lassen sich überraschen

Im Supermarkt beobachte ich seit einiger Zeit ein merkwürdiges Phänomen. Während früher die so genannten »Überraschungseier« (außen Schokolade, innen ein kleines Spielzeug) vorwiegend von Kindern oder deren Eltern für sie gekauft wurden, greifen heute immer mehr Erwachsene nach dieser süßen Verlockung. Dabei sind sie weniger an der Schokolade interessiert als vielmehr am Inhalt. Um herauszufinden, worin dieser bestehen mag, halten sie die Eier ans Ohr und horchen so konzentriert auf das Geräusch, das beim Schütteln entsteht, dass mir dabei immer die Tresorknacker aus alten Filmen einfallen, die ständig ein Stethoskop trugen, um damit den Code zu knacken. Manche Eierkäufer lassen die Objekte ihrer Begierde auch auf der Präzisionswaage am Fleischtresen auswiegen – der Unterschied von ein oder zwei Gramm, so behaupten sie, gebe Aufschluss über den Inhalt. Sie möchten sich zwar überraschen lassen – aber bitte angenehm.

Überraschungen haben ein anarchisches Element. Sie bringen Unsicherheit, ja Verunsicherung in unser Leben, das vielfach so verplant ist, dass für Überraschungen gar kein Platz ist. Wir wissen immer gerne schon vorher, was uns erwartet, damit wir uns darauf einstellen können. Das ist sicherlich vor allem im Berufsleben und mitunter auch im Alltag durchaus wichtig. Aber da es im Leben eigentlich nur eine Sicherheit gibt – nämlich dass es unsicher ist – sollte man diese Tatsache auch als Chance ansehen können! Ein ausschließlich in so genannten »geordneten Bahnen« verlaufendes Leben wird auf die Dauer nicht nur langweilig, sondern ist im Grunde auch unbefriedigend. Es sind doch gerade die kleinen und auch größeren Katastrophen, die uns herausfordern, uns mitunter sogar über uns selbst hinauswachsen lassen!

Hier haben Sie die Gelegenheit, sich selbst zu überraschen, indem Sie entdecken, was in Ihnen steckt. Auf einmal können Sie Dinge tun, die Sie sich unter »normalen Umständen« nicht einmal zugetraut hätten. Deshalb sollten Sie sich auch nicht übermäßig viele Gedanken darüber machen, was Ihnen wohl morgen begegnen könnte. Oft kann man doch nichts daran ändern und muss mit der Situation fertig werden, die sich dann gerade ergibt. Und genauso oft erlebt man ja auch die Überraschung, dass nichts Schlimmes eintritt oder sogar etwas unerwartet Erfreuliches. Das Leben ist nun einmal eine Art Wundertüte: Man weiß vorher nie, was drin ist – aber man kauft sie trotzdem. Genau wie die Überraschungseier, die trotz Schütteln und Wiegen trotzdem immer noch für eine Überraschung gut sind.

»Tsjakkaa – Du schaffst es!« hieß eine Sendereihe, die im Herbst 1998 in einem deutschen Fernsehprogramm angelaufen war. Darin wollte der holländische Therapeut Emile Ratelband in einem Schnellverfahren Menschen dabei helfen, ihre Ängste und Neurosen zu überwinden, indem er sie einfach mit Situationen konfrontiert, die ihnen zu schaffen machen. Ob Ratelband ein Scharlatan, ein guter Showmaster oder ein wirklicher Therapeut (oder vielleicht auch eine Mischung daraus) war und ist, ist mir noch nicht klar geworden. Aber ein Satz von ihm ist mir als sehr wichtig im Gedächtnis geblieben: »Gestern war Geschichte. Morgen ist ein Rätsel. Aber Heute ist ein Geschenk.« Das Heute ist gewissermaßen unser ganz persönliches Überraschungsei. Wann immer Sie also mit unerwarteten Situationen konfrontiert werden, sollten Sie nicht nur daran herumschütteln oder -wiegen, sondern auch die süße Umhüllung beachten. Ich weiß noch, welche wunderbare Überraschung ich mir selbst bereitete, als mir bei einem Australien-Aufenthalt der Pilot unseres kleinen Wasserflugzeugs anbot, einmal selbst zu steuern. Meine erste Reaktion war: Mein Traum vom Fliegen wird wahr! Die zweite Reaktion: Das schaffe ich nie! Zunächst behielt das Gefühl der Angst und Überforderung die Überhand. Ich war völlig verkrampft und entsprechend heftig reagierte das Flugzeug auf meine Steuerung, so dass ich fast in Panik geraten wäre. Aber dann entspannte ich mich – und gleichermaßen entspannt reagierte das kleine Flugzeug. Ich genoß die Aussicht auf das Great Barrier Reef und das Gefühl, dass ich nicht nur fliegen konnte, sondern meine Angst besiegt hatte. Eine ähnliche Erfahrung hatte ich, als ich mit weit über 30 Jahren endlich schwimmen lernte: In dem Moment, als ich mir selbst vertraute und keine Angst mehr empfand, war das Wasser nicht mehr mein Feind, sondern mein Verbündeter – es trug mich! Immer wieder können wir uns also selbst überraschen, indem wir vertrauen – vor allem in uns selbst. Vielleicht ist dieser Herr Ratelband doch kein Scharlatan?

Wenn Sie Überraschungen nicht nur akzeptieren, sondern dankbar annehmen – auch wenn Sie vielleicht einmal gute Miene zum bösen Spiel machen müssen –, lernen Sie, sich immer wieder auf etwas Neues einzustellen. Sie haben dann gar keine Chance, sich im gewohnten Trott festzufahren oder zu verkalken, sondern bleiben flexibel. Wenn Sie vieles schon nicht ändern können, sollten Sie wenigstens das Beste daraus machen! Meine Nachbarin hat ein wunderschönes altmodisches Überhandtuch in der Küche hängen. Darauf ist der folgende Spruch eingestickt:

»Fünf waren geladen,
zehn sind gekommen.
Tu Wasser zur Suppe,
heiß alle willkommen.«

So einfach ist es oft, mit einer Überraschung umzugehen! Niemand von uns weiß genau, was sein Schicksal noch alles für ihn bereithält. Seien Sie neugierig und gespannt auf alles, was noch kommen mag. Lassen Sie sich überraschen! Nehmen Sie diese Überraschung als ein Geschenk an, das Ihnen das Leben macht.

Ist nicht oft gerade das Unvorhergesehene das Schönste und Aufregendste in unserem so sorgfältig ge- und verplanten Leben?

Übungen

1. Freuen Sie sich schon am Morgen auf die Überraschungen des Tages. Worin auch immer diese bestehen mögen – nehmen Sie sie dankbar entgegen.

2. Überlegen Sie abends, was Ihnen dieser Tag an Überraschungen gebracht hat. Waren es wirklich nur unangenehme Überraschungen?

… denn sie sind Träumer

»I have a dream«, rief der schwarze Bürgerrechtler und Nobelpreisträger Martin Luther King in seiner großen Rede zur Beendigung der Rassendiskriminierung in den USA aus. Er wurde ermordet, bevor sich seine Vision verwirklichte. Aber sie wurde Wirklichkeit, denn sein »Traum« war stark genug gewesen, um Millionen von Menschen mitzureißen – der Traum von einer Gesellschaft, in der Schwarz und Weiß gleiche Rechte haben. Aber in diesem Kapitel meines Buches geht es nicht nur um Visionen, die globale Veränderungen herbeiführen können.
Generationen von Psychologen rätselten schon daran herum, wie die Träume entstehen, die uns nachts be- und heimsuchen, und was sie bedeuten könnten. Meistens geht es um die Verarbeitung des Tagesgeschehens, oft sind es so genannte Organträume (etwa, dass wir das »Bedrückende« eines schweren Essens in Traumbilder umsetzen), manchmal sind es so genannte luzide Träume, in denen wir etwas voraussehen. Und in vielen Fällen sind es Träume, mit denen wir überhaupt nichts anfangen können. Wer sind die Personen, denen wir in unseren Träumen begegnen? Was für Ereignisse finden dort statt, und warum? Und was will uns das Ganze sagen? Wie erwähnt: Selbst die Psychologie und auch deren neue Disziplin, die Traumforschung, rätselt noch immer an diesen Phänomenen herum. Darüber könnte nicht nur ein Buch, sondern eine ganze Enzyklopädie geschrieben werden. Aber auch darum geht es in diesem Kapitel nicht.
Dann gibt es noch die Wunschträume. Diese wurden bereits im Kapitel »… denn sie erfüllen sich ihre Wünsche« behandelt. Die Visualisierung eines Wunsches, das Wunschdenken, das Erträumen ist sehr wichtig für die Erfüllung eines Wunschtraumes.

In diesem Kapitel aber geht es um etwas anderes: nämlich um die Träume, die nie erfüllt werden können, nie erfüllt werden sollen, die einfach nur Träume bleiben – und uns gerade deshalb gut tun. Denn diese Art von Träumen gibt uns die Freiheit, von der wir sonst nur träumen können. Tagträume – das hat die moderne Psychologie festgestellt – sind nämlich durchaus keine »Weltflucht« im negativen Sinne. Sie entspannen und erzeugen eine positive Grundstimmung. In diesem Sinne wirken sie wie Bücher oder Filme, die uns so fesseln, dass wir uns mit den Protagonisten identifizieren und die Welt um uns herum vergessen können. Schreiben Sie also Ihr eigenes Buch, denken Sie sich Ihren eigenen Film aus – mit sich selbst als Hauptdarsteller! Nach Sigmund Freud erfüllen wir in unseren nächtlichen Träumen oft unbewusste Wünsche und Triebe. Da wir unsere nächtlichen Träume aber nicht bewusst steuern können, werden mitunter auch Alpträume daraus. Ihre Tagträume aber können Sie voll und ganz beeinflussen! So können Sie unangenehme Wartezeiten dadurch verkürzen, dass Sie sich auf eine einsame Insel träumen oder auch nach Paris oder New York. In diesen Träumen können Sie Superman sein oder ein großer Star. In diesen Träumen geht alles nach Ihren Wünschen aus. In diesen Träumen kann niemand Sie verletzen. Und Sie können alles erleben, was Sie sich wünschen.

Es kann sein, dass Ihre Tagträume Sie nicht nur entspannen und erfreuen, sondern eine so starke Motivation entstehen lassen, dass Sie Ihren Traum in die Wirklichkeit umsetzen. Diesen Fall haben wir bereits im Kapitel »… denn sie erfüllen sich ihre Wünsche« behandelt. Aber es kann auch ganz anders sein, so wie es bei meiner Freudin Gareth der Fall war (vielleicht erinnern Sie sich aus einem früheren Kapitel an sie – es ist diejenige, die Veilchen verschenkt und Blumen pflanzt). Gareth träumte von Island. Alle Bücher las sie, alle Filme sah sie sich an, die sich nur irgendwie mit ihrem Traumland beschäftigten. Sie plante ihre Reise nach Island bis ins letzte Detail, wusste genau, welche Dinge sie sich ansehen wollte, mit welchem Schiff sie fahren musste. In ihren Tagträumen hatte

sie sich mit dieser Insel so intensiv beschäftigt, dass sie mit ihrem Wissen selbst Islandkenner verblüffte. Auch künstlerisch drückte sie ihre Träume aus, und es entstanden viele Bilder, die »ihr« Island zeigten. Ihre Tochter, die ihrer Mutter gerne den Island-Traum erfüllen wollte, hatte ihr Geld und Schiffskarten geschickt und brachte sie schließlich zum Bahnhof. Gareths Reisetaschen enthielten alles, was für einen Islandurlaub nötig war – warme Kleidung, feste Schuhe, ihr Malzeug. Und dann sagte sie: »Es hat mir riesigen Spaß gemacht, meine Taschen zu packen. Aber hier sind die Karten und das Geld zurück. Danke für dein Geschenk. Aber ich glaube, mein Traum ist einfach viel schöner als die Wirklichkeit.« Damit nahm sie ihre Taschen auf, setzte sich in die Straßenbahn und fuhr nach Hause – unter Zurücklassung einer sehr verblüfften Tochter.
Sie hatte Island erlebt, wie sie es sich gewünscht hatte. Das andere Island interessierte sie nicht mehr. Genauso können Sie sich alles wünschen, was Sie möchten, es in Ihren Träumen bis ins letzte Detail auskosten, ohne enttäuscht zu werden. Träume kennen keine Grenzen, deshalb ist alles möglich – auch das Unmögliche.

Übung

Jeden Tag gibt es Wartezeiten – im Bus, bei Behörden, in Wartezimmern oder auch vor dem Einschlafen. Nutzen Sie diese Zeit für ein »Abtauchen« in Ihren ganz persönlichen Tagtraum!

… denn sie haben ein Rückgrat

Wenn wir uns vor jemandem aus einem inneren Gefühl der Hochachtung verbeugen, ist das eine Sache, die wir freiwillig und gerne tun. Aber wenn wir uns ständig beugen und dabei verbiegen, tut das weh – nicht nur seelisch, sondern auch körperlich. Die Folge sind oft Rückenschmerzen. Professor Stephan Ahrens, Leiter der Abteilung für Psychosomatik und Schmerztherapie am Hamburger DRK-Krankenhaus, führt viele Fälle von Rückenbeschwerden auf eine seelische »Schieflage« zurück. Oft gehen diese Beschwerden ohne Behandlung zurück, wenn der betroffene Patient etwas in seinem Leben verändert. In einem früheren Kapitel sind wir ja bereits darauf eingegangen, dass die Signale unseres Körpers uns häufig etwas über ein seelisches Problem mitteilen wollen. Dies gilt auch für Rückenprobleme. Hier eine kleine Checkliste:

– Sie haben einen steifen Hals?

Möglicherweise haben Sie zu wenig Spaß am und im Leben? Oder gibt es Probleme beim Sex?

– Sie ziehen Ihre Schultern hoch?

Das kann ein Ausdruck von Angst sein, um sich vor »Nackenschlägen« zu schützen – Sie ziehen gewissermaßen den Kopf ein.

– Sie haben einen zusammengefallenen Brustkorb?

Dies kann ein äußerer Ausdruck von Trauer sein, die Ihnen die Brust »zusammenschnürt«.

– Ihr Brustkorb ist eher aufgeblasen, während Sie das Becken eng halten?

Vielleicht versuchen Sie durch dieses »Imponiergehabe« Ihre Angst vor Nähe zu verbergen.

– Ihre Unterarme sind verspannt?

Fürchten Sie unbewusst eine »Bestrafung« durch Ihre Mitmenschen, durch das Leben?

– Hat Sie ein »Hexenschuss« erwischt?
Möglicherweise ist Ihnen jemand im übertragenen Sinne in den Rücken gefallen.
– Der untere Rückenbereich ist verspannt?
Dabei kann es sich um eine körperliche Reaktion auf gehemmte Aggressionen und unterdrückten Ärger handeln.
– Sie haben steife Beine bei durchgedrückten Knien?
Vielleicht überschätzen Sie Ihr »Stehvermögen« und sind sich selbst gegenüber zu unnachgiebig.
Optimisten kann man allein schon an ihrer Körperhaltung erkennen. Sie zeigen nämlich schon durch ihr gerades Rückgrat, dass sie sich nicht verbiegen lassen, sondern aufrecht durchs Leben gehen. Mein Zen-Lehrer sagt deshalb seinen Schülern auch immer bei den Sitzübungen, dass sie »aufrichtig« sitzen sollen. Eine aufrechte äußere Haltung hat nämlich einen großen Einfluss auf die innere Haltung. Wenn Sie bedrückt sind oder auch, wenn Sie sich unterdrückt fühlen, krümmt sich Ihr Rücken, Sie lassen die Schultern hängen. Dagegen tragen Sie den Kopf hoch und gehen ohne Mühe aufrecht, wenn Sie sich glücklich und erfolgreich fühlen. Dieses Phänomen hat aber auch einen Umkehreffekt. Probieren Sie es aus: Wenn Sie bedrückt oder traurig sind, halten Sie sich gerade und tragen den Kopf hoch! Mit einem Wort: Bewahren Sie Haltung – und Sie werden spüren, dass sich damit auch Ihre innere Befindlichkeit ändert. (Die Wirkung ist ganz ähnlich wie die des Lachens, das ja schon in einem vorhergehenden Kapitel behandelt wurde.)
Haltung ist mehr als ein gerader Rücken – sie ist ein Ausdruck von Würde und Selbstachtung. Denn die Haltung spiegelt unsere augenblicklichen Gefühle ebenso wider wie unsere grundsätzliche Einstellung zum Leben. Durch eine aufrechte Haltung werden Sie zwar nicht automatisch zum Optimisten, aber
– sie gibt Ihnen ein positiveres inneres Gefühl,
– sie signalisiert nach außen, dass Sie ein aufrechter und aufrichtiger Mensch sind.

In Amerika hat man dies längst erkannt. Zunächst waren es die Models, die lernten, wie sie durch aufrechtes Gehen attraktiver und größer wirken. Bald entdeckten aber auch Manager-Coaches die Haltung als »Karrierefaktor« und trainieren inzwischen ihre Klienten entsprechend für den richtigen Auftritt – etwa bei einem Bewerbungsgespräch oder bei einer wichtigen Verhandlung. Profitieren deshalb auch Sie von Ihrem Rückgrat!

– Stärken Sie Ihr Rückgrat!

Das können Sie tun, indem Sie eine positive Einstellung zu sich selbst haben. Auch Menschen, die Ihnen wohlgesinnt sind, können eine große Hilfe sein, indem sie Sie *unter*stützen, damit Ihr Rücken nicht zu stark belastet wird und indem sie Ihnen auch im übertragenen Sinne den Rücken stärken. Dann wird auch kaum der Fall eintreten, dass Ihnen jemand in den Rücken fällt.

– Halten Sie sich den Rücken frei!

Laden Sie sich weder psychisch noch physisch zu viel auf – das führt unweigerlich zum Zusammenbruch. Nicht alles muss auf Ihren Schultern lasten – delegieren Sie also möglichst viele Aufgaben im Beruf wie im Alltag. Wer sich selbst zu stark belastet, kämpft irgendwann wirklich mit dem Rücken zur Wand!

– Kehren Sie manchen Dingen einfach den Rücken.

Nehmen Sie nicht alles so sehr ernst und dokumentieren Sie dies, indem Sie Dingen, die Ihnen zu schaffen machen, zunächst einmal den Rücken zuwenden – was bedeutet, dass Sie nicht bereit sind, sie über Gebühr zur Kenntnis zu nehmen. Sagen Sie dabei (aber bitte möglichst auch nur innerlich, denn Ihre Haltung wird das schon ausreichend zum Ausdruck bringen!): Ach – rutscht mir doch den Buckel runter!

Übungen

1. Sitzen und stehen Sie »aufrichtig«.
2. Tragen Sie Ihren Kopf hoch!
3. Machen Sie immer wieder einmal einen »Katzenbuckel«. Das entspannt innerlich und äußerlich.

… denn sie sind treu

Optimisten sind vor allem sich selbst treu. Im vorhergehenden Kapitel haben wir gesehen, wie wichtig das Rückgrat für uns ist – es ermöglicht uns, aufrichtig stehen und gehen zu können. Dies ist etwas, das wir mit uns ganz allein auszumachen haben – denn nur, wenn man sich selbst noch in die Augen sehen kann, kann man auch aufrecht gehen. Genauso ist es mit der Treue. Wie können Sie Vertrauen haben, wenn Sie nicht an Treue glauben? Wie können Sie Selbstvertrauen haben, wenn Sie nicht sich selbst treu sind? Und wie könnte jemand Ihnen vertrauen, wenn Sie sich selbst belügen?

»Dies über alles: sei dir selbst treu; und daraus folgt, so wie die Nacht dem Tage, du kannst nicht falsch sein gegen irgendwen.« Dieses Shakespeare-Zitat macht die Verantwortung deutlich, die Sie sich selbst gegenüber haben: dass Sie manchmal den schwereren Weg gehen müssen, um sich nicht zu verbiegen. Nur so können Sie sich selbst vertrauen und anderen gegenüber vertrauenswürdig sein. Und das ist am Ende der leichtere Weg – weil er Sie nicht so tief verletzt, wie Sie selbst es tun würden, wenn Sie den scheinbar leichteren Weg wählten. Aber auch andersherum wirkt dieses Sich-Selbst-Vertrauen-Können, denn »Selbstvertrauen ist die Quelle des Vertrauens zu anderen« (La Rochefoucauld). Das Vertrauen anderen gegenüber ist ja auch eine Form der Treue, ohne die sich die Menschheit inzwischen wohl schon gegenseitig ausgerottet hätte.

Vielleicht haben wir Deutschen ein besonders gespaltenes Verhältnis zur Treue und zum Vertrauen, das ja eng damit zusammenhängt. Das mag mit unserer Geschichte zu tun haben, in deren Verlauf der Treuebegriff oft genug missbraucht und dadurch diskreditiert wurde. Da ist es ein gutes Gefühl, sich darin bestätigt zu sehen, dass Treue und Vertrauen sich nicht nur auf Schillers Gedicht von der »Bürgschaft« beschränken, sondern auch im Alltag lebendig sind. Eine sehr eindrucksvolle Erfahrung machte ich dazu ausgerechnet in einem Land, das aufgrund seiner Geschichte wenig Grund hat, die Deutschen zu schätzen. Als ich das erste Mal in Kiew war, hatte die Ukraine gerade eine neue Währung eingeführt, nach der die Preise ungefähr dem westlichen Niveau angepasst wurden (während die Löhne immer noch in dem Bereich lagen, dass man für eine Packung Bohnenkaffee einen halben Monat lang arbeiten musste). Vorher war ein »Westler« gewissermaßen immer der King gewesen – aber auf einmal saß ich dort auf dem Trockenen, hatte alle meine Dollars ausgegeben – und mein Hotel nahm keine Kreditkarten. wie sollte ich so schnell umgerechnet 1000 DM aufbringen? Meine Freunde hätten für mich gesammelt, ihre seit langem nicht gezahlten Monatsgehälter von maximal 50 Dollar zusammengelegt – es hätte immer noch nicht gereicht. Da fiel mir ein, dass ich in einer Nacht zuvor mit Boris, einem ukrainischen Geschäftsmann, getanzt hatte, der über Handelsbeziehungen nach Deutschland verfügte. Danach hatte er mich zu seiner Familie nach Hause eingeladen, welche mir ein herzliches Willkommen bereitete. Er also war meine letzte Hoffnung … Aber kann man denn einfach einen Fremden um eine solche Hilfe bitten? Ich tat es. Seine Antwort: Aber natürlich helfe ich dir – in welcher Währung? Innerhalb von einer halben Stunde brachte er mir das Geld. Und ich – als gute Deutsche – hatte eine Quittung für ihn vorbereitet über die Summe und sagte, dass ich sie in Deutschland an seinen Geschäftspartner dort überweisen würde. Ich hätte nie gedacht, dass Boris ein so böses Gesicht machen könnte. Er zerriss die Quittung und fragte mich, wohin man denn käme ohne Vertrauen …

Ohne Vertrauen gibt es auch keine Treue – anderen gegenüber nicht und auch nicht sich selbst gegenüber. In der Trauformel heißt es, dass die beiden Ehewilligen einander lieben, ehren und die Treue halten sollten – in guten wie in schlechten Tagen. Dies ist ein Versprechen, das Sie auch sich selbst geben sollten. Lieben und ehren Sie sich, bewahren Sie Ihren Selbstrespekt und bleiben Sie sich selbst treu.

Übung

Stellen Sie sich bei allem, was Sie tun und denken, immer wieder die Frage: Bin das wirklich ich?

In meinem Zeugnis für die 3. Grundschulklasse kann man nachlesen, dass ich eine miserable Handschrift hatte. Dafür wird lobend erwähnt, dass sich das Kind Heidelore durch besondere Bescheidenheit auszeichne. An meiner Handschrift hat sich in all den Jahren nichts geändert – aber glücklicherweise sehe ich es heute nicht mehr als Lob an, wenn man meine Bescheidenheit hervorheben würde. Stellen Sie sich einmal vor, wie sich eine solche Bemerkung in einem heutigen Arbeitszeugnis ausnehmen würde! Kein Personalchef würde Ihnen eine anspruchsvolle Aufgabe anvertrauen – und das mit Recht. Denn Bescheidenheit ist immer falsche Bescheidenheit! Das kann verschiedene Gründe haben.

– Trägheit:

Wer sich selbst klein macht und lieber im Hintergrund bleibt, von dem wird auch nicht viel erwartet. Das bedeutet: Wir müssen keine Verantwortung übernehmen, keine Entscheidungen treffen und können so auch keine Fehler machen. La Rochefoucauld brachte diese innere Einstellung auf den Punkt: »Bescheidenheit und Ehrgeiz findet man nie beisammen. Die Bescheidenheit ist Gleichgültigkeit und Bequemlichkeit der Seele, der Ehrgeiz dagegen ist Tätigkeit und glühender Eifer.«

– Heuchelei:

Bescheidenheit ist oft auch eine Form von Eitelkeit – »fishing for compliments« gewissermaßen. Menschen, die diese Art von Bescheidenheit zur Schau tragen, warten nur darauf, dass ihnen Lob gezollt wird und reagieren mit ebenso offensichtlich zur Schau getragener Verletztheit, wenn dies nicht eintritt.

– Anspruchslosigkeit:

Wer sich mit wenigem bescheiden kann, ist auch mit wenigem zufrieden. Aber wofür haben wir unsere Talente mitbekommen, wenn nicht zu dem Zweck, sie zu nutzen – für uns und für andere? Wenn wir wissen, dass wir etwas wirklich gut können, müssen wir dies auch anderen klar machen, wir müssen unsere Begabungen gut »verkaufen«. Niemand kann ahnen, welche Schätze in Ihnen verborgen sind, wenn Sie nicht selbst darauf aufmerksam machen! Schon im Neuen Testament steht, dass wir unser Licht nicht unter den Scheffel stellen, sondern mit unseren Talenten wuchern sollen. Alles andere wäre Undankbarkeit dem Schicksal gegenüber, das uns damit bedacht hat.

– Selbsterniedrigung:

Genauso, wie wir niemand anderen erniedrigen sollten, dürfen auch wir selbst uns nicht diskriminieren. Zu einem solchen Verhalten kommt es meistens durch falsche Selbsteinschätzung, die aus innerer Unsicherheit entsteht. Seien Sie sich Ihres Wertes bewusst – ganz allgemein als Mensch, aber auch als Experte auf Ihrem ganz speziellen Gebiet. Dadurch haben Sie einen *Anspruch* auf die Anerkennung der anderen! Freuen Sie sich also über jedes ehrliche Kompliment, über jedes berechtigte Lob und wehren Sie diese Anerkennung nicht verlegen ab.

Sicherlich sind Sie ein wunderbarer Mensch, mit vielen Qualitäten und Fähigkeiten, die andere nicht haben. Aber wie soll jemand ahnen, wer Sie sind und was in Ihnen steckt, wenn Sie – wie es im alten Poesiealbumspruch heißt – sich verstecken »wie ein Veilchen im Moose, bescheiden und still«? Tue Gutes und rede darüber – dieser amerikanische Slogan scheint mir viel wirksamer zu sein. Ein Beispiel dafür sind unter anderem die vielen humanitären und karitativen Aktivitäten von Schauspielern, Politikern und anderen Prominenten. Sie sagen: Schaut her, ich kümmere mich um AIDS-Kranke, um die Opfer von Kriegen und Katastrophen und setze meinen Namen dafür ein – wie steht es mit euch?

Außerdem: Was ist falsch daran, Anerkennung zu finden für Fähigkeiten und Leistungen? Im Berufsleben finden Sie zwar jeden Monat in Mark und Pfennig ausgerechnet, welchen

»Marktwert« Sie gerade haben. Aber ist es darüber hinaus nicht auch wichtig, dass dies auch durch die entsprechende Anerkennung in Worten und Verhalten ausgedrückt wird? Letztlich ist Unbescheidenheit auch wieder eine Frage von Respekt und Selbstrespekt.

Auch in Ihren eigenen Ansprüchen an das Leben sollten Sie nicht zu bescheiden sein. Darüber war schon in verschiedenen Kapiteln – beispielsweise über das Wünschen und Träumen – die Rede. Welches Gesetz verbietet es, dass Sie sich selbst alles Glück der Welt wünschen – und es sich auch zugestehen? Sie müssen kein schlechtes Gewissen haben, wenn es Ihnen gut geht. Um so leichter fällt es Ihnen ja, anderen Gutes zu tun! Sie müssen sich nicht für neidisch halten, wenn Sie sich etwas wünschen, das anderen selbstverständlich ist! Das »Streben nach Glück«, das sogar in der amerikanischen Verfassung festgeschrieben ist, ist ein dem Menschen angeborener Wesenszug. Und – trotz aller Katastrophen und Kriege, die dieses Streben in Verbindung mit Machtstreben hervorgebracht hat – es hat die Menschheit zu immer neuen Ufern, zu immer neuen Ausblicken geführt. Seien Sie unbescheiden! So, wie Sie dem Leben alles geben, dürfen Sie auch alles vom Leben verlangen!

Übungen

1. Haben Sie heute etwas »Gutes getan« – Blut gespendet oder Geld für einen karitativen Zweck gesammelt? Reden Sie darüber, motivieren Sie auch andere!
2. Wann immer Sie im Berufsleben ein Problem besonders gut gelöst haben, machen Sie Mitarbeiter und Vorgesetzte dezent darauf aufmerksam. Es war Ihr Verdienst und nicht das eines anderen!

… denn sie machen den ersten Schritt

Ein altes chinesisches Sprichwort sagt, dass auch die längste Reise mit dem ersten Schritt beginnt. Das gilt für Reisen im buchstäblichen Sinne genauso wie für Reisen zu anderen Menschen, zu uns selbst, zu einer neuen Lebensgestaltung, in unser eigenes Inneres. Meistens ist es die Angst vor dem Unbekannten und Unerwarteten, die uns viel zu oft von diesem ersten Schritt abhält. Aber Optimisten haben keine Angst vor dem, was sie am anderen Ufer des Flusses erwartet, sie gehen voller Vertrauen und Selbstvertrauen den ersten Schritt über die Brücke und wissen: Alles Weitere wird sich dann schon finden. Und sie wissen noch etwas: Wir können nicht immer darauf warten, dass jemand anderes den ersten Schritt macht und uns dadurch die Entscheidung erleichtert. Also: Wenn Sie sich etwas wünschen, setzen Sie doch einfach einen Fuß vor den anderen und beginnen Sie die Reise!

Sicherlich kennen Sie diese Erfahrung auch: Manchmal lassen wir uns auf eine Unternehmung ein – weil sie uns am Herzen liegt, weil sie uns begeistert, weil sie aussieht, als könnte sie wichtig sein oder uns Spaß bringen. Das kann eine Umstellung im Leben sein oder einfach »nur« die Renovierung eines Zimmers. Und mittendrin überkommen uns Frust und Tränen, wir möchten nur noch weglaufen und fragen uns: Warum habe ich mich bloß auf so etwas eingelassen? (Übrigens eine Frage, die Eltern und Ehepartner sich wohl auch in schöner Regelmäßigkeit stellen …) Aber dann – wenn wir unser Ziel erreicht haben, wenn wir uns selbst überwunden und nicht selten übertroffen haben, sind wir froh, dass wir vorher gar nicht so genau wussten, welche »Risiken und Nebenwirkungen« unser Weg mit sich bringen würde. Dann wären wir ihn womöglich gar nicht gegangen – aus Bequemlichkeit, aus

Angst, aus Unsicherheit. Und das – aber das wissen wir dann erst – wäre sehr schade gewesen.

Es gibt so viele Gelegenheiten, wo unser erster Schritt unsere Welt verändern könnte. Aber wir haben Angst – vor der eigenen Courage, vor Zurückweisung, vor den Konsequenzen. Diese Ängste und Befürchtungen haben die meisten Menschen. Ist es da nicht schön, wenn jemand den Mut hat, den ersten Schritt zu machen? Ist es da nicht schön, wenn Sie dieser »Jemand« sind?

– Da gibt es ein Missverständnis, vielleicht sogar ein Zerwürfnis? Warten Sie nicht darauf, dass der andere seinen Mut zusammennimmt und versucht, die Dinge in Ordnung zu bringen. Das kann lange dauern oder auch niemals eintreten. Wie oft sind Sie traurig, unglücklich oder beunruhigt über eine solche »unbereinigte« Situation. Warum sollten Sie sich also darauf versteifen, dass es der andere sein muss, der auf Sie zukommt – vielleicht, weil er der Schuldige oder der Verursacher ist. Letztlich liegt Ihnen doch genauso viel daran, dass wieder klare Verhältnisse herrschen – also seien Sie großmütig. Machen Sie den ersten Schritt!

– Da gibt es jemanden, den Sie gerne kennen lernen möchten, möglicherweise weil Sie nicht länger allein sein möchten, Freunde suchen oder ganz einfach an einer bestimmten Person interessiert sind. Wie sollen andere Menschen wissen, dass Sie allein sind oder Kontakte und Verbindungen suchen, wenn Sie nicht darüber reden? Es ist gar nicht so schwer, auf jemanden zuzugehen, sich vorzustellen und ins Gespräch zu kommen. Machen Sie den ersten Schritt!

– Da ist ein Job, den Sie gerne hätten? Warten Sie nicht, bis er ausgeschrieben wird und sich Dutzende von anderen Menschen darauf bewerben. Personalchefs wissen Eigeninitiative zu schätzen (erinnern Sie sich in diesem Zusammenhang an das vorhergehende Kapitel über Bescheidenheit, die immer falsche Bescheidenheit ist), denn sie zeigt, dass Sie erstens Ihren eigenen Wert einzuschätzen wissen und zweitens an den Belangen der Firma interessiert sind. Nevil Shute, der nicht nur ein bemerkenswerter Romancier, sondern auch Flugzeugkonstrukteur und Chef einer Firma war, mit deren Flugzeugen in den 40er Jahren die ersten Überschallflüge durchgeführt wurden, suchte sich seine Bewerber nach dem folgenden einfachen Prinzip aus: Wer darauf wartet, dass wir antworten, hat kein Interesse – wer auf uns zukommt, zeigt sein Engagement. Machen Sie den ersten Schritt!

– Da sind Dinge, die Sie in Ihrem Leben gerne ändern würden. Sie tun es nicht, weil es so viele Wenns und Abers gibt. Was denken die anderen? Habe ich das Geld? Kann ich mir das überhaupt zutrauen? Und überhaupt: Ist das nicht alles zu ungewöhnlich? Sie werden nie wissen, wozu Sie imstande sind, wenn Sie es nicht ausprobieren. Machen Sie den ersten Schritt!

Ein Kind, das laufen lernt, ist einerseits mutig und unternehmungslustig, wenn es die Möglichkeiten dieser neuen Fähigkeit entdeckt. Andererseits ist es auch sehr vorsichtig, setzt einen Schritt vor den anderen und hält sich fest, wenn es sich unsicher fühlt. Aber: Ein Kind gibt nicht auf – es will einfach auf eigenen Füßen stehen, seinen eigenen Weg gehen, auch wenn dies mit blauen Flecken und aufgeschlagenen Knien verbunden ist. Wenn Sie den ersten Schritt tun – in welcher Beziehung auch immer:

– Machen Sie zunächst kleine Schritte, um Selbstvertrauen zu gewinnen und sich selbst nicht zu überfordern. Bauen Sie ein paar Sicherheitsleinen ein, nehmen Sie auch einmal eine helfende Hand in Anspruch.

– Freuen Sie sich über jeden Schritt, den Sie tun – er bringt Sie vorwärts.

– Wenn Sie hinfallen, ist das nicht so schlimm – auch wenn die Seele mal blaue Flecken kriegt. Schlimm ist es, wenn man danach nicht mehr aufstehen und weitergehen will.

– Denken Sie auch an den »Pilgerschritt«: Manchmal muss man zwei Schritte zurück, um drei Schritte vorwärts zu machen. Das ist wie ein Anlauf beim Hoch- oder Weitsprung – da muss man auch erst einmal einige Schritte zurückgehen.

– Oft werden Sie feststellen, dass die alte Weisheit durchaus zutrifft: Der Weg ist das Ziel. Freuen Sie sich über jeden Schritt, den Sie auf diesem Weg tun.

Als am 20. Juli 1969 der amerikanische Astronaut Neil Armstrong als erster Mensch seinen Fuß auf den Mond setzte, war dies nach seinen eigenen Worten ein kleiner Schritt für einen Menschen, aber ein großer Schritt für die Menschheit. Ob dies zutrifft, muss sich selbst nach so vielen Jahren noch erweisen. Aber jeder Schritt, den Sie tun, bringt Sie selbst weiter. Und das ist ein Schritt, für den Sie sich nicht auf den Mond begeben müssen und der trotzdem Ihr Leben verändern kann. Deshalb: Machen Sie den ersten Schritt!

Übungen

1. Haben Sie Probleme mit einem Menschen in Ihrer Familie, in Ihrem Freundes- oder Bekanntenkreis? Hat jemand Sie verletzt oder haben vielleicht Sie ihn verletzt? Reden Sie mit dem betreffenden Menschen darüber!
2. Sie wünschen sich neue Perspektiven im Leben – beruflich oder privat? Gehen Sie beherzt darauf zu und setzen Sie Ihre Wünsche in die Tat um!

… denn sie setzen sich keine Grenzen

»Machen Sie den ersten Schritt!« hieß es im vorhergehenden Kapitel. Damit haben Sie im Grunde schon eine Grenze überschritten. Und jetzt: Gehen Sie noch einen Schritt weiter! Vielleicht kennen Sie diese Erfahrung aus Ihrem letzten Urlaub: Eigentlich waren Sie vom Wandern schon total ermüdet. Aber da gab es noch eine Kurve, noch einen Hügel – und Sie waren voller Neugier, was wohl dahinter sein könnte. Das gab Ihnen die Kraft, trotz Muskelkater, Blasen an den Füßen, sengender Sonne oder prasselndem Regen immer noch einen Schritt weiter zu gehen. Möglicherweise fanden Sie dann die schönste Aussicht, die Sie ohne dieses Durchhaltevermögen nicht erblickt hätten. Möglicherweise aber entdeckten Sie auch etwas ganz anderes: Es geht immer noch ein Stückchen weiter. Sie hatten etwas getan, was im bürgerlichen Recht – auf Eigentumsverhältnisse bezogen – verboten ist: Sie hatten Ihre Grenzsteine versetzt, waren über Ihre eigenen Grenzen hinausgelangt.

Erst wenn Sie etwas ausprobiert haben, können Sie wissen, ob es möglich ist oder nicht. Das Wort Grenze hat in seiner slawischen Urform die Bedeutung »Ecke« – man könnte also fast sagen, dass die Grenze immer gerade um die Ecke liegt! Und nur, wenn Sie immer einmal wieder um die nächste Ecke schauen, können Sie entdecken, was sich dahinter an Möglichkeiten verbirgt. Nur so können Sie Ihre Stärken und Schwächen immer wieder neu erproben. Dabei werden Sie feststellen, dass sich Grenzen meistens nur in unserem Kopf befinden, dass wir selbst es sind, die sich Grenzen setzen:

- Wir haben Angst vor dem Unbekannten.
- Wir trauen uns nicht zu, etwas Neues zu beginnen.
- Wir sind zu träge, noch einen Schritt weiter zu machen.

Ein japanisches Sprichwort sagt: Hebt man den Blick, so sieht man keine Grenzen. Erinnern Sie sich an das Kapitel, in welchem von der aufrechten Haltung die Rede war und wie diese sich auf die innere Befindlichkeit auswirken kann. Also: Kopf hoch! Vorwärts! Denn eine Grenze, die Sie kennen, haben Sie eigentlich schon überschritten. Beschränken Sie sich also nicht selbst in Ihren Lebensmöglichkeiten, indem Sie in Ihrem Kopf einen Schlagbaum herabfallen lassen, der Sie hindert, einfach weiterzugehen.

Außerdem ist es auch eine spannende Erfahrung zu entdecken, welche Möglichkeiten wir haben, was wir uns zumuten können, woran wir vielleicht noch trainieren können. Das bringt uns in »Grenzsituationen« – ein Begriff, den der Philosoph Karl Jaspers prägte. In seiner 1919 erschienenen »Psychologie der Weltanschauungen« bezeichnet er damit Erfahrungen an den Grenzen menschlichen Daseins, wie beispielsweise Kampf, Leiden, Schuld und Tod. Diese verweisen nach seinen Worten auf die »Grundsituation« des Menschen und können – verbunden mit dem Bewusstsein des eigenen Scheiterns – den Menschen zum »Selbstsein« und zur Gewinnung »wirklicher Existenz« führen. Und wollen wir nicht alle wir selbst sein? Wollen wir nicht alle »wirklich« leben? Diese zutiefst menschliche Sehnsucht lässt sich aber nur durch Transzendenz, durch Grenzüberschreitung verwirklichen. Womit Karl Jaspers sich und seine Studenten und Leser in großen Worten quälte, fasste der wunderbare irische Dramatiker George Bernard Shaw in einer einfachen Formel zusammen: »Einige Menschen sehen die Dinge, wie sie sind, und fragen: Warum? Ich träume nie dagewesene Träume und frage: Warum nicht?« Träume sind grenzenlos. Und wenn Sie beginnen, sie in die Wirklichkeit umzusetzen, werden Sie feststellen, dass auch das wirkliche Leben fast grenzenlos ist!

Übungen

1. Gibt es etwas, das Sie sich sehr wünschen? Machen Sie einen kleinen konkreten Schritt darauf zu. Und dann gehen Sie noch einen kleinen Schritt weiter. Beispielsweise, indem Sie

eine Mark ins Sparschwein tun – und dann noch eine. Oder indem Sie zwei Kniebeugen mehr machen.

2. Gibt es etwas, wovor Sie Angst haben? Spinnen vielleicht oder Schlangen, fremde Menschen oder Ihr Chef? Gehen Sie einen kleinen Schritt darauf zu. Und dann gehen Sie noch einen kleinen Schritt weiter.

... denn sie sind zäh

Sicherlich haben Sie beim Essen schon einmal ein richtig zähes Stück Fleisch auf dem Teller gehabt – es ist einfach nicht kleinzukriegen, ohne dass man sich die Zähne daran ausbeißt. Zähigkeit ist aber auch eine Eigenschaft, die Optimisten auszeichnet! Und da sie im Gegensatz zum Bratenstück überaus lebendig sind, setzen sie diese Eigenschaft auch aktiv ein. Sie mögen stolpern, fallen, sich selbst bemitleiden und jammern – irgendwann gehen sie trotzdem ihren Weg weiter. Sie geben einfach nicht auf, sondern sind wahre Überlebenskünstler. Wenn ich an Zähigkeit denke, verbinde ich damit immer das Bild meiner Mutter. Sie ist eine so kleine, zarte Person und seit ich mich erinnern kann geschlagen mit so ziemlich allen chronischen Leiden, die das medizinische Handbuch angibt. Auf der Flucht aus Ostpreußen brachte sie nicht nur ihre eigene Tochter (meine Schwester) und ihre unmittelbare Familie, sondern noch zahlreiche weitere Personen mit Pferd und Wagen sicher in den Westen. Völlig entkräftet und mittellos konnte sie dennoch uns alle – mein Vater war schwer an Malaria erkrankt – durch Nähen, Rübenhacken, Kühemelken und Dolmetschen über Wasser halten. Um meiner Schwester und mir die bestmögliche Schulbildung zu ermöglichen, war sie sich nicht zu schade, neben ihrer Arbeit als Lehrerin auch noch putzen zu gehen und Schnee zu schaufeln. Und heute, mit über 80 Jahren, gibt sie immer noch Nachhilfeunterricht. Sie ist eigentlich der erstaunlichste Mensch, den ich kenne. Sie jammert und klagt, und seit meine Schwester und ich sie kennen – seit unserer Geburt –, fürchten wir ständig um ihr Leben. Aber noch heute bringt sie mehr auf die Reihe als wir beide zusammen. Und in jeder Gesellschaft ist sie – ganz Dame – mit ihrer Persönlichkeit und ihrem Charisma der absolute Mittelpunkt. Für ihren Arzt ist sie ein medizinisches Wunder, das er auf ihren ostpreußischen Dickschädel zurückführt. Für uns Familienmitglieder – inzwischen in der Urenkelgeneration – ist sie einfach die Obermutter, die ihre Zähigkeit aus zwei wesentlichen Lebensprinzipien bezieht:

1. Dem Unkraut-Prinzip.

Was ärgert Sie am meisten in Ihrem Garten? Wahrscheinlich, dass alle Kulturpflanzen gehegt, gepflegt, gedüngt und gehätschelt werden müssen, während die so genannten Unkräuter ganz von allein wachsen. Unkraut vergeht eben nicht! Man kann es ausjäten, man kann Unkrautvernichter darüber kippen – Löwenzahn, Brennesseln, Miere und Klettenlabkraut (und auch alle anderen) kommen einfach immer wieder – zur Verzweiflung vieler Gärtner. Aber wer einmal gesehen hat, wie sich ein Löwenzahn durch die Asphaltdecke einer Straße bohrt und dort unter den denkbar ungünstigsten Bedingungen sogar Blüten treibt, wird nachdenklich und bekommt Respekt vor der unglaublichen Vitalität dieser Pflanzen. Diese werden inzwischen auch aus gutem Grund nicht mehr als Unkräuter, sondern als Wildkräuter bezeichnet. Viele von ihnen werden sogar als schützenswert betrachtet, weil die genetisch verankerten Vitalstoffe auf längere Sicht nicht nur der Landwirtschaft, sondern auch der Medizin zugute kommen können. Unkraut vergeht nicht, denn es setzt sich immer wieder durch – und vor allem: es überlebt. Seien Sie in diesem Sinne ein Unkraut!

2. Dem Stehaufmännchen-Prinzip.

Ich weiß nicht, ob es diese Spielzeuge noch gibt, die mich in meiner Kindheit so begeisterten: Ein Plastikmännchen, meistens mit einem Clownsgesicht, das in seiner unteren Hälfte aus einer Halbkugel bestand und nie umfallen konnte – was immer man auch versuchte. Diese Stehaufmännchen funktionieren deshalb, weil sie ihren Schwerpunkt sehr tief in sich tragen. Man kann sie schubsen, treten, umwerfen – sie stehen einfach immer wieder auf. Genauso ist es auch mit den Optimisten. Da sie ihren Schwerpunkt in sich selbst setzen, wirft nichts sie wirklich um, jedenfalls nicht so sehr, als dass sie nicht wieder aufstehen und weitermachen würden. Seien Sie in diesem Sinne ein Stehaufmännchen!

Die Wissenschaft gibt übrigens noch eine weitere Definition für Zähigkeit: Sie ist das Gegenteil von Sprödigkeit. Während zähe Materialien sich unter Außendruck verformen, aber nicht an Substanz verlieren, zerbrechen spröde Materialien unter der Belastung. Aber da Optimisten Unkraut- und Stehaufmännchen-Qualitäten haben, also auch im wissenschaftlichen Sinne zäh sind, gehen sie ihren eigenen Weg weiter. Sofort, morgen, übermorgen oder auch nach einem Jahr. Mut und Tapferkeit sind geschätzte Eigenschaften, aber so große Worte, dass sie uns manchmal beängstigen können. Das sind doch keine Bezeichnungen, die jemals auf uns selbst zutreffen könnten ...!?

Zähigkeit ist vielleicht manchmal noch mehr. Denn anfangen ist leicht. Da ist ein Impuls, eine Begeisterung in uns, die uns trägt und uns nicht nach rechts oder links schauen lässt. Nur: Jede Begeisterung lässt einmal nach – und da kommt es eben auf die Zähigkeit an, mit der man das Ziel weiterverfolgt. Da geht es nicht mehr um Höhenflüge, sondern darum, immer wieder einen Schritt nach dem anderen zu machen. Das mag nicht so spektakulär sein, ist aber wesentlich effektiver. Wenn Ihnen etwas wichtig ist, sollten Sie deshalb

- an Ihr Ziel glauben und es nicht aus den Augen verlieren – was immer auch an anderen Dingen dazwischenkommen mag,
- an sich selbst glauben – auch wenn Sie manchmal diesen Glauben verlieren möchten,
- zäh und dickköpfig immer wieder von vorne anfangen – auch wenn es Hindernisse und Schwierigkeiten gibt.

Übungen

1. Halten Sie nach einem Löwenzahn Ausschau – Sie werden ihn überall finden. Wenn Sie einen in Ihrem Garten haben, graben Sie ihn aus und betrachten Sie seine lange Wur-

zel. Und wenn er sich gerade im Pusteblumenstadium befindet, lassen Sie die kleinen Schirmchen in die Weltgeschichte schweben – wie Ihre Träume und Wünsche. Jedes Schirmchen ist nämlich ein Samen, der wieder Wurzeln bildet.

2. Versuchen Sie, in einem Spielwarengeschäft ein Stehaufmännchen zu finden. Stellen Sie es auf Ihren Schreibtisch oder neben Ihr Bett und beobachten Sie immer wieder, wie es seinen Schwerpunkt zurückgewinnt.

... denn sie sind leichtsinnig

Wenn jemand uns sagt, wir wären leichtsinnig gewesen, hat dies immer einen ziemlich negativen Beigeschmack. Warum eigentlich? Nur, weil wir einmal für einen Moment alles Belastende und Hinderliche abgeworfen haben und uns die Konsequenzen egal waren? Das Leben ist meistens ziemlich schwer, also sollte man es wenigstens manchmal leicht nehmen – dann steht man es nicht nur durch, sondern findet auch noch Spaß daran! Außerdem bedeutet leichtsinnig sein nicht gleichzeitig, dass man leichtfertig ist! Leichtfertigkeit ist gedankenloses, törichtes, planloses Handeln. Leichtsinn dagegen bedeutet: leichten Sinnes sein.

Im vorhergegangenen Kapitel ging es um Zähigkeit. Das bedeutet: Durchhalten, noch einen Schritt weiter gehen, sich selbst herausfordern. Eine solche Herausforderung ist auch der Leichtsinn. Auch er bringt Sie einen Schritt über Ihre Grenzen hinaus – über die Grenzen Ihrer Vernunft nämlich. So wichtig die Vernunft im philosophischen Diskurs ist – weil sie letztlich eine besondere Begabung des Menschen ist, die er zu seinem Überleben und zum Überleben von Erde und Menschlichkeit nutzen muss –, ist sie doch nicht alles. Wer immer nur abwägt, was vernünftig ist, nimmt sich dadurch oft die Möglichkeit einer sehr wichtigen Lebenserfahrung: nämlich die der Lebensfreude. Ich glaube nicht, dass wir Menschen hier auf der Erde leben, um zu leiden. Das Leid ist da – das wissen wir alle. Aber auch die Freude ist da. Wir sollten weder das eine noch das andere verdrängen. Und wie kann man besser gegen das Leid kämpfen als indem man versucht, Lebensfreude zu schaffen – und selbst zu erleben? Und nun beantworten Sie sich selbst ehrlich die Frage: Wann haben Sie mehr Freude gehabt – wenn Sie vernünftig oder wenn Sie leichtsinnig waren?

In seinem wunderbaren Roman mit dem programmatischen

Titel »Die unerträgliche Leichtigkeit des Seins« schreibt Milan Kundera dazu unter der Fragestellung, ob man nun im Leben das Schwere oder das Leichte wählen solle:
»Parmenides hat sich diese Frage im sechsten Jahrhundert vor Christus gestellt. Er sah die ganze Welt in Gegensatzpaare aufgeteilt: Licht – Dunkel; Feinheit – Grobheit; Wärme – Kälte; Sein – Nichtsein. Er betrachtete den einen Pol (Licht, Feinheit, Wärme, Sein) als positiv, den anderen negativ. Eine solche Aufteilung sieht kinderleicht aus, bringt jedoch eine Schwierigkeit mit sich: Was ist positiv, das Schwere oder das Leichte? Parmenides antwortete: Das Leichte ist positiv, das Schwere ist negativ. Hatte er recht oder nicht? Das ist die Frage. Sicher ist nur: Der Gegensatz von leicht und schwer ist der geheimnisvollste und vieldeutigste aller Gegensätze.«
An dieser Stelle fällt mir immer Hamlet ein, wie er mit seinem Totenkopf dasitzt und sich quält: »Sein oder Nichtsein – das ist hier die Frage …« Dabei ist es im Grunde überhaupt keine Frage. Solange wir leben, *sind* wir. Und Parmenides? Mein Studium der Philosophie hat mich da auch nicht sehr viel weitergebracht – aber mein Studium des Lebens. Und die Antwort, die ich gefunden habe, lautet: Es gibt einfach kein Entweder – Oder, sondern nur ein Sowohl – Als auch. Das Dunkle wie das Helle, das Schwere wie das Leichte gehören zu unserem Leben – so wie Einatmen und Ausatmen, Systole und Diastole, Schlaf und Wachen usw. Das eine ist immer bedingt durch das andere. Und weil Optimisten dies erkennen können, sind sie auch im wahrsten Sinne lebendig, denn sie empfinden die Leichtigkeit des Seins genauso wenig als unerträglich wie dessen Schwere. Mit beiden Empfindungen können sie gleichermaßen gut umgehen. Was zwischen beiden entsteht, ist Spannung. Und aus Spannung entsteht der Strom, der die Energie liefert, das straff gespannte Seil, auf dem sie durchs Leben tanzen.
Das Leben stellt uns meistens vor das Problem, mit schwierigen, lästigen und belastenden Dingen umgehen zu müssen. Offensichtlich sind wir schon so sehr daran gewöhnt, dass wir

uns keinen Leichtsinn mehr zutrauen. Denn ein leichter Sinn ist durchaus nicht die »Light«-Version des Lebens (wie beispielsweise bei Zigaretten oder Lebensmitteln), sondern im Gegenteil ein ziemlich heftiger Schritt – in Richtung auf uns selbst, in Richtung auf das Leben. Mir fallen in diesem Zusammenhang zwei Sprüche ein, die mir gesagt wurden:

1. Tue nichts, was du bereuen müsstest. Aber bereue auch nichts, was du getan hast.
2. Die einzigen Dummheiten, die ich bereue, sind die Dummheiten, die ich nicht gemacht habe.

Kennen Sie dieses wunderbare Chanson von Edith Piaf: »Non, je ne regrette rien«? So soll es sein – dass Sie zu allem stehen, was Sie falsch gemacht haben – es nicht verdrängen, nicht beschönigen. Aber auch, dass Sie sich die Freiheit genommen haben, zu sich selbst, zu Ihren eigenen Gefühlen und Bedürfnissen zu stehen, ohne lange über die Konsequenzen nachzudenken. Setzen Sie doch einmal auf Risiko – und warten Sie ab, was passiert!

Unsere Muttersprache ist so weise, dass man sich immer wieder einmal überlegen sollte, was die Worte, die wir täglich benutzen, in ihrem Ursprung bedeuten. »Leicht« ist verbunden mit den Begriffen Lunge und gelingen.

– Lunge: Sie tun etwas, was Sie immer schon tun wollten, ohne an die Folgen zu denken – Sie können durchatmen.
– Gelingen: Warum sollten Ihnen nicht auch Dinge gelingen, die Sie leicht nehmen?

Übungen

1. Sie möchten etwas kaufen, das Sie eigentlich nicht unbedingt brauchen, das Ihnen (oder jemand anderem) aber große Freude machen würde? Tun Sie's!
2. Die Party ist viel besser, als Sie dachten? Dann denken Sie einfach nicht mehr daran, dass Sie morgen früh aufstehen müssen!
3. Lesen Sie wieder einmal Joseph von Eichendorffs wunderbares Buch »Aus dem Leben eines Taugenichts«.

… denn sie sind konzentriert

Haben Sie eines oder mehrere der folgenden Probleme bei der Erledigung Ihrer täglichen Aufgaben?

- Sie ermüden rasch.
- Sie lassen sich leicht ablenken.
- Sie sind vergesslich.
- Sie träumen und trödeln.
- Sie sind energielos.

Dann leiden Sie wahrscheinlich unter Konzentrationsmangel. Konzentration bedeutet nichts anderes als die bewusste Steigerung der Aufmerksamkeit, die sich auf ein ganz bestimmtes Ziel richtet. Es gibt Menschen, die sich so in ihre Arbeit oder gegenwärtige Beschäftigung vertiefen können, dass sie gar nicht wahrnehmen, was um sie herum vorgeht. Von Archimedes, dem wohl berühmtesten Mathematiker der Antike, wird berichtet, dass er so sehr in seine mathematischen Berechnungen vertieft war, dass er nicht einmal den Einmarsch eines feindlichen Heeres nach Syrakus bemerkte. Erst als die Schatten der Soldaten auf seinen Arbeitsplatz fielen und ihn in seinen Überlegungen störten, blickte er auf und bat: »Geht mir aus der Sonne.«

Andererseits gibt es Menschen, deren Gedanken immer wieder abschweifen und die sich auf keine Tätigkeit richtig konzentrieren können. Dies kann beispielsweise beim Autofahren schlimme Folgen haben, wenn der Fahrzeugführer sich mehr auf persönliche Probleme, Tagträume oder Sonstiges konzentriert als auf den Straßenverkehr um ihn herum. Aber auch bei weniger gefährlichen Tätigkeiten führt Konzentrationsmangel zu – auch für uns selbst – unbefriedigenden Arbeitsergebnissen. Nur wenn wir konzentriert bei der Sache sind, können wir die uns selbst gesteckten Ziele erreichen.

Konzentration heißt Selektion. Wir wählen aus, was uns im

Moment wesentlich erscheint und blenden gewissermaßen alles andere als unwesentlich oder störend aus. Dies ist meistens dann der Fall, wenn uns eine Beschäftigung geradezu fesselt, uns fasziniert oder begeistert. Dann erhöht sich unsere Aufmerksamkeitsfähigkeit, und wir nehmen nicht nur nicht wahr, was um uns her geschieht, sondern vergessen auch die Zeit. Bei monotonen, unangenehmen oder uns lästigen Aufgaben dagegen scheint sich die Zeit ins Unendliche zu dehnen, und unsere Gedanken schweifen immer öfter von der ausgeführten Tätigkeit ab.

Dies sind die beiden Extreme. Dazwischen gibt es einen gewissen Normalbereich, dessen Spanne individuell schwanken kann. Allerdings haben Hirnforscher und Psychologen herausgefunden, dass das Mittel ungeteilter Aufmerksamkeit bei etwa 25 Minuten liegt. Dann kommt es zu einer kurzfristigen Veränderung der Konzentrationsschärfe. Diese Veränderung tritt wiederholt und periodisch auf und kann durch den Willen weder unterdrückt noch beeinflusst werden. Achten Sie einmal darauf, wie lange Sie »am Stück« einem Vortrag oder einer Predigt mit ungeteilter Aufmerksamkeit zuhören können. Irgendwann werden selbst beim interessantesten Redner auch Ihre Gedanken abschweifen und Sie müssen versuchen, den Faden des Gesagten wiederzufinden. Erfahrene Vortragende wissen um diese periodischen Aufmerksamkeitsschwankungen und bauen in ihren Text immer wieder Überraschungsmomente ein, etwa indem sie ihren Platz wechseln, die Stimme heben oder senken oder auch mit Requisiten arbeiten. Aus eigenen »Zuhörerfahrungen« arbeite ich bei Lesungen und Vorträgen deshalb nach dem folgenden Konzept, das die Aufmerksamkeitsschwankungen des Publikums berücksichtigt: Keine Lesung dauert länger als eine Stunde. Wenn möglich, baue ich musikalische Momente ein, um den Zuhörern Gelegenheit zu geben, ihre Gedanken abschweifen zu lassen. Manchmal unterstreiche ich – wo es sich vom Inhalt her anbietet – meinen Vortrag durch Geräuscheffekte, etwa indem ich eine Glocke läute oder einen Gegenstand fallen lasse. So kann ich immer wieder die Aufmerksamkeit meiner Zuhörer wecken – und das ist natürlich auch für mich ein befriedigenderes Gefühl, als das Publikum langsam weg hören zu sehen. Diese und ähnliche Tricks können wir auch anwenden, um unsere eigene Konzentrationsfähigkeit zu steigern. Dazu gibt es verschiedene Möglichkeiten:

1. Achten Sie auf Ihren eigenen Konzentrationsrhythmus. Nach welcher Zeit lässt bei Ihnen die Aufmerksamkeit nach? Führen Sie dazu am besten über einige Tage oder auch Wochen hinweg Buch. Planen Sie auf jeden Fall etwa jede halbe Stunde eine bewusste Unterbrechung Ihrer Arbeit ein. Stehen Sie auf, recken und strecken Sie sich. Oder machen Sie Atemübungen am offenen Fenster. Danach werden Sie auf jeden Fall konzentrierter arbeiten können.
2. Teilen Sie jede Arbeit in kleine Teilschritte ein und denken Sie immer nur an den einen Schritt, mit dem Sie gerade beschäftigt sind.
3. Begeistern Sie sich für Ihre Arbeit. Auch wenn diese Ihnen noch so zuwider ist – setzen Sie Ihren Ehrgeiz daran, sie so gut wie nur irgend möglich zu erledigen. Sehen Sie einen Sport darin, der Ihnen durch Ausdauertraining auch bei anspruchsvolleren Aufgaben die Kondition gibt, sich zu konzentrieren und durchzuhalten.
4. Lassen Sie sich nicht ablenken. Gehen Sie innerlich und äußerlich in Klausur, damit Sie nicht mit Nebensächlichkeiten belästigt werden. Dazu gehört eine gewisse Portion Sturheit. Erinnern Sie sich dabei an die Kapitel »Nein sagen können« und »Ich sagen können«.

Von Napoleon sagt man, er hätte sieben verschiedene Dinge gleichzeitig tun können. Napoleon ist in die Geschichte eingegangen – aber jede normale Hausfrau leistet im Grunde das Gleiche. Mein Sohn hat mich einmal in einem Aufsatz mit der Überschrift »Meine Mutter« folgendermaßen beschrieben: »In der einen Hand hält sie das Handy, in der anderen den Kochlöffel. Mindestens vier Töpfe und Pfannen stehen auf dem Herd. Dabei läuft das Radio, damit sie auch alle wichtigen

Nachrichten mitbekommt. Währenddessen hört sie mir zu, wenn ich ihr etwas erzähle, füttert den Hund und empfängt Besucher. Zwischendurch mal eben Waschmaschine füllen und Geschirrspüler leeren und immer wieder Notizen machen, weil ihr dauernd was Neues einfällt, was noch erledigt werden müsste oder was als Idee in ihr nächstes Buch passen könnte.« Ich war erstaunt, dass solche napoleonischen Qualitäten in mir schlummern. Es ist also durchaus möglich, sich auf mehrere Dinge gleichzeitig zu konzentrieren, die Übersicht zu behalten und alles im Blick zu haben.
Aber: Es gibt auch die andere Seite. Dazu noch ein Ausspruch meines Sohnes: »Eigentlich ist mir das Vertrauteste an meiner Mutter ihr Rücken.« Das ist nämlich der Fall, wenn ich an einem Buch arbeite, absolut konzentriert und nicht willens, mich durch irgendetwas oder irgend jemanden ablenken zu lassen. Dann brauche ich nicht einmal die Tür meines Arbeitszimmers zu schließen, Rücken zur Tür bedeutet: Nicht stören. Ich arbeite und muss mich konzentrieren. Dann muss der Anrufbeantworter für mich sprechen, dann müssen meine Männer Besucher abwimmeln, dann ist die Familie gefragt, sich um alles andere zu kümmern. Dann bin ich nicht mehr Napoleon, sondern Archimedes, der sagt: »Stört mir meine Kreise nicht.«

Übungen

1. Meditation ist ein wichtiger und wirksamer Weg zu mehr Konzentration. Besonders das Autogene Training mit seinen Visualisierungsübungen ist dazu geeignet. Erkundigen Sie sich bei Ihrer Volkshochschule nach einem entsprechenden Kurs.
2. Machen Sie Entspannungsübungen. Dabei konzentrieren Sie sich ganz auf sich selbst.
3. Lösen Sie Rätsel! Das macht Spaß und fördert die Konzentrationsfähigkeit. Rätsel gibt es für jeden Geschmack und in allen Schwierigkeitsgraden.
4. Spielen Sie! Beim Schach beispielsweise, aber auch beim Memory oder bei verschiedenen Kartenspielen verbindet sich der Spaß am Spiel mit dem Training der Konzentrationsfähigkeit.

… denn sie setzen Prioritäten

Jeder Tag konfrontiert uns mit neuen Anforderungen. Neben den beruflichen Aufgaben wollen wir uns auch unserer Familie und unseren Freunden widmen. Hinzu kommen gesellschaftliche Verpflichtungen, außerdem müsste in Haus und Garten dies und jenes getan werden, das Finanzamt wartet auf die Steuererklärung, das Auto auf seine Inspektion, der Backenzahn auf seine Krone und die Frisur auf den längst fälligen Haarschnitt. Ja – und irgendwo bin doch auch noch ich …? fragen Sie sich jetzt sicherlich, so wie es wohl die meisten Menschen tagtäglich tun. Auch ich stelle mir diese Frage, seit ich denken kann und habe nach Möglichkeiten gesucht, sie zu beantworten. Wie lässt sich alles, was auf uns zukommt, bewältigen, ohne dass wir selbst dabei verloren gehen? Dies ist offensichtlich nur möglich, indem man Prioritäten setzt, das heißt: dass man alle Dinge nach ihrer Wichtigkeit einstuft und sich den Dringlichkeitsstufen entsprechend damit beschäftigt. »Aus dem Chaos entsteht der Kosmos«, sagte Johann Wolfgang von Goethe einmal. Seinem umfassenden und vielschichtigen Werk nach zu urteilen hat er die Kunst beherrscht, sein Chaos umzuwandeln in fruchtbare Schaffenskräfte. Aus seinen Schriften und Tagebüchern und aus den Aussagen seiner Biographen entnehme ich als Essenz für mich selbst, dass Goethe zwar das Chaos zuließ – als unabdingbaren Nährboden für seine Kreativität, dass er aber gleichzeitig durch Systematik und Selbstdisziplin Prioritäten setzte. Das bedeutet, eine gewisse Ordnung ins Leben zu bringen, die darauf beruht, dass man wichtige Dinge erkennt und an die erste Stelle (lat. prior – der oder das Erste) setzt. Der Philosoph Immanuel Kant definierte Ordnung als »die Verbindung des Vielen nach einer Regel«. Aber diese Regel können nur wir uns selbst vorgeben, denn bei uns allein liegt die Entscheidung darüber, was wichtig und was unwichtig ist.

Was also tut ein Mensch, der mit seinen Überlegungen so weit gekommen ist und nun seine Erkenntnisse in die Praxis umsetzen möchte? Diese Frage stellte (und stellt) sich mir immer wieder. Einerseits weiß ich, dass ich etwas verändern möchte (oder auch muss), andererseits sehe ich selbst oft vor lauter Bäumen den Wald nicht mehr und schon gar nicht den Weg aus dem Dickicht. Deshalb probiere ich ständig Dinge aus, die mir geeignet erscheinen, mich auf diesem Weg weiterzubringen und halte mich an das Paulus-Wort: »Erprobet alles und behaltet das Beste.« Da Goethe und Kant mir im Fall der Chaosbewältigung nur die Aufgabe stellten, suchte ich nach praktischen Lösungen, die auch für gewöhnliche Sterbliche praktikabel sind. Dabei kristallisierten sich zwei Modelle heraus, die ich Ihnen im Folgenden vorstellen möchte, weil sie sich seit vielen Jahren bewährt haben:

1. So setzen Sie Prioritäten für jeden Tag.

Nachdem ich lange Zeit immer wieder Listen ohne Ende angelegt hatte, um mein Gedächtnis zu entlasten und möglichst nichts zu vergessen, stellte ich fest, dass dies nicht der Weisheit letzter Schluss sein könne. Eine Liste für die Einkäufe, eine Liste für die Weihnachtsvorbereitungen, eine für Geburtstage, eine für wichtige Termine und noch viele weitere Zettel lagen herum, gerieten durcheinander und waren zudem nicht besonders effektiv. Das Ganze musste sich doch rationeller gestalten lassen! Da kam ich auf die Idee mit den Kästchen:
Besorgen Sie sich zwei Karteikästen, die für DIN-A6-Karten geeignet sind, sowie die dazugehörigen Karteikarten. Außerdem benötigen Sie Kartenreiter mit den Zahlen eins bis 31 und zwölf Kartenreiter für die zwölf Monatsnamen.

Der erste Kasten enthält die »Aufgabenkärtchen« für den laufenden Monat. Notieren Sie alles, was regelmäßig erledigt werden muss, auf je eine gesonderte Karteikarte. Am Beispiel eines Haushalts könnte das etwa folgendermaßen aussehen: Staubsaugen, Blumen gießen, Betten beziehen, Fenster put-

zen, Tochter zur Musikstunde fahren (mittwochs), Tennis spielen (freitags), Mülleimer nach draußen bringen (alle zwei Wochen dienstags) usw. Sie werden schnell einige Dutzend dieser Kärtchen ausgefüllt haben! Praktisch ist es, auch immer den ungefähren Zeitaufwand zu notieren, weil dies für Ihre jeweilige Tagesplanung wichtig werden kann. Außerdem können Sie links oben auf den Kärtchen noch einen weiteren kleinen Vermerk anbringen, zum Beisppiel T (täglich), W (wöchentlich), AZW (alle zwei Wochen), M (monatlich) usw.
Richten Sie nun Ihren ersten Karteikasten ein, indem Sie hinter jedes mit einem Zahlenreiter versehene Datumskärtchen die entsprechenden Aufgabenkarten stellen. T-Kärtchen, also diejenigen für die täglichen Aufgaben, werden nach Erledigung gleich hinter die nächste Datumskarte gesteckt, W-Kärtchen eine Woche weiter usw. Für einmalige »Aufgaben« können Sie auch einfach einen Zettel mit dem entsprechenden Format verwenden, den Sie dann nach Erledigung wegwerfen.
Ein Beispiel: Sie sind für die nächste Woche eingeladen. Dafür müssen Sie Blumen und ein kleines Geschenk besorgen, wollen vorher zum Friseur gehen, brauchen vielleicht noch eine Ergänzung Ihrer Garderobe und müssen einen Babysitter organisieren. Machen Sie für jede dieser »Aufgaben« einen Zettel und überlegen Sie dann, wann jede einzelne am besten zu erledigen ist. Die Blumen werden Sie sicher erst am Tag der Einladung kaufen, also kommt der Zettel hinter das entsprechende Datum. Den Friseurbesuch müssen Sie möglicherweise anmelden, also werden Sie einen Zettel »Anmeldung« machen und sobald Sie den Termin wissen, diesen auf einem weiteren (oder auch demselben) Blatt notieren und hinter das vorgesehene Datum stecken. Auch den Babysitter werden Sie vorher benachrichtigen, das Geschenk sollten Sie möglich frühzeitig besorgen usw. Nun ist alles bestens vorbereitet und Sie haben den Kopf frei, weil Ihnen Ihr Karteikasten jeden Tag zuverlässig sagt, was gerade Priorität hat.
Die Benutzung der Kartei ist denkbar einfach. Für mich beginnt der Tag damit, dass ich mir bei einer ruhigen Tasse Kaf-

fee erst einmal meine Kärtchen vornehme, um eine Übersicht über die Tageserfordernisse und deren jeweilige Priorität zu haben. Wenn beispielsweise ein Hausputz ansteht, lege ich zunächst alle entsprechenden Karten in eine Reihe und stecke den Rest wieder zurück – halt, bis auf die eine Karte, die mir sagt, dass ich mich heute zum Zahnarzt anmelden muss. Das wird gleich erledigt, und die Karte mit dem Termin kommt hinter das entsprechende Datum. In der Reihenfolge der Erledigung wandern die anderen Karten nun an ihren neuen Standort. Manchmal sind auch Karten mit dem Vermerk AZM (alle zwei Monate) darunter – die gehören dann in den zweiten Karteikasten. Manchmal muss eine Sache, die nicht so wichtig ist, auf einen anderen Tag verschoben werden – die Angaben über die benötigte Zeit zeigen mir dann nämlich, dass diese im Moment heute einfach nicht machbar ist. Im Laufe des Tages schaue ich immer wieder einmal in meine Kartei, arbeite ab, was nötig ist und kann am Abend meistens zufrieden feststellen, dass alle Kärtchen »versorgt« sind. Dann sehe ich meistens schon einmal kurz die Karten für den nächsten Tag durch und weiß ungefähr, was mich dann so alles erwartet.

Für den zweiten Karteikasten beschriften Sie die Kartenreiter mit den Monatsnamen. Wieder notieren Sie gesondert auf einzelne Kärtchen, was monatlich an Aufgaben anliegt. Dabei kann es sich um Gartenarbeiten handeln, um den Termin für die Steuererklärung, die Autoinspektion, die Urlaubsvorbereitungen oder die Tollwutimpfung für den Hund. Alle diese Karten wandern in den ihnen zustehenden Monat. Bei manchen Aufgaben ist es angebracht, ihnen schon etwas frühzeitiger einen Platz einzuräumen, damit alles in Ruhe erledigt werden kann. Das gilt beispielsweise für Weihnachtsvorbereitungen, mit denen man möglichst schon im November beginnen sollte. Auch Geburtstage gehören in die Kartei, dazu Ideen für Geschenke usw. Bis diese Kartei wirklich »fertig« ist, werden Sie ein Jahr benötigen, denn beim Beschriften der »Aufgabenkärtchen« können Sie nicht gleich alle zwölf Monate im Blick haben. Deshalb muss auch diese Kartei immer wieder ergänzt und auf dem Laufenden gehalten werden.

Auch dieser Karteikasten ist einfach zu handhaben. Jedes Monatsende nehme ich mir die Karten für den nächsten Monat vor und verteile sie im aktuellen Karteikasten. So weiß ich, dass in diesem Monat die Rosen geschnitten, ein Geschenk für die Schwiegermutter besorgt und der Hund geimpft werden müssen.

Die Vorteile dieses Systems liegen auf der Hand:

- Nirgends flattern mehr unendliche Listen herum, keine Notizzettel gehen verloren – alles wandert in den Karteikasten.
- Nichts wird vergessen.
- Alles wird regelmäßig erledigt.
- Alles wird rechtzeitig erledigt.
- Alles kann ohne Stress erledigt werden.
- Der Kopf ist frei.
- Es macht Spaß, »abgearbeitete« Kärtchen weiterstecken oder entsprechende Zettel einfach wegwerfen zu können. Die sinnliche Erfahrung dieses Prozesses dokumentiert ein Stück Befreiung.

Sie sehen: Es ist gar nicht so schwierig, zumindest etwas Struktur ins alltägliche Chaos zu bringen. Das Haushaltsbeispiel lässt sich auf alle anderen Bereiche übertragen, ist also durchaus auch im Berufsleben anwendbar.

2. So setzen Sie Prioritäten für Ihr Leben.

Immer wieder gelangen wir im Leben an Wendepunkte, Kreuzwege gewissermaßen, wo es schwer ist, zu entscheiden, welche Richtung wir nun einschlagen sollen. Dabei kann es sich um eine berufliche Entscheidung handeln, um die Gestaltung einer Beziehung, aber auch einfach nur um die Frage, welches Urlaubsziel wir wählen oder welches Kühlschrankmodell wir kaufen wollen. In einem Management-Seminar, dessen Sinn mir zunächst nicht ganz klar war, lernte ich Methoden zur Entscheidungsfindung kennen, die nicht nur in großen Konzernen mit Erfolg angewendet werden, sondern auch für die Lösung privater Probleme Gültigkeit haben. Erinnern Sie sich an das Kapitel über die »Muster des Lebens«? Auch in Bezug auf dieses Seminar konnte ich wieder einmal feststellen, dass vermeintlich nutzloses Wissen mir sehr viel später doch zugute kam!

Wie entscheiden Sie sich, wenn Sie mehrere Alternativen haben, die alle gleichermaßen verlockend aussehen? Geht es Ihnen da nicht auch manchmal wie Buridans Esel, der verhungerte, weil er sich nicht entscheiden konnte, ob er nun vom linken oder vom rechten Heubündel fressen sollte? Dabei brauchen Sie im Grunde nichts weiter als einen Stift und ein großes Blatt Papier, um der Entscheidungsfindung einen großen Schritt näher zu kommen und vielleicht sogar schon bald zum richtigen Entschluss zu gelangen.

Ich will Ihnen über meine eigene erste Erfahrung mit diesem einfachen System berichten. Ich war noch ziemlich jung, Ende 20, als sich mir eine recht beachtliche Karriere als Dokumentarin in der Raumfahrtindustrie eröffnete. Die Aussicht auf eine Position als Abteilungsleiterin, eine beträchtliche Erweiterung der Kompetenzen, eine dicke Gehaltserhöhung und nicht zuletzt die Befriedigung darüber, die eigene Leistung geschätzt und anerkannt zu sehen, war schon recht verlockend. Und doch fühlte ich mich dabei unbehaglich. War es wirklich das, was ich mir wünschte – jeden Morgen im Nadelstreifenkostüm und mit einem Aktenköfferchen in der Hand in die Firma zu wandern und das womöglich bis zum Rentenalter? Das kam mir, ehrlich gesagt, ziemlich gruselig vor. Sieben Jahre Büroarbeit – so vielseitig, interessant und selbstständig sie auch waren – hatten mir gezeigt, dass ich zwar Verantwortung tragen und selbstständig handeln und entscheiden konnte. Aber sie hatten mir auch gezeigt, dass ich immer stärker – körperlich und geistig – das Gefühl des Eingesperrtseins empfand.

Kein Wunder also, dass ich Zweifel hatte, ob eine Karriere in dieser Richtung mich wirklich befriedigen könnte. Also überlegte ich, welche anderen Möglichkeiten ich hatte.

Sollte ich mir eine Volontärstelle suchen und meinem Jugendwunsch – Journalistin zu werden – folgen? Die Zeiten hatten sich inzwischen geändert. Auf weniger Stellen kamen immer mehr Bewerber und ein Vollstudium hatte ich auch nicht vorzuweisen. Dazu war ich inzwischen an einen gewissen Lebensstandard gewöhnt, und das Anfangsgehalt bei einer Zeitung ist nun einmal recht gering. Außerdem hatte ich inzwischen zu schreiben begonnen und herausgefunden, dass die schriftstellerische Neigung die journalistische bei weitem überwog.

Als nächstes überlegte ich, ob ich mein Pädagogikstudium wieder aufnehmen sollte. Es hätte mir Freude gemacht, Neues zu lernen und vor allem auch ein abgeschlossenes Studium vorweisen zu können. Aber auch hier sprach vieles dagegen. Es war fraglich, ob ich eine Studienbeihilfe bekommen würde. Und ich erinnerte mich daran, wie ich während des Praktikums das erste Mal vor einer Schulklasse gestanden hatte: Kinder in größeren Mengen, beispielsweise als Klasse, konnte ich einfach nicht so attraktiv finden wie als Einzelexemplare. Im beiderseitigen Interesse war es sicherlich besser, diesen Plan nicht weiter zu verfolgen.

Ich begann also, nach anderen Möglichkeiten zu suchen. Dabei zog ich auch recht exotische Möglichkeiten in Betracht: Entwicklungsdienst in Indien, Reiseleiterin in Tunesien, Grundstücksverkäuferin auf den Bahamas. Oder Bereiterin …

Als Pferdenärrin hatte ich schon früh reiten gelernt, und es erschien mir reizvoll, aus dieser Begeisterung einen Beruf zu machen. Aber warum in einem fremden Betrieb arbeiten? Mir schwebte vor, eine Pferdepension zu eröffnen – also ein Institut, wo »Stadtpferde« auf die Weide gehen, sich erholen und etwas lernen konnten. Ja, und daneben könnte ich Landwirtschaft betreiben und überhaupt ein wunderschönes Leben leben, so ganz anders als jetzt im Büro. Ich hatte zwar keinerlei Erfahrung, aber eine Idee, viel Begeisterung (dazu mehr im nächsten Kapitel) und jede Menge Phantasie. Wie ich meinen Bauernhof bekam und dass daraus keine Pferdepension, sondern ein Schweinezuchtbetrieb wurde, habe ich bereits in einem vorhergehenden Kapitel erzählt.

Ich habe diese Geschichte erzählt, um daran zu illustrieren, wie ich zu dieser Entscheidung kam. Ich nahm mir nämlich nach dem Angebot meiner Firma, mich zur Abteilungsleiterin zu machen, wirklich ein großes Blatt Papier und teilte es in Spalten auf, um herauszufinden, was ich denn nun wirklich wollte. Dabei erinnerte ich mich an alles, was ich während des erwähnten Management-Seminars gelernt hatte.

– Der erste Schritt ist das »Brainstorming«. Dieses hat das Ziel der Ideenfindung. Notieren Sie dafür wahllos alles, was Ihnen in Bezug auf Ihren speziellen Veränderungswunsch ein eventuell erstrebenswertes Ziel erscheint – auch wenn es im ersten Moment noch so abwegig anmuten mag. Sie werden erstaunt sein, was bei dieser Gelegenheit alles an geheimen Wünschen zutage kommt! Der große Vorteil des Brainstorming ist, dass dabei das Unterbewusstsein aktiviert wird. Ideen bilden sich durch Assoziationen, und ein völlig abwegiger Gedanke kann dabei den Anstoß geben zu Einfällen, auf die Sie ohne dieses unbegrenzte Schweifenlassen Ihrer Gedanken gar nicht gekommen wären. Setzen Sie sich also in diesem Stadium der Entscheidungsfindung keine Grenzen!

– Der zweite Schritt ist das »decision making«, also die Entscheidungsfindung. Malen Sie sich die verwirklichte Form jeder Ihrer Ideen aus. In dem von mir beschriebenen Beispiel ging es um einen Berufswechsel. Also stellen Sie sich in diesem Fall ganz genau den Tageslauf Ihres neuen Berufes vor, jede einzelne Tätigkeit, alle Konsequenzen für Alltag, Familie usw. Aber lassen Sie sich dabei nicht von Illusionen leiten, die Sie eventuell über Ihr Ziel haben. Versuchen Sie, auch alle negativen Aspekte zu berücksichtigen. Sammeln Sie Informationen, sprechen Sie mit Leuten, die in einem ähnlichen Job arbeiten.

Danach wird schon manche Ihrer notierten Wunschideen einem entschiedenen Bleistiftstrich zum Opfer fallen und Ihre Liste beträchtlich kürzer geworden sein. Möglicherweise ist nun nur noch eine wünschenswerte Alternative übrig geblieben. Dann sind Sie fein heraus! Aber es kann auch sein, dass mehrere Ziele das Ausleseverfahren überstanden haben, die Ihnen gleichermaßen erstrebenswert erscheinen. Im Management würde man in diesem Fall ein Bewertungssystem nach Punkten einsetzen und das Problem rechnerisch, mittels eines Computers, lösen. Aber hier geht es um Sie selbst und nicht um einen auf Gewinnmaximierung fixierten Konzern – und der Zugewinn an Glück und Zufriedenheit lässt sich nun einmal nicht immer mit einem finanziellen Zugewinn gleichsetzen. Die Problemlösung ist also um einiges schwieriger, weil emotionale Komponenten sich nur schwer und dann auch nur sehr ungenau nach Punkten bewerten lassen.

– Deshalb ist der dritte Schritt, das Pro und Kontra jedes einzelnen Ziels sehr genau gegeneinander abzuwägen. Dieser Schritt ist der schwierigste. Es lässt sich hier auch kein allgemeingültiger Rat erteilen, weil die individuellen Bedürfnisse jedes Menschen verschieden sind. Den wenigsten reicht ja ein hoher Verdienst aus. Die meisten erwarten sich von einem Stellenwechsel außerdem auch mehr persönliche Befriedigung, die Möglichkeit zur Nutzung vorhandener Fähigkeiten und vor allen Dingen eine Steigerung des Selbstwertgefühls. Wichtig sind daneben aber auch immer Faktoren der »Lebensqualität«, etwa Familie, Freizeit usw. Hierbei helfen oft folgende Fragestellungen:

– Was will ich nicht und auf gar keinen Fall? Diese Fragen sind meistens am einfachsten zu beantworten und werden im Prozess Ihrer ganz persönlichen Entscheidungsfindung sehr schnell einige im Brainstorming definierte Ziele durch das Raster fallen lassen.

– Was will ich wirklich? Diese Frage ist schon wesentlich schwieriger zu beantworten und erfordert ein hohes Maß an Selbsterforschung und auch Ehrlichkeit. Aber nur dadurch kommen Sie Ihrem Ziel näher – und dessen Verwirklichung!

– Welche Möglichkeiten habe ich, mein Ziel zu verwirklichen? Was kann ich an »Pluspunkten« einbringen? Welche Fertigkeiten könnte ich mir noch aneignen?

Schon über die Formulierung – schwarz auf weiß, auf einem

Blatt Papier, das vor Ihnen liegt – werden Sie sehr viel mehr Klarheit über Ihr Ziel, über die Möglichkeit der Verwirklichung, darüber, ob Sie wirklich dorthin wollen und nicht etwas ganz anderes anstreben – und nicht zuletzt über sich selbst gewinnen. Betrachten Sie immer wieder Ihre diesbezüglichen Notizen. Stimmt die Gewichtung noch? Was einem an einem Tage als erstrebenswert erscheint, kann am nächsten schon ganz anders aussehen. »Heute wichtig – morgen gleichgültig – übermorgen vergessen«, sagt ein spanisches Sprichwort. Schlafen Sie darüber, wenn es eine wichtige Entscheidung ist, die Sie zu treffen haben (und lesen Sie dazu das Kapitel über das Wartenkönnen nochmals durch).
Wie immer Sie sich auch entscheiden: Das Ergebnis kann ein ganz anderes sein als das, was Sie erwartet haben. Seien Sie deshalb flexibel. Auch ich habe meine Pferde damals nicht bekommen, dafür aber Schweine – und Erfahrungen, mit denen ich niemals gerechnet hätte. Lassen Sie sich überraschen – vom Leben, von sich selbst. Sie haben auf jeden Fall einen Schritt weiter gemacht.

Übungen

1. Probieren Sie das in diesem Kapitel beschriebene Modell 1 aus, um in Ihrem Alltag Prioritäten zu setzen.
2. Probieren Sie auch Modell 2 aus, wenn Sie wichtige Entscheidungen zu treffen haben. Das Muster dieses Systems ist nicht nur anwendbar bei Entscheidungen, die in Ihr Leben eingreifen, sondern auch dann, wenn Sie ein Auto oder ein neues Kleid kaufen wollen.
3. Bleiben Sie flexibel! Möglicherweise möchten Sie alle Vernunftgründe über den Haufen werfen und nur aus dem Bauch heraus oder nach Ihrem Herzen entscheiden. Tun Sie's!
4. Prioritäten können sich ändern. Bringen Sie Ihre eigenen Wünsche und deren Verfolgung immer auf den neuesten Stand.

… denn sie sind begeistert

Einen Menschen, der von einer – seiner – Sache begeistert ist, erkennt man sofort: Er ist lebhaft in Sprache und Bewegungen, seine Augen leuchten, er wirkt wie ein frisch Verliebter. Und im Grunde ist ein begeisterter Mensch ja auch verliebt – in seine Arbeit, in sein Hobby, in ein Herzensanliegen, wie beispielsweise die Rettung der Regenwälder oder den Bau des dringend benötigten Kindergartens. Echte Begeisterung wirkt ansteckend, sie überzeugt uns von der Aufrichtigkeit eines Menschen. Deshalb sind wir auch eher geneigt, sein Anliegen zu unterstützen.
Sicherlich haben Sie selbst dieses Gefühl der Begeisterung auch schon an sich selbst erfahren. Sie waren ganz und gar erfüllt von dem Objekt Ihrer Begeisterung. Dabei handelte es sich vielleicht um den Bau eines Hauses, um ein seltenes Stück, das Ihnen in Ihrer Miniaturensammlung noch fehlte, eine faszinierende Aufgabe in Ihrem Arbeitsbereich. Für einen begeisterten Menschen scheint es keine Hindernisse zu geben. Die Flügel seines Enthusiasmus tragen ihn einfach darüber hinaus, verleihen ihm Kraft, Schwung und Überzeugungsvermögen. Diese Erfahrung machte und mache ich immer wieder, vor allem in den Jahren, als meine Begeisterung für das Landleben so anhaltend und tragfähig war, dass sie tatsächlich zum Kauf des bereits mehrfach erwähnten Bauernhofes führte. Ähnlich geht es mir heute beim Schreiben: Wenn ich von einem Thema wirklich begeistert bin, gelingt mir auch ein guter Artikel oder ein gutes Buch und ich habe den Schwung und die Kraft, die zwangsläufig auch bei der faszinierendsten Arbeit auftretenden »Durststrecken« durchzustehen.
Manchmal stellt sich allerdings die Begeisterung für eine Sache bereits nach kurzer Zeit als ein Strohfeuer heraus. Was

Sie zunächst zu geistigen und emotionalen Höhenflügen veranlasste, scheint Ihnen irgendwann nicht mehr den Aufwand wert zu sein. Legen Sie die Angelegenheit dann getrost ad acta, aber freuen Sie sich trotzdem an den Gefühlen, die Sie dabei durchlebt haben. Denn auch wenn ein Strohfeuer schon bald verglüht, so hat es doch während dieser kurzen Zeit geknistert, gewärmt und ein Leuchten in die Welt gebracht!

Begeisterung ist ein Impuls, der von außen auf uns trifft, zu seiner Entfachung aber auch eine innere Bereitschaft braucht. Es ist also einerseits der »Geist« einer Sache, der uns entflammt und beflügelt, andererseits aber auch ein persönliches Potential, durch das dieser Funke erst überspringen kann. In der Religionsgeschichte geht Enthusiasmus als »Erfülltsein vom Göttlichen« oft einher mit der Auslöschung des vernunftgeleiteten Bewusstseins – man ist »seiner Sinne nicht mehr mächtig«. Das klingt abschreckend, aber auch ein Verliebter ist ja in dieser Hinsicht oft seiner Sinne nicht mächtig. Würde er deshalb auf seine Verliebtheit verzichten wollen – auf die herrlich verrückten, weltbewegenden Dinge, die erst dadurch möglich werden? Nicht immer muss uns die Vernunft leiten. Manchmal spricht unser Herz eine ganz andere Sprache, und im Zweifelsfalle sollten wir uns immer von unserem Herzen leiten lassen. Dabei möchte ich noch einmal auf das letzte Kapitel zurückkommen, worin es um Entscheidungsfindung ging. Ich berichtete, wie es dazu kam, dass ich mich – statt Abteilungsleiterin zu werden – dafür entschied, ein Leben auf dem Lande zu führen und auch darüber, wie mein Mann und ich diesen Traum schließlich verwirklichten. Davor gab es aber noch eine wichtige Episode. Ich hatte meinen Mann damals gerade erst kennen gelernt, als mir ein wohlhabender Landwirt nicht nur seine Hand und sein Herz, sondern obendrein noch einen schuldenfreien Hof anbot. Ich muss gestehen, dass die Verlockung sehr groß war und ich schwankend wurde. Als ich meiner Mutter von meinem Dilemma erzählte, sagte sie nur: »Die Entscheidung ist doch ganz einfach – du musst deinem Herzen folgen.« Das tat ich und habe es nach 25 Jahren noch nicht bereut.

Nur wenn Sie mit Ihrem Herzen bei einer Sache sind, können Sie nicht nur gute Arbeit leisten, sondern geradezu über sich hinauswachsen. Lassen Sie sich auch immer wieder einmal mitreißen, hinreißen von einer Kraft, die über die Vernunft hinausgeht. Lassen Sie sich *begeistern,* denn diese Fähigkeit ist der stärkste Ausdruck Ihres Lebendigseins! Adolph Freiherr von Knigge schreibt in seinem Buch »Vom Umgang mit Menschen« (das entgegen landläufiger Meinung durchaus kein Verzeichnis starrer Benimmregeln, sondern ein kluges und warmherziges Werk über das gedeihliche Zusammenleben der Menschen ist): »Ohne Begeisterung, welche die Seele mit einer gesunden Wärme erfüllt, wird nie etwas zustande gebracht werden.« Das gilt für die großen technischen Fortschritte, für die Bemühungen im sozialen und karitativen Bereich genauso wie für einen Hausbau oder für die Vervollständigung einer Briefmarkensammlung. Wer gleichgültig ist, aber auch wer ständig nur Vernunftargumente anführt, sich nie von der Stimme seines Herzens mitreißen lässt, versäumt wohl das Wichtigste und Schönste im Leben: die Flamme, die nicht nur ihn selbst wärmt, sondern die er weitertragen kann. Begeisterung ist Optimismus für Fortgeschrittene.

Übungen

Keine. Der Grund: Ich glaube nicht, dass sich Begeisterung trainieren lässt. Aber wann immer Sie – bei sich selbst oder bei anderen – diesem Geist, der Flügel verleiht, begegnen: Heißen Sie ihn willkommen!

… denn sie machen aus allem das Beste

Irgendwie müssen wir alle uns im Leben einrichten. In den vorhergehenden Kapiteln haben wir gesehen, wie viele Möglichkeiten und Chancen wir haben, unser Leben und uns selbst zu verändern. Dabei sind uns fast keine Grenzen gesetzt, wenn unser Wille und unser Glaube an uns selbst stark genug sind. *Fast* keine Grenzen – denn manchmal geraten wir auch in Situationen, an denen wir nichts ändern können. Oder doch? Wir können fluchen und schimpfen oder auch jammern und weinen. Wir können mit den Zähnen knirschen und resignieren. Aber wir können noch etwas: einfach das Beste daraus machen. Optimisten praktizieren dies – das sagt schon der Begriff (erinnern Sie sich an den Anfang dieses Buches: lat. optimus = der, das Beste). Damit schaffen sie sich selbst in ausweglosen Lagen ein Stück Freiheit und vor allen Dingen bestimmen sie selbst darüber, wie sie etwas Unabänderliches ertragen und erleben wollen.

Als wir vor einigen Jahren auf dem südschwedischen Bolmensee segelten, kam plötzlich ein Sturm auf, dem unsere Jolle nicht mehr gewachsen war. Obwohl nur noch das Focksegel stand, legte sich das Boot derart stark auf die Seite, dass es fast kenterte. Ich glaube, ich habe in meinem Leben noch nie eine solche Todesangst ausgestanden wie in diesen bangen Stunden. Auf diesem riesigen, einsamen See hätten wir alle unsere Notraketen abschießen können, ohne dass irgend jemand sie bemerkt hätte. Und auch die Schwimmwesten hätten uns möglicherweise nicht sehr viel geholfen, zumal das nächste Ufer kilometerweit entfernt war. Während ich versuchte, mich an die Bedienung des Außenborders zu erinnern und mein Mann das letzte Segel einholte, machte ich die Augen zu. In diesem Moment wollte ich nicht auch noch sein besorgtes Gesicht sehen und dadurch mein letztes bisschen Lebensmut verlieren. Und dann musste ich plötzlich lachen. Mir fiel nämlich just in diesem Augenblick einer der sehr direkten Aussprüche meiner Mutter ein: »Wen der Teufel hängen will, den lässt er nicht ersaufen!« Und ich erinnerte mich an meine eigene Maxime, die mir immer wieder geholfen hatte, so mancherlei Widerwärtigkeiten des Lebens durchzustehen: Egal was passiert – ich kann ja immer noch eine Geschichte darüber schreiben. Nun gut, dachte ich, einen Schiffbruch habe ich noch nie erlebt und wie immer die Sache auch ausgehen mag, will ich sie doch wenigstens bewusst und mit allen meinen Sinnen erleben. Also öffnete ich die Augen und versuchte das Boot auf dem mir angegebenen Kurs zu halten. Um Haaresbreite schafften wir es dann doch noch, uns und unsere Jolle in den sicheren Hafen zu retten. Als ich mit zitternden Knien auf den Steg wankte, fragte mein Mann mich, ob ich denn noch jemals mit ihm segeln gehen würde. Natürlich würde ich! Denn dies war ein Erlebnis gewesen, das ich nie hätte missen wollen. Und eine Geschichte habe ich später auch darüber geschrieben.

Nicht immer müssen Ereignisse, an denen Sie nun einmal nichts ändern können, so dramatisch sein. Da kann es sich beispielsweise um einen Kurzschluss handeln, um einen davongefahrenen Bus oder um eine lästige Wartezeit. Ändern Sie einfach Ihre eigene Einstellung und halten Sie es mit dem englischen Spruch: »If life gives you lemons – make lemonade!« (Wenn das Leben dir Zitronen zuteilt, mach doch einfach Limonade daraus!) Wenn alle Stricke reißen, ist es manchmal wirklich nur noch der Galgenhumor, der Sie zum Lachen bringen kann. Aber dieses Lachen kann (über)lebenswichtig sein! Und wenn Sie schon die Wahl haben – warum sollten Sie diesem wahnsinnigen, komplizierten, manchmal ermüdenden, aber immer wunderbaren Leben nicht zulächeln? Das Leben wird zurücklächeln – garantiert!

Übung

Bitte lächeln!

Nachwort

Über viele Seiten hinweg und durch viele Kapitel hindurch waren Sie, liebe Leserinnen und Leser, und ich nun Gefährten. Das ist ganz wörtlich gemeint. Denn ich habe dieses Buch nicht geschrieben, um Sie an die Hand zu nehmen und Ihnen mit erhobenem Zeigefinger auf den richtigen Weg zu helfen. Ich bin mir der Verantwortung, die ich mit der Zustimmung zur Veröffentlichung meines Buches auf mich nehme, durchaus bewusst. Deshalb habe ich Ihnen lediglich mitgeteilt, was ich selbst an Erfahrungen gemacht und an Hilfe erfahren habe, wie ich jeden Tag einen Fuß vor den anderen setze und manchmal auch einige Schritte zurückgehen muss. Nichts in diesem Buch ist graue Theorie, sondern erfahrene und erlebte Wirklichkeit. Deshalb habe ich auch immer wieder zur Illustration ein Stück aus meiner eigenen Lebensgeschichte erzählt.
Vielleicht fragen Sie sich jetzt, ob ich all die Dinge, die ich Ihnen in den einzelnen Kapiteln und den dazugehörigen Übungen abverlange, auch in mein eigenes Leben umgesetzt habe. Darauf kann ich nur antworten: Nein. Genauso wie Sie – und wie jeder andere Mensch – bin auch ich erst auf dem Weg. Genauso wie Sie versuche ich, mit jedem Kapitel einen Schritt weiterzukommen, weil ich aufgrund meiner bisher gemachten Erfahrungen fest davon überzeugt bin, dass unser Glück in unserer eigenen Hand liegt. Deshalb ist dies ein sehr ehrliches Buch geworden, denn ich habe es nicht nur für Sie geschrieben, sondern auch für mich. Ich wünsche mir, dass wir weiterhin Gefährten bleiben bei der Verwirklichung unserer gesteckten Ziele. Und ich wünsche mir, dass Sie beim Lesen des Buches ab und an auch mir ein kleines Lächeln geschenkt haben. Ich danke Ihnen.

Ihre
Heidelore Kluge

Danksagung

Ich danke meinem Verlag, der mir frag- und klaglos erlaubte, die Abgabefrist für das Manuskript zu überschreiten. Nur auf diese Weise konnte dieses Buch, das mir so sehr am Herzen lag, entstehen.

Ich danke meinen Männern – meinem Mann Reinhard und meinem Sohn Alexander, die mir während der langen Monate der Arbeit an diesem Manuskript den Rücken stärkten und freihielten, die neben, hinter und bei mir standen und neben moralischer Unterstützung auch alle »praktischen« Arbeiten leisteten – vom Bügeln bis zur Computerarbeit, nicht zu vergessen die wunderbaren Espressos und den Hinweis auf »42« (nach Douglas Adams der Sinn des Lebens).

Ich danke meiner liebsten Freundin Brigitte, von der ich nicht nur viel fürs Leben gelernt habe, sondern deren Erkenntnisse und Erfahrungen ich in diesem Buch auch uneingeschränkt weitergeben durfte. Außerdem geht mein Dank an alle Freunde und Freundinnen, die mir während des Arbeitsprozesses besonders geholfen haben: Ute, Özlem, Elfi, Renate, Angelika, Larissa, Carl, Bedrije, Volodya und Ray.

Ich danke Andriy Bocharov, der wieder einmal unermüdlich im Internet gesurft hat, um mich mit Informationen zu versorgen und der darüber hinaus mit seinem Borschtsch nicht nur meinen Magen, sondern auch meine Seele gewärmt hat.

Ich danke vor allem auch Christopher Peterson, Professor an der University of Michigan, und Howard S. Friedman, Professor an der University of California, die mich durch Informationen über die Terman Life Cycle Studie unterstützten.

Und last but not least geht mein Dank an Marvin, meinen braven Schreibtischhamster, der trotz chronischer Diodenschmerzen nicht ins digitale Delirium verfiel.